跟着审查员学检索

国家知识产权局专利局专利审查协作江苏中心◎组织编写

通信领域

知识产权出版社
全国百佳图书出版单位
—北京—

图书在版编目（CIP）数据

跟着审查员学检索．通信领域/国家知识产权局专利局专利审查协作江苏中心组织编写．—北京：知识产权出版社，2020.4

ISBN 978－7－5130－6661－7

Ⅰ.①跟… Ⅱ.①国… Ⅲ.①通信技术—信息检索 Ⅳ.①G254.9

中国版本图书馆 CIP 数据核字（2019）第 276681 号

内容提要

本书以专利审查员的独特视角，结合专利审查检索工作中积累的丰富经验，详细介绍了通信领域检索资源、检索策略以及检索技巧，并选用相关案例对通信行业热门技术领域的信息检索进行重点介绍，是对通信领域技术信息检索的系统总结和知识梳理，有助于通信领域技术人员和专利从业者提升信息检索水平，增强技术情报获取能力。

责任编辑：王祝兰　　**责任校对**：潘凤越

封面设计：博华创意　　**责任印制**：刘译文

跟着审查员学检索

——通信领域

国家知识产权局专利局专利审查协作江苏中心　组织编写

出版发行：知识产权出版社有限责任公司　　**网　　址**：http://www.ipph.cn

社　　址：北京市海淀区气象路 50 号院　　**邮　　编**：100081

责编电话：010－82000860 转 8555　　**责编邮箱**：525041347@qq.com

发行电话：010－82000860 转 8101/8102　　**发行传真**：010－82000893/82005070/82000270

印　　刷：北京嘉恒彩色印刷有限责任公司　　**经　　销**：各大网上书店、新华书店及相关专业书店

开　　本：787mm×1092mm　1/16　　**印　　张**：16.25

版　　次：2020 年 4 月第 1 版　　**印　　次**：2020 年 4 月第 1 次印刷

字　　数：345 千字　　**定　　价**：75.00 元

ISBN 978-7-5130-6661-7

编　委　会

序

“科技是国之利器，国家赖之以强，企业赖之以赢，人民生活赖之以好。”历史经验反复证明，那些抓住了科技革命机遇走向现代化的国家，都是科学基础雄厚的国家；那些抓住科技革命机遇成为世界强国的国家，都是在重要科技领域处于领先行列的国家。正是基于此判断，我国走上了创新驱动发展之路，科技创新对我国经济社会发展的支撑和引领作用日益增强。当前信息通信技术正处于系统创新和智能引领的重大变革期，随着5G技术商用的展开，以及人工智能、区块链等新一轮技术的快速应用，人类社会即将迎来真正的5G时代、智能时代，通信产业已成为全面支撑经济社会发展的战略性、基础性和先导性产业。

推动科技创新，必须准确判断科技突破方向。通信领域的专利申请量占我国年专利申请量的比重不断增加，这说明信息通信产业仍然处于技术发展的风口之上。知识产权信息对于一个企业实体的竞争优势尤为重要。世界知识产权组织指出专利文献能帮助研发者节省60%的时间和40%的费用，足见专利文献和专利检索对研发的贡献度。面对新技术新业态的不断涌现，为在技术创新中抢占先机，只有通过精准检索才能准确描绘出技术发展现状和产业发展脉络，才能有效指导后续技术研发、专利布局或知识产权诉讼。

与传统领域相比，通信领域技术信息检索有其特殊性。一是检索资源广泛，涉及标准协议类技术信息等特殊内容，不同的检索需求和主题需要选取不同的检索资源；二是主题表达多样，检索过程强调动态调整；三是涉及技术繁多，一些技术子领域或前沿技术需有对应检索策略。知识产权是企业的主要商品，也是企业的市场屏障，在将“技术火花”转化为产品时，必须进行必要的技术挖掘与分析；但很多创新主体和从业人员检索理论不足、检索能力弱、对通信领域专业数据资源了解不足，导致难以获取到准确、有效的技术情报，从而在技术创新和专利活动中走入重复研发之路，甚至成为侵犯他人知识产权的侵权者。

《跟着审查员学检索——通信领域》一书以专利审查员的独特视角，结合专利审查检索工作中积累的丰富经验，详细介绍了通信领域检索资源、检索策略以及检索技巧，并选用相关案例对通信行业热门技术领域的信息检索进行重点介绍。本书是对通信领域技术信息检索的一次系统总结和知识梳理，本书的出版将有助于通信领域技术人员和专利从业者提升信息检索水平，增强技术情报获取能力，助力技术创新的大跨越。

相信本书的出版在推动技术研发、创新保护、侵权无效诉讼、专利布局以及挖掘未来技术发展趋势等方面将发挥积极的促进作用。

前　言

为深入实施创新驱动发展战略，提升企业和科研机构的技术创新水平，助力重点产业高质量发展，国家知识产权局专利局专利审查协作江苏中心结合对通信领域的检索资源和检索策略的深入研究，组织编写《跟着审查员学检索——通信领域》一书。

参加本书编写的有张欣（第1章，第2章第2.6.2节、第2.7.1节）、范文婧（第2章第2.6.4.1节、第2.6.4.3节、第2.6.4.4节，第3章）、刘昕鑫（第2章第2.1~2.5节、第2.6.3.1节）、张倩茹（第2章第2.6.1节、第2.6.3.8节，第4章第4.2节）、王姣（第2章第2.6.4.2节，第4章第4.3节）、陈晓霞（第2章第2.7.2~2.7.4节，第4章第4.1节）、马丽（第2章第2.6.4.5节，第4章第4.4节）、丁筱（第2章第2.6.3.2~2.6.3.7节），全书由张欣、范文婧、刘昕鑫审核校对，闫娜统稿。

希望本书能对提高通信领域创新主体、技术人员以及专利从业者的检索能力有所帮助，通过精准有效的检索增强企业、科研机构的技术信息收集和分析的能力，为通信产业的技术创新发展起到积极的促进作用。由于编者水平有限，本书难免存在错误和不足之处，恳请广大读者批评指正。

目　录

第1章 领域概况篇

1.1 通信领域检索需求

检索是基于特定检索主题和需求，通过各种方式从各类信息源中获取目标信息的过程。检索需求无处不在，得益于计算机和通信技术的发展，在互联网高度发达的今天，人们可以通过各种通用或内置搜索引擎，获取想要的信息。

对于普通公众来说，可以通过搜索引擎检索获取各类生活所需的信息。对于技术人员和专利从业人员来说，检索在科技创新过程中发挥着重要作用。例如，可以通过检索了解技术现状，确定研发方向，避免重复研发；或者，在申请专利前进行检索，根据检索结果进行专利布局等。

通信领域是创新活动十分活跃的领域。5G、人工智能、区块链、云计算、量子通信、可折叠屏手机等新技术不断进入公众的视线，设备商、运营商和研究机构需要持续不断跟上技术发展的脚步，才能在市场中获得先机。与技术发展和市场竞争相适应的是，通信领域的专利活动也相当活跃。2018 年，我国国内发明专利授权量前 10 位中，华为、OPPO、京东方、联想、腾讯、中兴等 6 席均涉及通信领域；2019 年上半年，我国发明专利授权量前 3 位中，华为、OPPO 就占据 2 席。根据 2019 年世界知识产权组织（WIPO）公布的 2018 年全球 PCT 专利申请报告，通信领域 PCT 专利申请量在各领域中独占鳌头。同时，全球通信领域的专利诉讼也接二连三地出现，诉讼标的额也屡见新高。

对于通信领域的科研人员来说，由于通信领域技术迭代速度越来越快，重复研发的风险也越来越大，面对技术知识日新月异的变化，在进行技术创新时，更迫切地需要通过高效检索对技术现状进行全面掌握，以在创新过程中把握正确方向，找到突破口。同时，由于通信领域专利活动在市场中的成熟运用，通信领域企业普遍具有较强的专利意识，企业的竞争基本转化为知识产权的竞争、专利的竞争，企业面对的是如何在风云变幻的专利市场中站稳脚跟的问题。而解决这个问题除了要求企业有自主创新的技术支撑，还要有高质量专利布局能力和应对专利诉讼的能力，而这些都需要高质量的检索作为基础。

当前，对于通信领域的大部分科研人员和专利从业人员来说，对信息检索特别是专利信息检索仍缺乏系统的了解，信息检索能力有待进阶提升。只有了解和掌握了较高的检索技能，才能进一步发挥检索在通信领域的研发及专利等创新活动中的作用。

本书的参编者均为通信领域的审查员，作为通信领域的专业检索人员，他们在日常检索工作中积累了大量的高效检索经验。希望能够通过本书，帮助有检索需求的科技创新人员，理清检索思路，掌握检索技能，提高检索效率，提升实战水平，助力技术创新和发展。

1.2 通信领域检索特点

通信领域技术更新快，前沿技术多，涵盖子领域丰富。通信领域技术本身的特点决定了其检索特点。

（1）信息源多，检索主题数据库广泛

对于技术信息检索而言，信息源通常指的就是各类文献，即记录有知识或信息的载体。文献既包括图书、期刊、报纸等传统出版物，也包括各类特种文献。进一步地，特种文献又包括专利文献、标准文献、产品资料等多种类型。

通信领域的技术信息分布非常广泛。科研人员常用的各类图书，国内外期刊网站如CNKI、IEEE，技术研发人员常用的各种论坛、开源代码网站、标准协议网站等中都有大量的信息，除此以外，专利文献中也有大量的技术信息。如果要了解一项技术的全貌，需要在其可能存在的各种目标数据库中进行检索。例如，如果要全面了解一项涉及通信标准的技术，除了在标准协议网站进行检索外，可能还需要到各种学术期刊网站上了解其学术研究进展，到各国专利库去了解相关的专利布局，甚至到搜索引擎上去了解技术人员在实际应用过程中的具体实现。

（2）检索主题表达方式多样，检索策略需灵活调整

通信领域的研究对象有时是虚拟的信号，检索主题涉及的多是对信号处理算法的改进，对协议中的消息内容或消息时序的改进，或者对具体网络架构的改进，在进行检索时，往往很难对检索主题进行准确的描述。同时，通信技术的术语往往有多种表达方式，能够表述同一网络实体或功能的词汇十分丰富。

而检索的最终目的是获得与检索主题密切相关的目标文献，通过描述预期目标文献的特点，使得目标文献与其他文献得以有效区分。针对通信领域的技术主题进行检索时，需要充分考虑技术主题的特点，灵活表述检索主题，并根据检索结果随时调整检索策略，才能获得想要的结果。

（3）细分领域多，检索策略多样

通信领域涵盖子领域丰富，光通信、无线和移动通信、卫星通信、通信安全、物联网、云计算和大数据、天线和射频、图像通信、终端通信设备等，都是通信技术的细分领域。

各子领域因其自身技术特点不同，检索策略也不可一概而论。对于有的子领域，如移动通信领域和图像通信领域，技术多涉及对通信协议的改进且技术迭代演进速度快；还有的子领域，如天线和射频领域，技术主要涉及对天线或波导等结构器件的改进。由于所涉及的技术不同，其检索策略也会有所差异，前者可能多涉及对协议网站的检索，而后者可能多涉及对结构的检索。

通信领域技术更新快，前沿技术多。有的新兴领域比如区块链等，其检索策略也需要结合技术的特点进行研究。

1.3 本书知识框架

本书内容主要分为以下几部分：

第 1 章“领域概况篇”主要介绍通信领域的检索需求和检索特点。

第 2 章“检索基础篇”主要介绍检索基础知识，包括通信领域常用文献类型、分类体系基础知识和检索基本流程，同时，以简单案例为基础，着重介绍通信领域常用的数据库，以及通信领域检索要素的表达和检索策略的调整。在阅读本章后，读者可以掌握基本的检索手段，同时对通信领域的检索特点有所了解。

第 3 章“检索实战篇”主要针对一特定检索任务，在真实技术研发或专利应用场景的实际案例中，应用第 2 章中的基础知识，完成检索目标。在阅读本章后，读者可以举一反三，完成真正的检索任务。

第 4 章“特色进阶篇”主要介绍通信领域中具有特色的子领域的检索策略，如标准必要专利涉及的检索，新兴技术区块链的检索，涉及视频编码的协议检索，以及天线结构的检索，这些或是技术和专利必争之地，或是新技术的专利布局，或是具有自身独特检索特点。在阅读本章后，读者可以掌握热门技术、新技术或特色领域的检索技巧，同时能够进一步开阔检索思路。

希望通过本书能够与大家有更多的检索经验方面的交流，共同提升检索水平。

第2章　检索基础篇

本章主要介绍检索基础知识，包括通信领域常用文献类型和分类体系基础知识，常用检索类型以及检索基本流程，同时将详细介绍通信领域常用数据库的使用，以及通信领域检索要素的表达和检索策略的调整。在阅读完本章后，读者可以掌握基本检索手段，了解通信领域的检索特点。

2.1　通信领域常用文献类型

通信领域的技术信息分布非常广泛，记载这些技术信息的载体除了图书、期刊、学位论文、科技报告等大家都熟知的传统文献，还有专利文献和标准文献等特种文献。这些特种文献都有一些特定的内容和格式要求。本节将简要介绍专利文献和标准文献的相关知识。

2.1.1　专利文献

专利文献主要是指各工业产权局（包括专利局、知识产权局及相关国际或地区组织）在受理、审批、注册专利过程中产生的记述发明创造技术及权利等内容的官方文件及其出版物的总称，主要包括各种专利单行本、专利公报、专利年度索引以及相关电子出版物等公开出版物。专利文献具有以下特点：数量巨大，定期连续公布；涉及所有技术领域，内容详实，能够传播最新科技情报；集多种信息于一体；形式统一；便于检索。

简单来说，**专利文献主要划分为专利公报类和专利单行本类**，按照对专利的保护形式又可分为发明、实用新型和外观设计三种。专利公报是各国专利机构报道最新发明创造专利的申请公布、授权公告等情况以及专利局业务活动和专利著录事项变更等信息的定期连续出版物。

实际检索过程中接触较多的专利文献实际上是专利单行本。专利单行本，也称为专利说明书，是指含有扉页、权利要求书、说明书等组成部分的用以描述发明创造内容和限定专利保护范围的一种官方文件或其出版物。不同专利说明书长度有所不同，但是一般都包含扉页、权利要求书、说明书等组成部分，有些专利机构出版的专利单行本还附有检索报告。

2.1.1.1　扉页中常用著录项目

专利说明书的扉页记录了每件专利的基本信息，例如专利申请日、申请号、申请人或专利权人、发明人、发明创造的名称、发明创造简要介绍、发明创造所属技术领域分类号、公布或授权时间、文献号、出版专利文献的国家机构等，这些信息通过**专利文献著录项目**来标识。

所谓著录项目，是指为了收藏和传播文献信息，专业人员对文献进行著录，将文献的形式特征和内容特征进行分析、选择和记录，用于检索和信息管理的标识。一般来说，文献都具备著录项目，如题名、版本项等。**专利文献著录项目是各国专利机构为了揭示专利文献的技术信息、法律信息和其他特征信息而编制的。它们通常会出现在专利说明书扉页和专利公报中，包括文献标识数据、国内申请提交数据、优先权数据、公布或公告数据和分类数据**。专利著录项目前都标有相应的放在圆圈或括号内的两位阿拉伯数字组成的专利文献著录项目标识代码即 **INID 码** [Internationally Agreed Numbers for the Identification of (bibliographic) Data]。

申请人在向各国专利机构提出专利申请时，需要提交一系列的申请文件，如请求书、说明书、摘要和权利要求书等。专利机构受理专利申请后，对符合受理条件的申请，将确定申请日，给予申请号；专利申请公开后，就会获得申请公布日和申请公布号；专利申请在获得授权后，还会获得公告信息、审查信息等。**这些信息都被作为专利著录项目记录下来，成为专利生命流程中的重要信息**。同时，这些信息中既有如申请号、公布号等文献标识信息，又有如申请人、发明人、专利权人等法律信息，**信息种类丰富，数据规范**。

下面以图 2-1-1 所示的专利说明书扉页进行说明。

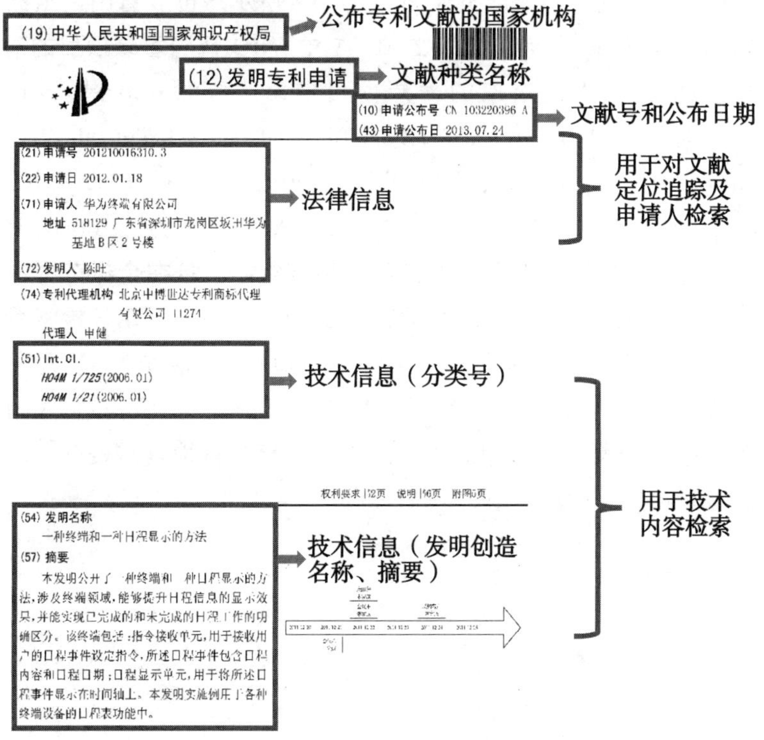

图 2-1-1　CN103220396A 的专利说明书扉页

在扉页中，诸如“(12) 发明专利申请”和“(21) 申请号 201210016310.3”等即为专利文献著录项目。

通过扉页获得的信息为：**中华人民共和国国家知识产权局**公布的申请号为201210016310.3的**发明专利申请**，**发明名称**为“一种终端和一种日程显示的方法”，**申请人**为华为终端有限公司，**申请日**为2012年1月18日，**申请公布号**为CN103220396A，**申请公布日**为2013年7月24日，**IPC分类号**为“H04M 1/725”和“H04M 1/21”，**摘要**为：“本发明公开了一种终端和一种日程显示的方法，涉及终端领域……。本发明实施例用于各种终端设备的日程表功能中。”除扉页外，专利说明书还包括权利要求书2页、说明书6页和附图5页。读者在阅读扉页后，便能够初步了解专利申请涉及的技术信息、法律信息以及文献标识数据等各方面的信息。

同时，可以看到，在每一个著录项目前都有一个用括号标识的数字，比如，“(21) 申请号 201210016310.3”中的“21”，这个数字即为**INID码**。INID码遵循WIPO制定的标准《ST.9关于专利及补充保护证书著录项目数据的建议》[1]和《ST.80工业品外观设计著录数据推荐标准》。**无论哪国专利文献，同样的INID码标识的是同样的著录项目。这样既能消除专利文献用户在浏览各国专利文献时可能存在的语言方面的困难，又便于识别和查找专利文献的相关信息。**

例如，申请人华为终端有限公司在中国申请如图2-1-1所示专利后，又以相同的内容在欧洲提交了专利申请，扉页如图2-1-2所示。可以看出，**虽然扉页中各著录项目的排布和中国不同，但参照如表2-1-1中INID码和著录项目的对应关系，仍能方便地通过INID码找到对应的著录项目信息**：欧洲专利局公布的申请号为12183263.8的发明专利申请，发明名称为“Terminal and schedule displaying method”，申请人为Huawei Device Co., Ltd.，申请日为2012年9月6日，申请公布号为EP2618295A1，申请公布日为2013年7月24日，IPC分类号为“G06Q 10/10”。

专利文献通过著录项目实现了各类信息的规范组织，且在全球范围内都有统一标准。这种标准化的信息组织处理方式非常有利于检索。例如，在各检索系统中，都提供了针对著录项目中各类信息的检索字段，可以利用“申请号”“公开号”直接定位到指定的专利文献，可以利用“申请人”“发明人”对特定公司和个人的专利文献进行检索，或是利用“分类号”对相同领域的专利文献进行检索。表2-1-1中示出了检索中常用的著录项目及检索应用。

---

[1] http://www.cnipa.gov.cn/wxfw/zlwxxxggfw/zsyd/bzyfl/zlwxyxxbz_gjbz/ygzlxxhwxdbz/1080449.htm.

(19) Europäisches Patentamt
European Patent Office
Office européen des brevets

(11) **EP 2 618 295 A1**

(12) **EUROPEAN PATENT APPLICATION**

(43) Date of publication:
24.07.2013 Bulletin 2013/30

(51) Int Cl.:
G06Q 10/10 *(2012.01)*

(21) Application number: **12183263.8**

(22) Date of filing: **06.09.2012**

(84) Designated Contracting States:
AL AT BE BG CH CY CZ DE DK EE ES FI FR GB GR HR HU IE IS IT LI LT LU LV MC MK MT NL NO PL PT RO RS SE SI SK SM TR
Designated Extension States:
BA ME

(30) Priority: **18.01.2012 CN 201210016310**

(71) Applicant: **Huawei Device Co., Ltd.**
Longgang District
Shenzhen
Guangdong 518129 (CN)

(72) Inventor: **Chen, Wang**
Shenzhen Guangdong 518129 (CN)

(74) Representative: **Thun, Clemens**
Mitscherlich & Partner
Sonnenstraße 33
80331 München (DE)

(54) **Terminal and schedule displaying method**

(57) The present invention relates to the field of terminals, and discloses a terminal and a schedule displaying method, which are capable of enhancing a display effect of schedule information and achieving a clear distinction between completed and uncompleted schedule work. The terminal includes: an instruction receiving unit, configured to receive an instruction which is for setting a schedule event and of a user, where the schedule event includes schedule content and a schedule date; and a schedule displaying unit, configured to display the schedule event on a time axis. Embodiments of the present invention are used in schedule table functions of various terminals.

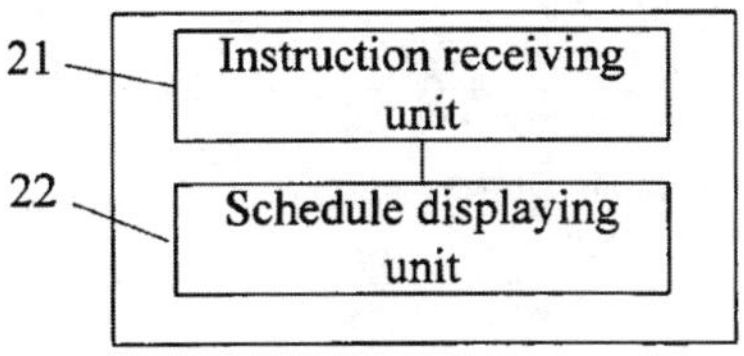

FIG. 2

图2-1-2　EP2618295A1的专利说明书扉页

表2-1-1　检索常用著录项目及检索应用

INID码	著录项目	英文对照	常用检索应用
10	申请公布号	Publication Number Pub. No	下载或查询专利信息时使用，用于定位专利申请文件
21	申请号	Application Number Appl. No	

续表

INID 码	著录项目	英文对照	常用检索应用
22	申请日	Date of Filing Filed	可以限定专利申请文献的申请日期
30	《巴黎公约》优先权数据	Priority Foreign Application Priority Data	
43	申请公布日	Date or Publication Pub. Date	检索某日期前公开的专利文献时使用，用于限定专利文献的公开日期
45	授权公告日	Date of Authorized Announcement	检索某日期前授权的专利文献时使用，用于限定专利文献的授权公开日期
71	申请人	Applicant	检索特定公司/高校/个人的专利申请状况时使用，用于限定专利文献的申请人/发明人
72	发明人	Inventor	
73	专利权人/受让人	Assignee	检索时用于限定专利权所有人
51	IPC 分类号	Int. Cl.	检索时用于限定专利所属技术领域
54	发明名称	Invention Title	检索时用于限定专利的技术主题
56	现有技术文献目录	List of Prior Art Documents	检索时可以查看引证文献
57	摘要	Abstract	检索时用于限定专利的技术内容

2.1.1.2 说明书和权利要求书

除了扉页中的著录项目，专利说明书还包括权利要求书、说明书。说明书和权利要求书是记载发明或实用新型及确定其保护范围的法律文件。

说明书是详细记载发明或者实用新型的技术方案及相关内容的文件。完整的说明书应当包括有关理解、实现发明或者实用新型所需的全部技术内容。这些技术内容有统一的格式要求，一般包含以下几部分：

【发明或实用新型的名称】

【技术领域】

写明要求保护的技术方案所属的技术领域。

【背景技术】

写明对发明或者实用新型的理解、检索、审查有用的背景技术；有可能的，并引证反映这些背景技术的文件。

【发明或者实用新型内容】

写明发明或者实用新型所要解决的技术问题以及解决其技术问题采用的技术方案，并对照现有技术写明发明或者实用新型的有益效果。

【附图说明】

说明书有附图的，对各幅附图作简略说明。

【具体实施方式】

详细写明申请人认为实现发明或者实用新型的优选方式；必要时，举例说明；有附图的，对照附图说明。

说明书附图是说明书的一个组成部分，其作用在于通过图形补充说明书文字部分的描述，使人能够直观地、形象化地理解发明或者实用新型的每个技术特征和整体技术方案。

权利要求书是用于记载权利要求，说明要求专利保护范围的文件。当发明或实用新型授权后，权利要求书就是确定专利权保护范围的法律文件，也是判断他人是否侵权的基础。权利要求分为独立权利要求和从属权利要求。独立权利要求从整体上反映发明或实用新型的技术方案，记载解决技术问题的必要技术特征。从属权利要求用附加技术特征对引用的权利要求作进一步限定。如下文所示权利要求书，权利要求1、权利要求3为独立权利要求，权利要求2为权利要求1的从属权利要求。

1. 一种终端，其特征在于，包括：……
2. 如权利要求1所述的终端，其特征在于，还包括：……
3. 一种日程显示的方法，其特征在于，包括：……

相较于专利说明书扉页中记载的技术信息和法律信息，**说明书和权利要求书中记载的技术信息和法律信息更为丰富，在对技术内容特别是技术细节进行检索时需重点关注。**

2.1.2 标准文献

标准文献是指由技术标准、管理标准、经济标准及其他具有标准性质的类似文件所组成的一种特种文献，广义上讲，包括标准形成过程中的各种档案，宣传推广标准的手册及其他出版物，揭示报道标准文献信息的目录、索引等。在通信领域，相关企业或研究机构都会积极参与标准的制定，产生大量的标准或标准讨论过程中的提案类文献，即通信领域的技术信息有很大一部分分布在国内外标准组织内公开的各类标准和提案等文献中。通信领域代表性标准化组织比如3GPP、ETSI、IEEE等的检索方法将在本章第2.6节中进行介绍。本节以3GPP为例对3GPP标准文献进行简要介绍。

2.1.2.1　3GPP标准

图2－1－3是2019年3月3GPP发布的关于新空口和新接入层总体描述的5G标准“TS38.300 V15.5.0（2019-03）”。

图2－1－3　3GPP标准扉页

通过标准扉页获得的信息包括：标准化组织3GPP在2019年3月发布了标准号为38.300、版本号为15.5.0的标准，标准标题为“NR；NR and NG-RAN Overall Description”，是标准化的第二阶段，标准涉及Release15。

每个标准最后均会以附录的形式给出该标准的修改历史，如“TS38.300 V15.5.0（2019-03）”的附录E。修改历史中记载了相关修改时间、导致标准修改的提案与其对应的会议、对应标准修改涉及的项目，以及修改后标准确定的新版本号（参见图2－1－4）。

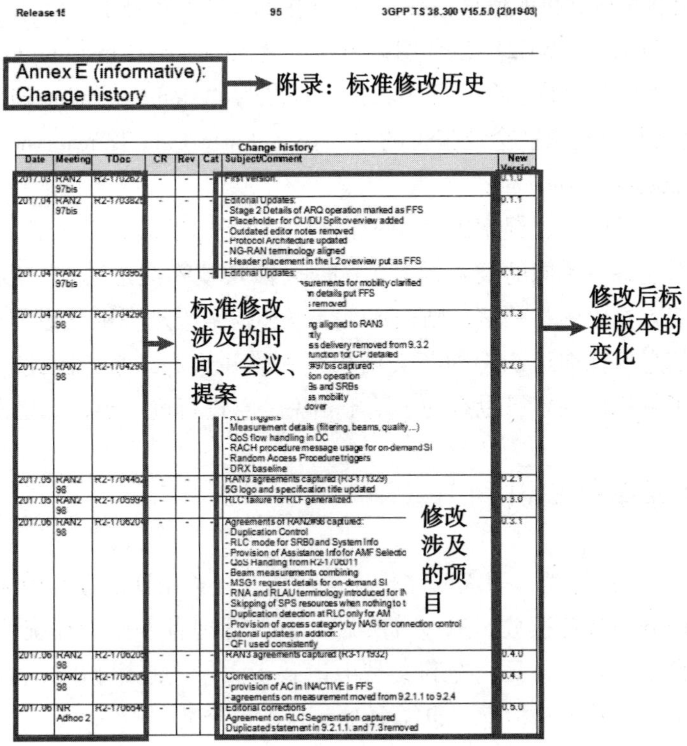

图 2－1－4　3GPP 标准修改历史

2.1.2.2　3GPP 提案

图 2－1－5 为某次 3GPP 会议的提案首页。

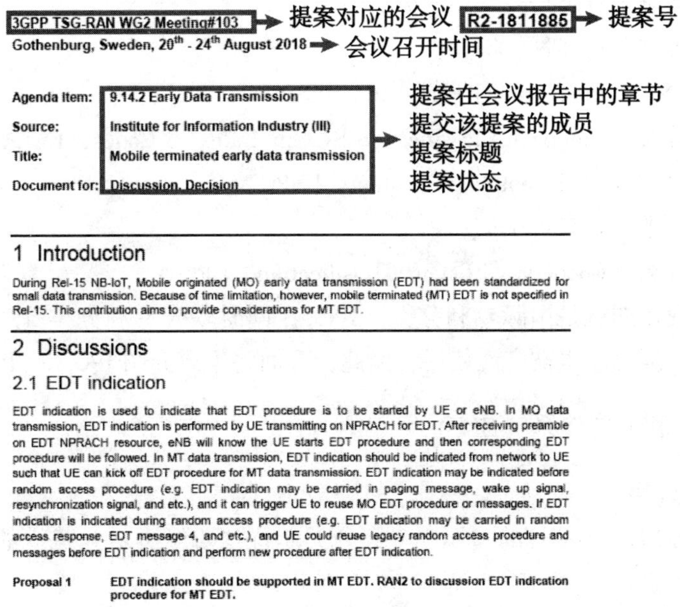

图 2－1－5　3GPP 提案首页

通过提案首页可以获得的信息包括："R2-1811885" 提案是于 2018 年 8 月 20 ~ 24 日召开的 "3GPP TSG-RAN WG2" 工作组第 103 次会议上，由 "Institute for Information Industry（Ⅲ）"（资讯工业策进会）提出，提案标题为 "Mobile terminated early data transmission"，提案被收录在该次会议报告的 "9. 14. 2 Early Data Transmission" 章节中，提案状态为 "Discussion，Decision"。

标准扉页、标准附录、提案首页中的内容包含了标准的相关信息，如标准扉页中的标准系列号对应各自不同的技术内容，release 涉及技术演进阶段，版本号涉及标准修改更新，提案首页中的相关信息则表示了会议和提案推动标准化进程中的细节信息。基于这些相关信息，标准组织中的各文档相互关联并构成体系。因此，通过获取这些信息不仅可以了解标准内容，也有助于基于相关信息进行进一步追踪检索。

2. 2 分类体系基础知识

"分类" 是指按照种类、等级或性质分别归类。分类在日常生活中无处不在，比如对商品或图书的分类管理摆放。进行分类后，不仅管理者方便管理统计，需求者也能根据分类找到自己需要的物品。专利文献中记载了大量的技术信息，为了便于对大量专利文献进行组织、管理和检索，也需要对专利进行分类。

"专利分类" 是指根据一定的分类法则，将专利文献按照技术主题确定其分类位置，并赋予**专利分类号**的过程和方法。专利分类号会以专利著录项目的形式记录在专利文献中。例如，图 2 – 1 – 1 中中国专利申请 CN103220396A 包含有 INID 码为 51 的著录项目——国际专利分类，其国际专利分类号为 "H04M 1/725" 和 "H04M 1/21"。国际专利分类即为确定分类号时采用的分类体系。

现有的分类体系有多种，例如：

国际专利分类（International Patent Classification，IPC）;

欧洲专利分类（European Classification System/Indexing Codes，ECLA/ICO）;

美国专利分类（US Patent Classification，USPC）;

日本专利分类（FI/F-term）;

联合专利分类（Cooperative Patent Classification，CPC）。

我国目前使用的就是国际专利分类（IPC），同时联合专利分类（CPC）作为新出现的分类体系，近几年也被广泛使用，因此，下面将主要介绍 IPC 和 CPC。

2. 2. 1 国际专利分类体系（IPC）

2. 2. 1. 1 IPC 介绍

IPC 是根据 1971 年签订的《国际专利分类斯特拉斯堡协定》建立的，是国际通用的专利分类和检索工具。

在分类体系中，采用分级的形式逐级分类并予以注明技术内容。

“部” 是IPC分类号的第一个层级。在国际专利分类体系中，将与专利有关的全部技术领域划分为A～H共8个部，分别涉及：

A部：人类生活必需

B部：作业；运输

C部：化学；冶金

D部：纺织；造纸

E部：固定建筑物

F部：机械工程；照明；加热；武器；爆破

G部：物理

H部：电学

部内有由信息性标题构成的分部，分部有类名，没有类号。例如，H部（电学）包括基本电气元件发电和应用电学分部等。

在每个部下，按照等级由高到低又依次设置**“大类”“小类”“大组”和“小组”**。

大类：每个部被细分成“大类”，大类是IPC的第二层级分类。每个大类的类号由部的类号及其后的两位数字组成。每个大类的类名表明该大类包括的内容。例如，H04表示电通信技术。

小类：每个大类分为一个或者多个“小类”，小类是IPC的第三层级分类。小类的类号是由大类号加一个字母组成，例如，H04B涉及传输的技术领域。

组：每一个小类被细分成若干“组”，可以是大组，大组是IPC的第四层级分类；也可以是小组（比大组等级更低的等级）。每个组的类号由小类类号加上用斜线分开的两个数组成。

每个大组的类号由小类类号、1～3位数字、斜线及00组成。大组类名在其小类范围以内确切限定了某一技术主题领域。例如：H04B 7/00涉及无线电传输系统，即使用辐射场的。

小组是大组的细分类。每个小组的类号由其小类类号、大组类号的1～3位数字、斜线及除00以外的至少两位数字组成。任何斜线后面的第三位或随后的数字应该被理解为其前面数字的十进位细分数字。小组类名在其大组范围之内确切限定了某一技术主题领域。**小组类名前加一个或几个圆点指明该小组的等级位置，即指明每一个小组是它上面离它最近的又比它少一个圆点的小组的细分类**。例如：

H04B 7/02　·分集系统；多天线系统，即使用多个天线发射或接收

H04B 7/022　··位置分集；宏分集

H04B 7/024　···不同节点中天线的协作，例如在协作多点中或协作多输入多输出〔MIMO〕系统

即对于完整分类号H04B 7/024来说：

H是部的类号，表示涉及电学的技术领域；

H04是大类的类号，表示涉及电通信技术；

H04B 是小类的类号，表示涉及传输的技术领域；

H04B 7/00 是大组的类号，表示涉及无线电传输的技术领域；

H04B 7/02 是一点小组的类号，表示涉及分集系统、多天线系统的技术领域；

H04B 7/022 是二点小组的类号，表示涉及位置分集、宏分集的技术领域；

H04B 7/024 是三点小组的类号，表示涉及不同节点中天线的协作的技术领域。

对专利文献标注分类号即对专利进行分类的过程。对专利进行分类后，**同一技术主题的专利文献归在同一分类位置，这样从同一分类位置上就能够检索到涉及同样技术主题的专利文献**。

那么，是否一个专利文献只能对应一个分类号呢？答案是否定的。对专利文献进行分类时需对其涉及的技术进行全面分析以及整体考虑，既要对其整体涉及的技术进行分类，也要对其技术要点进行分类；可以针对其技术实现的具体功能进行分类，也可以针对技术的应用领域进行分类。

2.2.1.2 IPC 获取方式

通过**世界知识产权组织**（WIPO）网站（www.wipo.int/classifications/ipc）可以获取最新的 IPC 分类信息（参见图 2-2-1）。

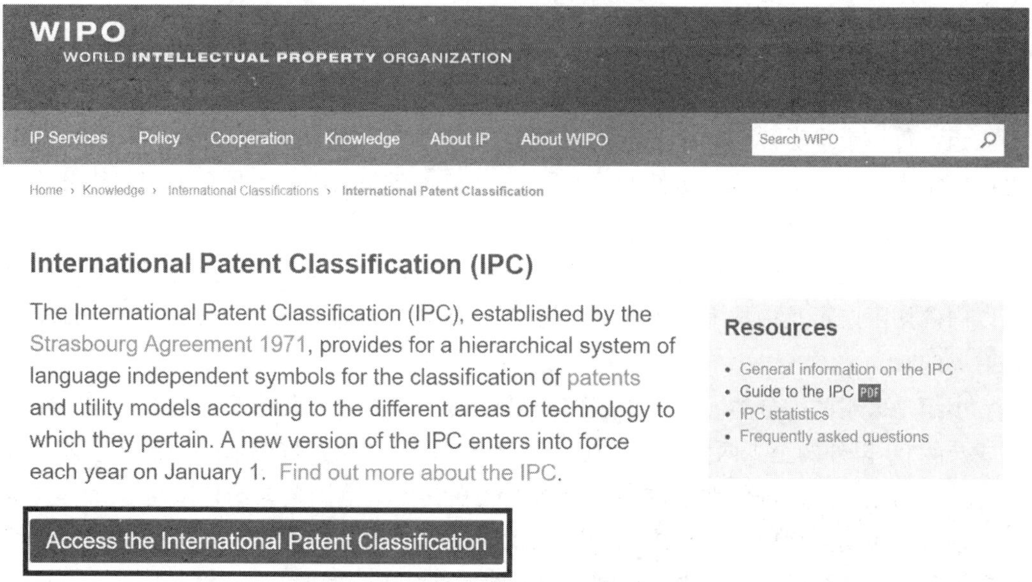

图 2-2-1 WIPO IPC 访问页面

点击“Access the International Patent Classification”即进入如图 2-2-2 所示查询界面。选择对应的分类号可对分类含义进行查询，还可在左侧搜索框中输入英文关键词来查询对应的 IPC，并可获取最新或历史版本的 IPC 信息。

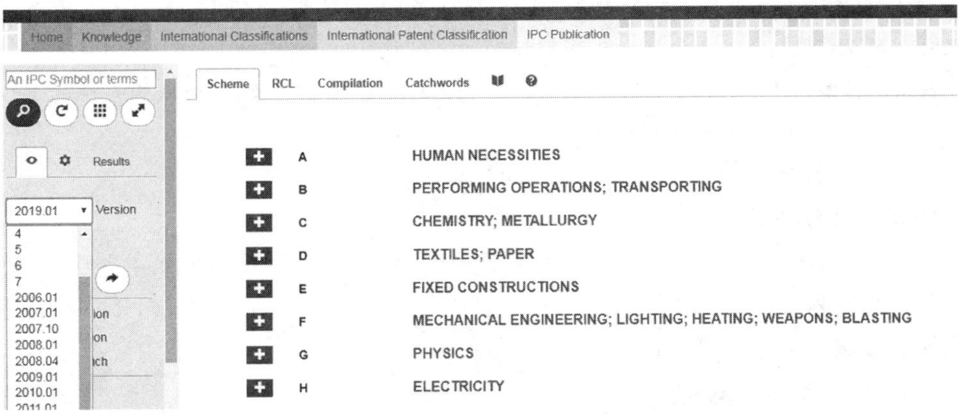

图2-2-2 WIPO提供的IPC查询功能

国家知识产权局官方网站也提供了国际专利分类的中文版，网址为 www. cnipa. gov. cn/wxfw/zlwxxxggfw/zsyd/bzyfl/index. htm。

另外，在各专利检索系统中也会提供IPC查询或检索的方法。

2.2.2 联合专利分类体系（CPC）

2.2.2.1 CPC介绍

由于全球专利文献分类体系众多，不同分类体系间既有区别的部分，又有交叉重合的部分，2010年，美国专利商标局（USPTO）和欧洲专利局（EPO）决定**对欧洲专利分类体系ECLA和美国专利分类体系USPC进行整合，并兼容现有的IPC，创建联合专利分类体系——CPC**。

CPC分类体系以IPC为基础，具有与IPC一致的等级结构和编排方式。CPC分类表包括5个主要层级，从高到低分别是“部”“大类”“小类”“大组”或“小组”，分类号命名规则也与IPC基本相同。

CPC目前有A～H部和Y部：A～H部对应IPC的8个部；新增Y部，一部分对应新加入的技术领域（如Y04智能电网技术），还有一部分对应来自USPC的跨领域交叉索引（Cross-Reference Art Collections）。

相对于IPC，CPC分类表中的A～H部具有更多的细分条目，对技术细节分类更细致。例如，对于H04B 7/00下的部分分类号，CPC相较于IPC增加了新的一点组“H04B 7/002 ·减少去极化效应”（参见表2-2-1）。

表2-2-1 H04B 7/00下部分IPC和CPC分类对照表

IPC下分类	CPC下分类
H04B 7/00 无线电传输系统	H04B 7/00 无线电传输系统
	H04B 7/002 ·减少去极化效应
H04B 7/005 ·传输的控制；均衡	H04B 7/005 ·传输的控制；均衡

除了比 IPC 更加细化，CPC 还新增了 2000 系列分类号，比如在 H04B 大类下新增的 2201/00 分类号：

H04B 2201/00 不包含在 H04B 3/00 至 H04B 13/00 单个组中的传输系统的部件相关的索引方案

H04B 2201/69 ·与一般扩频技术相关的正交索引方案

H04B 2201/692 ··认知无线电

可以看出，通过对 IPC 的细分，CPC 每个分类条目所涉及的技术主题更为精细，有助于提高专利文献的检索效率。同时，CPC 分类表每月修订 1 次，对于一些技术发展迅速的领域具有更强的适应性。

2.2.2.2 CPC 获取方式

通过 **CPC 官网**（http://www.cpcinfo.org）可以获取最新版本和历史版本的 CPC 分类号，页面如图 2－2－3 所示。

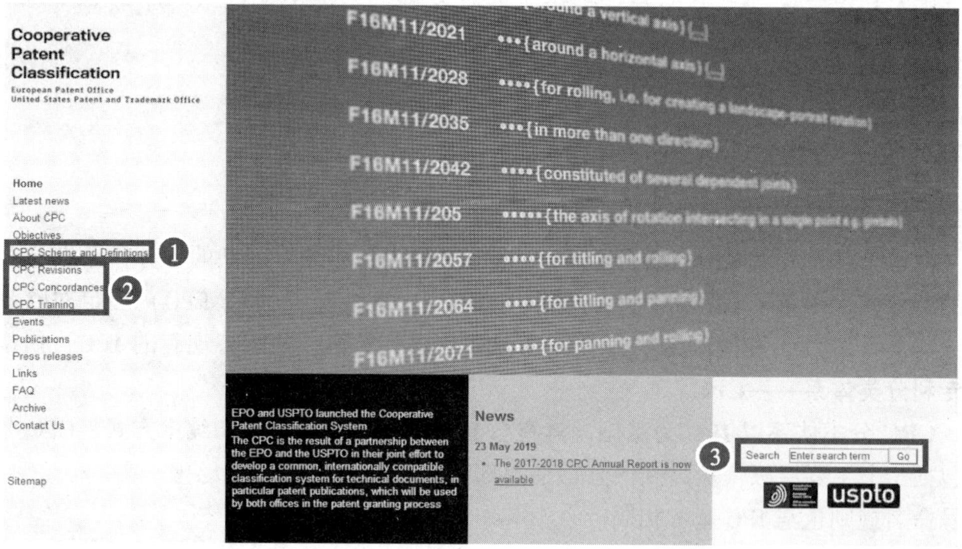

图 2－2－3 CPC 官网首页

点击图 2－2－3 中左侧①处的“CPC Scheme and Definition”，选中“Table”选项，就会跳转到显示图 2－2－4 所示的 CPC 分类表和分类定义的页面，选中想要查询的部名或是小类名，就可以下载相应的 PDF 格式文件了。

点击图 2－2－3 中左侧②处的“CPC Revisions”可以查看 CPC 历次的修订信息；点击“CPC Concordance”可以查看由欧洲专利局和美国专利商标局编制的 ECLA－CPC、CPC-IPC 的对应关系表；点击“CPC Training”则可以观看欧洲专利局和美国专利商标局共同编写的 CPC 培训材料，通过在线课程可以学习 CPC 分类系统。

图 2－2－3 中右侧③处是“Search”搜索框，输入英文关键词可查询对应的 CPC 分类号。

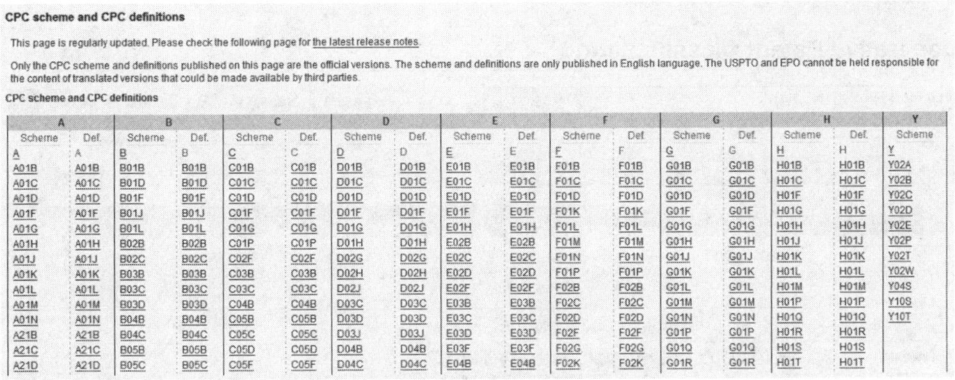
CPC scheme and CPC definitions

This page is regularly updated. Please check the following page for the latest release notes.

Only the CPC scheme and definitions published on this page are the official versions. The scheme and definitions are only published in English language. The USPTO and EPO cannot be held responsible for the content of translated versions that could be made available by third parties.

CPC scheme and CPC definitions

A		B		C		D		E		F		G		H		Y
Scheme	Def.	Scheme	Def.	Scheme	Def.	Scheme	Def.	Scheme	Def.	Scheme	Def.	Scheme	Def.	Scheme	Def.	Scheme
A	A	B	B	C	C	D	D	E	E	F	F	G	G	H	H	Y
A01B	A01B	B01B	B01B	C01B	C01B	D01B	D01B	E01B	E01B	F01B	F01B	G01B	G01B	H01B	H01B	Y02A
A01C	A01C	B01D	B01D	C01C	C01C	D01C	D01C	E01C	E01C	F01C	F01C	G01C	G01C	H01C	H01C	Y02B
A01D	A01D	B01F	B01F	C01D	C01D	D01D	D01D	E01D	E01D	F01D	F01D	G01D	G01D	H01F	H01F	Y02C
A01F	A01F	B01J	B01J	C01F	C01F	D01F	D01F	E01F	E01F	F01K	F01K	G01F	G01F	H01G	H01G	Y02D
A01G	A01G	B01L	B01L	C01G	C01G	D01G	D01G	E01H	E01H	F01L	F01L	G01G	G01G	H01H	H01H	Y02E
A01H	A01H	B02B	B02B	C01P	C01P	D01H	D01H	E02B	E02B	F01M	F01M	G01H	G01H	H01J	H01J	Y02P
A01J	A01J	B02C	B02C	C02F	C02F	D02G	D02G	E02C	E02C	F01N	F01N	G01J	G01J	H01K	H01K	Y02T
A01K	A01K	B03B	B03B	C03B	C03B	D02H	D02H	E02D	E02D	F01P	F01P	G01K	G01K	H01L	H01L	Y02W
A01L	A01L	B03C	B03C	C03C	C03C	D02J	D02J	E02F	E02F	F02B	F02B	G01L	G01L	H01M	H01M	Y04S
A01M	A01M	B03D	B03D	C04B	C04B	D03C	D03C	E03B	E03B	F02C	F02C	G01M	G01M	H01P	H01P	Y10S
A01N	A01N	B04B	B04B	C05B	C05B	D03D	D03D	E03C	E03C	F02D	F02D	G01N	G01N	H01Q	H01Q	Y10T
A21B	A21B	B04C	B04C	C05C	C05C	D03J	D03J	E03D	E03D	F02F	F02F	G01P	G01P	H01R	H01R	
A21C	A21C	B05B	B05B	C05D	C05D	D04B	D04B	E03F	E03F	F02G	F02G	G01Q	G01Q	H01S	H01S	
A21D	A21D	B05C	B05C	C05F	C05F	D04C	D04C	E04B	E04B	F02K	F02K	G01R	G01R	H01T	H01T	

图 2-2-4　CPC 分类表下载页面

欧洲专利局网站❶（http://worldwide. espacenet. com/classification?locale = en_EP）也提供 CPC 分类号查询功能，以及 CPC 分类号检索功能（参见图 2-2-5）。

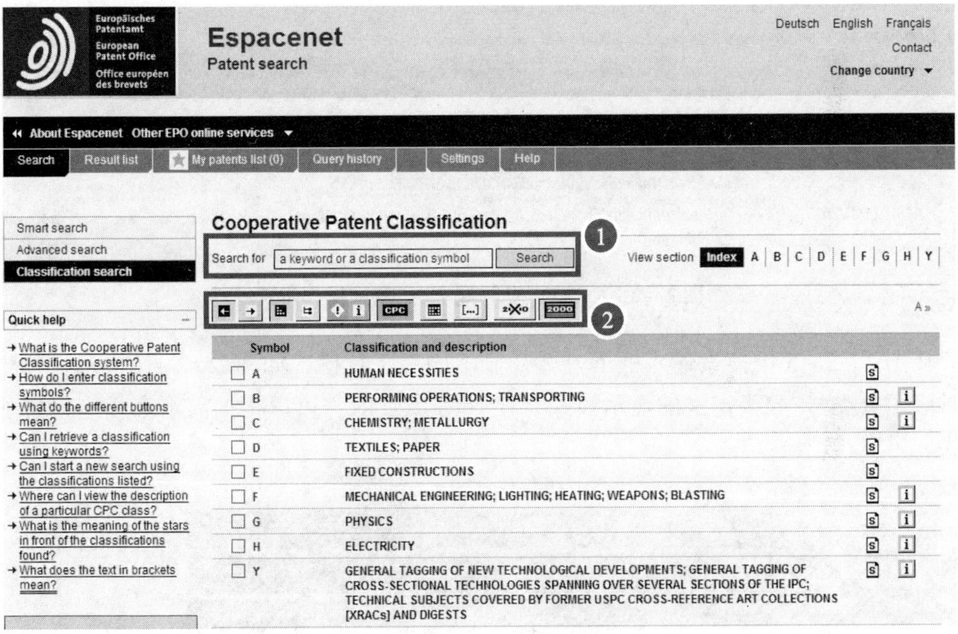

图 2-2-5　欧洲专利局 CPC 查询检索页面

通过在图 2-2-5 中所示的①处的搜索框中输入 CPC 分类号或英文关键词可查询对应的分类号信息。例如，在输入框中输入想要查询的分类号“H04N21/422”，点击“Search”，就会列出 H04N 21/422 自身以及上下位点组的分类号和相应的类名（参见图 2-2-6）。

---

❶ 欧洲专利局于 2019 年 11 月 19 日对 Espacenet 网站进行了更新，目前旧版界面和新版界面均可使用，使用逻辑基本相同。本书中涉及 Espacenet 数据库的操作示例均为旧版界面演示，输入 https://worldwide. espacenet. com，点击界面中的“Classic Espacenet”即可进入旧版界面。

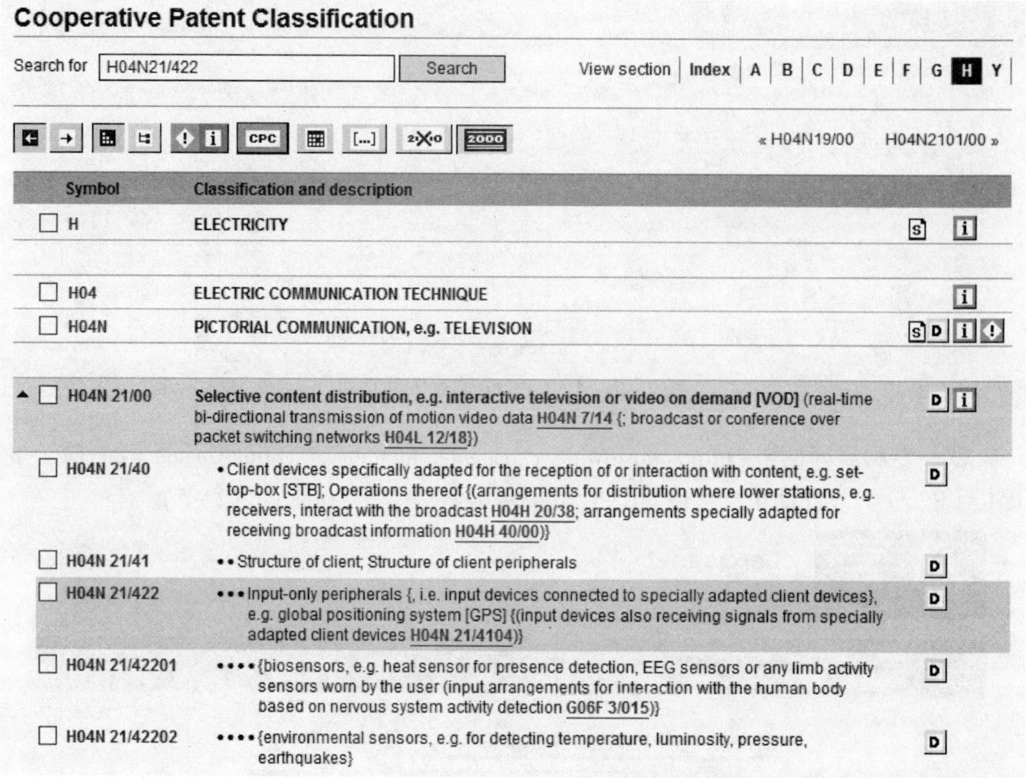

图 2-2-6 欧洲专利局 CPC 查询操作示例

在图 2-2-5 中搜索输入框下方②处显示的是工具栏，如图 2-2-7 所示，每个图标对应了分类号/分类定义的显示模式。在查询 CPC 时，可以根据需求来相应设置显示模式。

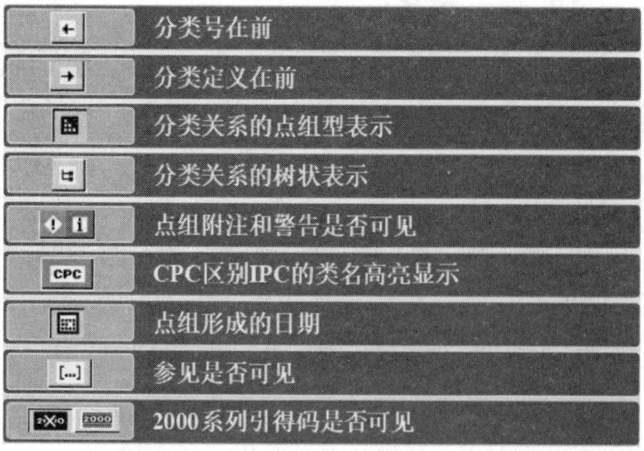

图 2-2-7 欧洲专利局 CPC 查询显示模式

美国专利商标局网站（https://www.uspto.gov/patents-application-process/patent-search/

classification-standards-and-development）同样可提供给用户多种 CPC 查询方式（参见图 2-2-8），但只能用 CPC 检索美国专利文献。

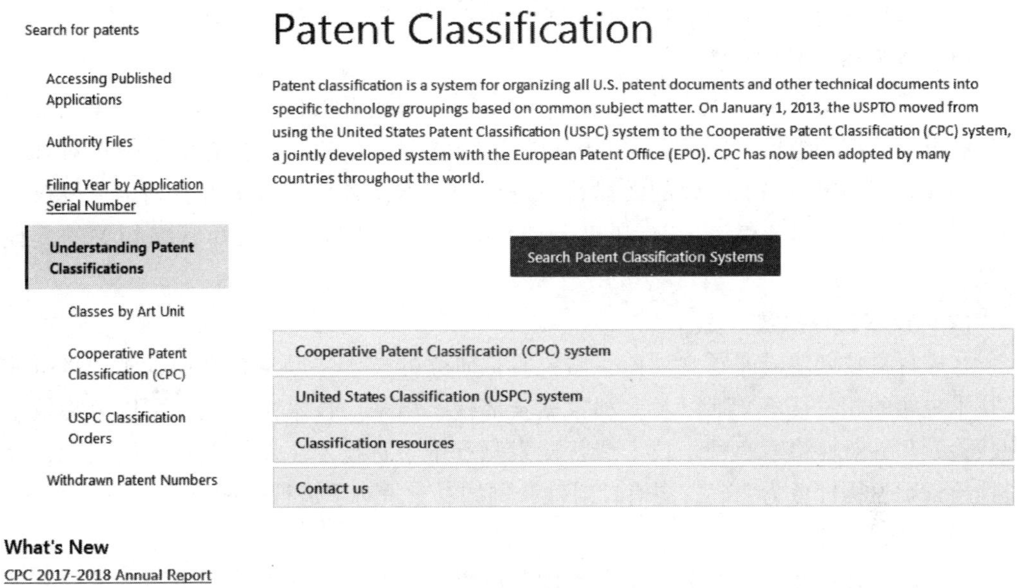

图 2-2-8 美国专利商标局 CPC 查询检索页面

点击图 2-2-8 中所示页面中的"Search Patent Classification Systems"进入如图 2-2-9 所示的分类号查询界面。美国专利商标局提供两种分类号查询方式，分别是查表查询和文本查询。查表查询中，输入想要查询的分类号，在分类表、分类定义或者 CPC 与 IPC 的索引这三种方式中选择查询范围，另外还可选择以 HTML 或者 PDF 格式输出查询结果。文本查询则是输入一个或多个关键词在分类表和分类定义中查询相关的 CPC。

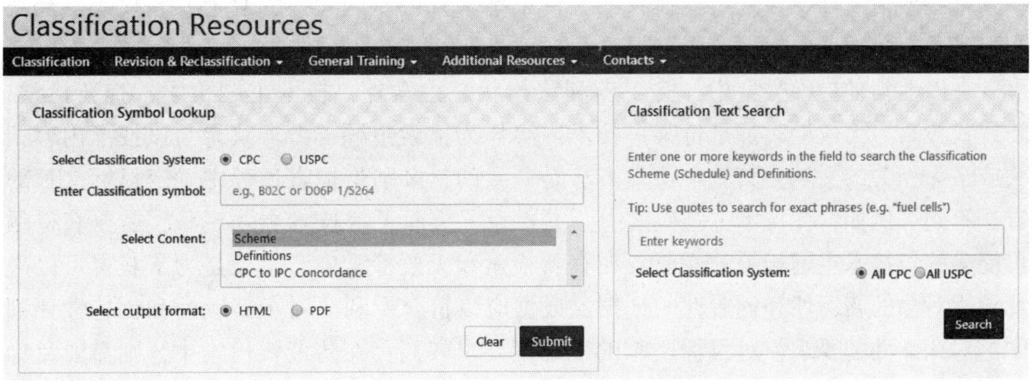

图 2-2-9 美国专利商标局 CPC 查询页面

2.3 常用检索类型

根据实际检索需求或检索时机的不同，检索可以分为以下几种类型。

（1）**专利法律状态检索**

法律状态是指在某一特定时间点，某项专利申请或者授权专利在某一国家或地区的权利类型、权利维持、权利范围、权利归属等状态。专利法律状态检索是指对某一项专利或者专利申请当前所处的法律状态进行的检索，其目的是了解专利申请授权与否、授权后的专利是否有效、专利权人是否变更，以及与专利法律状态相关的其他信息。

（2）**技术主题检索**

在进行科技创新或课题立项前，需要对拟研究的技术主题进行全面检索，将所涉及技术主题的相关技术文献以及专利数据全部检索出来。技术主题检索可以分为技术现状检索和针对性检索两种。技术现状检索侧重于了解技术主题涉及技术的概况；针对性检索则目标性更为明确，更有针对性，例如对竞争对手进行检索。

（3）**查新检索**

查新检索是指在专利申请前或发明创造成果鉴定时，对各种公开出版物上的有关现有技术进行的检索，其目的是从现有技术文献中查找出与发明创造最相关的文献，并按照新颖性和创造性的判断标准对发明创造进行评价。

（4）**防侵权检索**

为了避免发生专利纠纷而主动对某一新技术、新产品进行专利检索，了解新技术或新产品是否侵犯他人专利，找出可能受到其侵害的专利。

（5）**无效检索**

在专利授权后，公众如果发现专利权授予不当，则可以启动无效宣告程序，通过检索专利文献、非专利文献来找出破坏该授权专利新颖性和创造性的文件，或者通过检索抵触申请文件及导致重复授权的文件来请求宣告专利无效，避免专利权人不当获利。其中，伴随着侵权诉讼而提起的无效宣告程序占绝大多数。

在以上几种检索类型中，除了专利法律状态检索外，技术主题检索、查新检索、防侵权检索、无效检索都是将某一技术内容作为检索主题，力求获得与该技术内容相关或最为相关的文献，其基本检索方法是一致的，区别是检索过程中确定目标文献的方法不同。例如，在技术主题检索中，主要为了全面了解技术主题现状，需要获得尽可能多的与技术主题相关的文献；在查新检索和无效检索中，主要是为了获得可以破坏检索对象的新颖性和创造性的证据，证据应该符合专利法对于新颖性和创造性评判中的对比文件的要求，对目标文献的准确度要求较高；在防侵权检索中，则需要目标专利能够满足侵权判定的规则，使得产品或技术能够落在其专利权的范围内。

虽然不同检索类型的目的不同，但检索的基本步骤大致是相同的，只是筛选目标文献的方法不同。

2.4　检索基本流程

检索的目的是找出目标文献。而为了找到目标文献，需要对目标文献的属性进行描述，然后再去可能存在目标文献的数据库把目标文献找出来。即检索时，在明确了“检什么”后，需要进一步确定“用什么词检”“到哪里检”和“怎么检”。

实际检索中，确定“检什么”“用什么词检”“到哪里检”和“怎么检”的过程就是“**确定检索主题**”“**提炼检索要素及表达**”“**选择数据库和检索入口**”以及“**构建检索式**”的过程，同时，检索中还需根据检索结果对检索的各步骤进行**动态调整**。以下将对检索基本流程（参见图2-4-1）中的各环节进行说明。

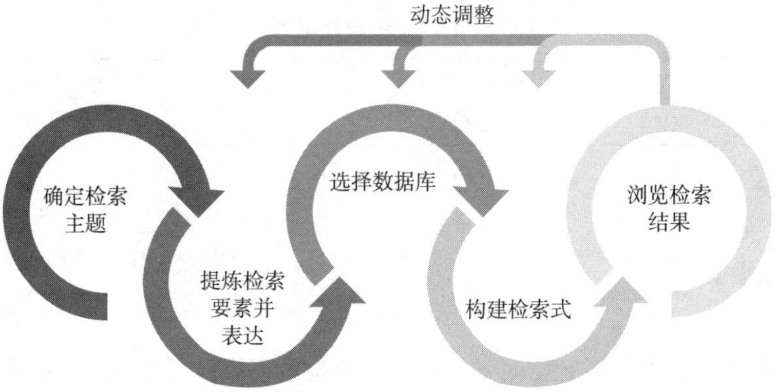

图2-4-1　检索的基本流程

2.4.1　确定检索主题

确定检索主题的过程就是将检索需求转化为检索对象的过程。

首先，根据检索目的确定检索类型，即需要根据实际检索需求和检索时机确定检索属于哪一种类型，是技术主题检索、查新检索还是防侵权检索，随后即可根据检索类型预期可能采用的检索策略。

其次，需根据具体检索类型确定检索主题，即解决“检什么”的问题。检索主题可能是一个初步的构思，也可能是一个专利申请中的权利要求，还可能是一个产品。在实际检索过程中，可以对这个检索主题进行深入分析，结合具体检索类型，确定其技术实质或技术要点，以进一步提炼检索要素。

例如，检索的目的是了解手机中的来电提醒技术现状，因此确定检索类型为技术主题检索，检索主题为手机中的来电提醒技术。

2.4.2　提炼检索要素及表达

所谓“**检索要素**”是指从“检索主题”中提炼出的“可检索”的“要素”。在检索时，仅采用检索要素本身进行检索是不够的，为了命中目标文献，在提炼出检索要素后，还需尽可能地描述目标文献中检索要素可能的表达。

通常，针对一般类型的文献，采用词汇进行表达；对于专利文献，分类号中包含了大量的技术信息，也可以采用分类号对“检索要素”进行表达。即在根据“检索主题”确定了“检索要素”后，还可以根据实际检索需求采用“关键词”和/或“分类号”对检索要素进行表达。

例如，针对检索主题“手机中的来电提醒技术”，提炼出的“检索要素”是“手机”和“来电提醒”。而在各种文献或信息中，“手机”又可能存在不同的表述，例如“移动终端”或者特定的手机“iPhone”等，因此，为了命中目标文献，需要针对检索要素“手机”，对其在目标文献中可能的存在形式进行表达，这就是检索要素的表达。在实际检索时，为了保证思路清晰，可以采用如表2－4－1所示检索要素表来帮助检索。

表2－4－1　检索要素表达

检索要素		检索要素1 “手机”	检索要素2 “来电提醒”
分类号	IPC	H04M 1/725	
关键词	中文	手机、移动终端、电话、iPhone	来电提醒、来电通知、响铃、振动
	英文	cellphone、mobile terminal、phone、iPhone	incoming call、notification、ring、vibration

检索要素的表达需尽可能全面。例如，针对检索要素“手机”，在将其表述为“手机”的同时，还需扩展到：相似含义的**同义表达**“移动终端”、包含手机内涵的**上位表达**“电话”、代表具体手机类型的**下位表达**“iPhone”、对应的**不同语言表达**如英文关键词表达和**分类号表达**，同时，对于某些检索要素，还可从检索要素在检索主题中**所起效果或所解决问题的角度进行表达**。

实际检索要素的表达可能随着检索结果不断调整补充，检索要素表也不断完善。

2.4.3　选择数据库

在检索要素表达完成后，需要预判去哪里检，即选择目标文献可能存在的地方作为目标检索数据库。

目标检索数据库与检索类型有关。例如，针对技术主题检索和查新检索，需要在各种信息源中进行检索；而针对防侵权检索，则主要针对专利数据库进行检索即可。同时，目标检索数据库还与检索主题本身有关，可以根据检索主题本身涉及的技术选择对应的目标数据库。例如，检索主题涉及某个具体的通信协议，则需要到协议网站去检索。

例如，对于“手机中的来电提醒技术”的技术主题检索，需要在所有信息源（包括专利库和非专利库）进行全面检索，同时，可以选择“摘要”作为检索入口进行检索。

2.4.4　构建检索式

构建检索式就是将表达后的检索要素进行组合，组合为其可能在目标文献中出现的形式。在各数据库中构建检索式时需选择“检索入口”。所谓“检索入口”，即检索数据库提供的可供检索的字段。检索入口可为单个字段或由多个字段组成。现在，无论是通用搜索引擎、期刊数据库还是专利数据库，都有很多可供检索的字段，例如，“名称”“摘要”。

不同的检索要素在不同检索字段中存在的可能性是不同的，在实际检索时，需要选择检索要素出现可能性较大的字段进行检索。例如，多个检索要素分别出现在专利文献的权利要求书或说明书中，则可以将检索要素放在对应的检索字段进行检索。构建检索式时还可利用数据库提供的各种算符。例如，多个检索要素可能在同一句话中出现，则可以利用算符连接多个检索要素，构建多个检索要素在同一句中的检索式。

实际检索中，在利用各种算符构建检索式时，同一检索要素的不同表达用“OR”（或）连接以构造检索“块”，不同检索要素间用“AND”（与）连接以对“块”进行组合。

针对一个检索要素构建检索式时，完整的块构造模式为：

关键词 OR 分类号 OR 其他表达方式

既可以分别将一个检索要素的不同表达形式“OR”起来，然后查找与该检索要素相关的所有文献；也可以先对一个检索要素的一个表达形式进行检索，最后再将该检索要素不同表达形式的检索结果合并在一起，作为该检索要素的一个块构造。

在构造了每个块之后，结合被检索技术方案的技术特点和检索结果情况对块进行组合，可以进行全要素组合检索（即要素1 AND 要素2 AND 要素3 AND 要素4）或部分要素组合分别检索。

例如，针对“手机中的来电提醒技术”，在中文专利库进行检索时可采用块检索策略如下：

(IPC 分类号 = H04M1/725 OR 摘要 = (手机 OR 移动终端 OR 电话 OR iphone))AND 摘要 = (来电提醒 OR 来电通知 OR 响铃 OR 振动)

2.4.5 基本检索策略和动态调整

常用的检索式构建策略可以分为以下几种：

简单检索：是指通过较准确的分类号或关键词对检索主题进行试探性的检索，无须进行分类号或关键词的扩展。

块检索：表达“检索要素”以构建检索“块”，并对检索要素进行“块组合”，可以采用全部或部分检索块进行组合的并列式块检索，或利用块对检索结果进行逐级限制的渐进式块检索方式。

追踪检索：利用文献间的相互关联关系进行追踪检索。

检索的过程可能不是一击即中，更多的时候需要随时对检索策略进行调整。例如，需要对目标数据库进行调整、需要增加新的检索要素，或调整检索要素的表达方式。通过检索策略的不断调整、改进和优化，进一步接近和命中目标文献。

例如，针对“手机中的来电提醒技术”的技术主题检索，检索开始时，可以在通用搜索引擎或在中文专利库中采用“手机”和“来电提醒”进行简单检索，初步了解技术概况；同时通过对检索结果的浏览进一步丰富检索要素的表达，以构建更完善的检索块；在各数据库检索过程中不断对块表达和块组合进行调整，或者对文献中提及的关键技术和重要公司等进行追踪检索，以全面了解技术主题信息。

实际检索过程是非常灵活的，任何有助于得到检索结果的方式都可以尝试。

表2－4－2列出了检索基本步骤、各步骤要点，以及针对检索主题“手机中的来电提醒技术”进行技术主题检索的示例。

表2－4－2 检索基本步骤、各步骤要点和示例

顺序	检索步骤	检索要点	示例
1	确定检索类型	根据实际检索需求确定	目的是了解手机中的来电提醒技术现状，因此确定检索类型为技术主题检索
2	确定检索主题	对待检索对象进行深入分析，确定技术实质或要点，作为检索主题	确定检索主题为：手机中的来电提醒技术
3	提取检索要素	提取“可检索”的“要素”	确定检索要素为“手机”和“来电提醒”
4	表达检索要素	预期检索要素在目标文献中的“表述”，可采用“关键词”和“分类号”进行全面表达	“手机”表达为：移动终端、手机、iPhone、IPC分类号H04M 1/725等；“来电提醒”表达为：来电提醒、来电提示、振铃等
5	选择数据库	根据检索类型要求确定，并预期目标文献可能存在的数据库	针对所有信息源，包括在专利库和非专利库进行全面检索
6	构建检索式	预期检索要素可能出现的检索字段和可能的组合方式，利用各种算符，构建检索式，同一检索要素的不同表达用OR连接，不同检索要素间用AND连接	在专利库进行检索时可采用：(IPC分类号＝H04M1/725 OR 摘要＝(手机 OR 移动终端 OR iphone))AND 摘要＝(来电提醒 OR 来电提示 OR 振铃)
7	检索	对检索结果进行浏览分析，判断是否符合检索需求	检索了解手机的来电提醒技术
8	检索策略调整	根据检索结果对数据库、检索要素进行灵活调整	专利库中检索时未发现手机领域知名公司的申请，则需对关键词进行充分扩展，确保扩展完备，数据获取完整
9	检索完成	对检索结果进行分析，撰写对应分析报告	基于获取数据了解手机来电提醒技术的发展和演进等

2.5 通信领域检索要素的确定和表达

2.5.1 检索要素的确定

确定检索要素前需确定检索主题的技术实质或关键技术。不同的检索类型所针对的检索主题不同。比如，技术主题检索中，检索主题可能是涉及某项技术的初步的构思；在查新检索中，检索主题可能是专利申请中的权利要求；在防侵权检索中，检索主题可能是产品。而在实际检索过程中，**需要对检索主题进行深入分析，把握其技术实质或关键技术，并结合技术实质或关键技术提取检索要素。**

对于部分通信领域检索主题来说，会涉及对信号处理算法的改进、对协议中的消息内容或消息时序的改进、对具体网络架构的改进，而能够表述同一网络实体或该网络实体实现的功能或某一种方法的词汇太丰富，例如一些自造词，或者无法体现检索主题的技术实质的词汇。这时，需要对检索主题进行深入分析和思考，找到关键技术。有些情形下，甚至需要对检索主题进行重新表述。

例如，针对以下检索主题：

1. 一种内外网主机之间远程控制的方法，其特征在于，包括以下步骤：

内网被控端向外网主控端发送连接请求以及第一验证信息；

所述主控端接收所述连接请求，在验证所述第一验证信息通过后开放指定的网络端口，并生成确认连接消息以及第二验证信息；

所述被控端接收所述确认连接消息以及所述第二验证信息，并在验证所述第二验证信息通过后，通过所述主控端的所述指定的网络端口与所述主控端建立网络连接。

其技术背景是，由内网主机作为被控端被动地连接到外网主机，导致当内网被控端与外网主控端之间存在路由器或防火墙时，由于网关设备的单向连接特性，外网主控端向内网被控端发送的连接请求被网关拦截，不能实现外网主控端对内网被控端的远程控制。为解决这个问题采用的关键技术是在远程控制过程中由内网被控端主动向外网主控端发送连接请求。

如果仅从检索主题中提取检索要素，则可能会利用“远程控制”“内网被控端”“外网主控端”“连接”“验证”进行检索。但是，利用这些关键词进行检索是无法体现其技术实质的，需要结合其关键技术选择检索要素进行检索。例如，检索主题的关键技术是由“内网被控端”“主动”发起远程控制请求，其远程控制请求发起方向与技术背景中涉及的技术相反，可以尝试将检索主题中的关键技术表述为“反向”的“远程控制”。基于该关键技术提取“反向”和“远程控制”作为检索要素。由于“反向”的“远程控制”能够更好地体现技术实质，因此其也能更快地检索到相关技术（“反向连接型远程控制系统研究及防范”，鲁磊纪等，《电脑知识与技术》，第5卷第35期，2009年12月20日）。

检索要素的准确确定可能是在检索开始时，也可能伴随着检索过程不断进行调整。

例如，发现检索结果不理想、噪声过多时，需要重新思考现有的检索要素是否能够体现技术实质，并在此基础上进行调整。

无论是针对何种类型的检索，在检索开始之前，通过对检索主题进行深入分析，根据对检索结果的预期，确定能够体现技术实质的检索要素，能够有效提高检索效率。

2.5.2 检索要素的关键词表达

“关键词”是检索要素最常用的表达方式。利用关键词表达检索要素时，一般应当从形式上的完整、意义上的完整以及角度上的完整三个层次综合考虑，以完善关键词的表达。

（1）形式上的完整

形式上的完整应当充分考虑同一关键词表达的各种形式，例如英文检索词的不同词性、单复数词形、英美不同拼词形式、常见的错误拼写形式等。如“transmit”为动词，检索时需要考虑到“transmittal”“transmitter”“transmitting”“transmission”等其他形式。

（2）意义上的完整

意义上的完整应当充分考虑关键词的各种同义词、近义词、反义词、上下位概念、等同特征等。如“空闲”，可以扩展到近义词“不忙”“没有任务”“未激活”等，又可以扩展到反义词“繁忙”“忙碌”“激活”等。

（3）角度上的完整

角度上的完整是指针对检索主题进行多角度全面分析，例如从解决的问题或达到的效果出发，对检索要素进行表达。例如，案例2－5－1中“电源”需要扩展到其解决的技术效果“节省能耗”“节能”“省电”等，而扬声器可以扩展到“音质”“音效”等。

【案例2－5－1】

技术背景

考虑到笔记本计算机本身的体积与电池续航能力，一般情况下在笔记本计算机上配置左右两个中等功率扬声器，而该操作使得注重音效的使用者得不到较好音质体验。

检索主题

一种笔记本计算机，其特征在于所述笔记本计算机包括：一第一扬声器组；一第二扬声器组；一电源检测单元，用以检知所述笔记本计算机目前有无使用一外接电源，以输出一检测结果；以及一音源单元，耦接至所述第一、第二扬声器组以及所述电源检测单元，用以驱动所述第一扬声器组，以及依据所述检测结果决定是否驱动所述第二扬声器组。

该笔记本计算机架构见图2－5－1。

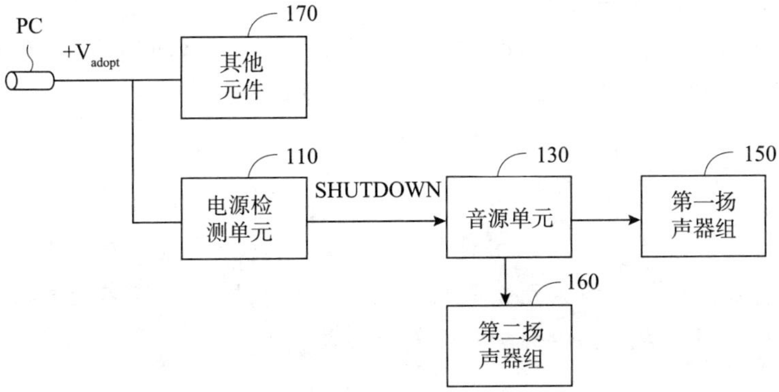

图 2－5－1　笔记本计算机架构

开始检索时，基于检索主题确定检索要素。将检索主题的主题名称“笔记本计算机”作为一个检索要素。同时，案例给出解决问题的方法是基于不同来源的电源以驱动相应扬声器，可见“扬声器”与“电源”是关键技术，将两者也作为检索要素，并构建如表 2－5－1 所示检索要素表达。

表 2－5－1　检索要素表达

检索要素		检索要素 1 “笔记本计算机”	检索要素 2 “扬声器”	检索要素 3 “电源”
关键词	中文	**意义上完整：** 膝上型计算机、便携式计算机、笔记本计算机、膝上型电脑、便携式电脑、笔记本电脑、手提电脑、笔记本（*同义*）；电脑、计算机、智能设备、运算设备、移动终端、行动终端、便携终端、手提终端、电子设备（*上位*）；手机、平板电脑、掌上电脑（*近义*）	**意义上完整：** 喇叭、音箱、音放、扩音器（*同义*）；音响、功放（*近义*） **角度上完整：** 音质、音效（*效果*）	**意义上完整：** 电池、供电、电板（*同义*）；能源、能量（*上位*）；直流电、交流电、电压、电流、功率（*下位*） **角度上完整：** 省电、节省能耗（*效果*）；费电、耗电（*问题*）
	英文	**形式上完整：** notebook?、computer?、think-Pad、matebook?、ipad、pad	**形式上完整：** loudspeak?、speak+、sound effect、sound quality	**形式上完整：** power、battery、source、sav+

由检索要素表可以看出，关键词表达非常丰富。在形式上，为防止遗漏某些表达使用“?”通配符（代表 0～1 个字符），如“computer?”防止遗漏复数；在意义上，对关键词进行同近义词、上下位等扩展，如对“笔记本电脑”扩展到“膝上型计算

机”“便携式计算机”等同义词，“电脑”“计算机”“智能设备”等上位词，“手机”“平板电脑”等近义词，“think-Pad”“ipad”等下位词；在角度上，从问题、效果上扩展，如对“扬声器”扩展到“音质”“音效”等效果上。

小提示

开始检索时，不建议直接采用扩展后的关键词进行检索，而是先采用常见关键词进行检索，以达到快速检索到相关文献的目的。在检索结果不理想时，再加入扩展后的关键词进行检索，以达到全面检索的效果。

2.5.3 检索要素的分类号表达

针对专利文献，检索要素不仅可以表达为“关键词”，还可以表达为“分类号”。分类号是专利文献检索的一种有效检索工具，因为分类号提供的是一个技术概念的总和而不是单一的词汇，能够更明确、更全面地涵盖专利的技术内容。

在大多数领域，如果取自技术内容的一个检索要素具有准确的分类号，则应该优先考虑使用该分类号进行表达。在本书第2.2节介绍了IPC、CPC以及各自的获取方式，本节将具体介绍如何针对某一检索要素确定IPC分类号和CPC分类号。

可以通过以下三种方式来确定某一检索要素的IPC分类号。

（1）根据检索要素所属的领域、所要解决的问题、采取的手段以及实现的效果等，在IPC分类表中按照“部—大类—小类—大组/小组”的顺序依次查询到根节点分类号。

假设查询与“机顶盒”相关的分类号，可在WIPO网站的IPC查询界面（www.wipo.int/classifications/ipc）对照IPC分类表，查询“机顶盒”属于哪一个部；根据各个部的部名，可初步判断其属于H部（电学）；再查看H部的各个大类，根据大类名，初步判断是属于大类H04（电通信技术）；接着查看H04的各个小类，根据小类名，大致判断是属于H04N（图像通信如电视）。这样逐级查找，首先可确定H04N 21/40（·专门适用于接收内容或者与内容交互的客户端设备，如STB［机顶盒］）下的分类号都与“机顶盒”相关，接着，可以根据具体的技术手段来确定更准确的下位点组。

（2）根据检索要素所属的领域、所要解决的问题、采取的手段以及实现的效果等，提取核心的关键词在IPC分类表中查询对应的分类号。

采用该方法查询与“机顶盒”相关的分类号时，可在WIPO网站的IPC查询界面的搜索框中输入“机顶盒”的英文表达“STB”，得到图2-5-2所示的查询结果。其中H04N 21/436、H04N 21/443是H04N 21/40的下位点组，都涉及机顶盒，而H04N 21/63表示在机顶盒间通过互联网建立点对点通信。

（3）提取相关专利文献的分类号。可以根据所要检索的技术内容所属的领域、所要解决的问题、采取的手段以及实现的效果等，提取核心的关键词在专利检索系统中检索到相关的专利文献后，对分类号进行统计分析，或者参考与技术内容密切相关的文献的分类号。

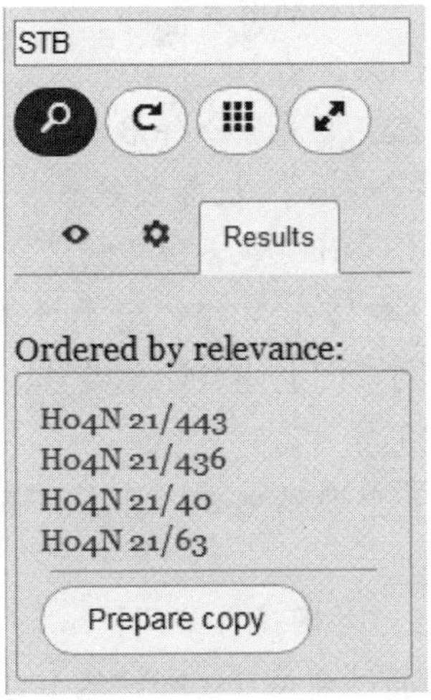

图2-5-2　WIPO IPC查询结果

例如，在专利检索系统利用关键词“机顶盒”检索到相关的专利文献后，可统计相关专利文献的分类号，或者参考技术内容最为相关的专利文献的分类号。

通常来说，需将上述三种方法结合使用以更准确、更全面地确定IPC分类号。需要注意的是，在检索时通常首先选择最准确、最下位的分类号进行检索，但如果同时存在多个非常相关的分类号，也可一并进行检索。

在第2.6.2.1节还将介绍如何在PSS系统进行IPC查询和统计。

此外，CPC的编排方式接近IPC，分类覆盖范围更广，分类条目更细，在确定合适的IPC分类号后，可在例如CPC官网（http://www.cpcinfo.org）上查询CPC分类表中该IPC是否有细分的下位点组。上文提到的确定IPC分类号的方法也都可用于确定CPC分类号。

下面采用第2.5.2节的案例2-5-1来介绍如何针对各检索要素确定合适的IPC分类号和CPC分类号。

检索策略

对该案例的检索主题进行分析，可确定检索要素为“笔记本计算机”“扬声器”和“电源”。下面分别针对这三个检索要素确定相关的分类号。

对于检索要素“笔记本计算机”和“电源”，通过在WIPO网站的IPC查询界面查询IPC分类表或搜索“电源”（还可表达为电池、电板、省电等）的多种英文表达，可以发现G06F 1/26与“电源”密切相关，且G06F的类名为“电数字数据处理（基于特定计算模型的计算机系统入G06N）”，可见G06F 1/26表示的是计算机的电源装置，因此可以采用G06F 1/26对检索要素“笔记本计算机”和“电源”进行合并表达。G06F 1/26的下位点组G06F 1/32、G06F 1/3203、G06F 1/3206、G06F 1/3287都可用来表达这两个检索要素，具体的类名如下文所示：

G06F 1/26　　·电源装置例如稳压装置

G06F 1/32　　··节能装置

G06F 1/3203　　···电源管理，即基于事件启动省电模式

G06F 1/3206　　····监测一个参数、设备或一个事件触发电源模式改变

G06F 1/3287　　·····通过开关计算机系统中的各功能单元节能，即选择性配电

除了可用上述确定的 IPC 分类号作为 CPC 分类号表达检索要素“笔记本计算机”和“电源”外，通过在 CPC 官网查询上述 IPC 分类号，还可进一步确定细分的 CPC 分类号为 G06F 1/263、G06F 1/325：

G06F 1/263　　··{使用多个开光电源的布置，例如电池和交流电（G06F 1/30 优先）}

G06F 1/325　　·····{通过外围设备节能}

对于检索要素“扬声器”，通过在 WIPO 网站的 IPC 查询界面查询 IPC 分类表或搜索“扬声器”（还可表达为音箱、音放、扩音器等）的多种英文表达，可以发现大类 H04R 表示扬声器、送话器、唱机拾音器或类似的传感器，与该检索要素密切相关。选择其细分的 H04R 3/00 以及 H04R 3/00 的下位点组 H04R 3/12 作为表达“扬声器”最准确的分类号，H04R 27/00 也可用来表达“扬声器”，具体的类名如下所示：

H04R 3/00　　用于传感器的电路

H04R 3/12　　·用于向两个或两个以上的扬声器分配信号

H04R 27/00　　扩音系统

除了可用上述确定的 IPC 分类号作为 CPC 分类号表达检索要素“扬声器”外，通过在 CPC 官网查询上述 IPC 分类号，还可进一步确定细分的 CPC 为 H04R 3/005：

H04R 3/005　　·{用于结合两个或多个传声器信号的}

综合上面的分析，可得到表 2－5－2 所示的检索要素表达，关键词的表达参见表 2－5－1，这里仅展现 IPC 及 CPC 分类号的表达。为了便于展现，对检索要素表的各栏位置进行相应调整。

表 2－5－2　检索要素表达

检索要素		检索要素 1 “笔记本计算机”	检索要素 3 “电源”	检索要素 2 “扬声器”
分类号	IPC	G06F 1/26、G06F 1/32、G06F 1/3203、G06F 1/3206、G06F 1/3287		H04R 3/00、H04R 3/12、H04R 27/00
	CPC	G06F 1/26、G06F 1/32、G06F 1/3203、G06F 1/3206、G06F 1/3287、G06F 1/263、G06F 1/325		H04R 3/00、H04R 3/12、H04R 27/00、H04R 3/005

小提示

在大多数领域，如果取自技术内容的检索要素本身具有准确的分类号，则使用该分类号进行表达。

确定分类号可从所属领域、解决的问题、采取的手段、实现的效果等多个角度出发，如果同时存在多个非常相关的分类号，可以一并作为检索要素的表达。

通信领域涉及的子领域较多，包括无线通信、移动通信、卫星通信、图像通信、终端通信设备等。表2-5-3中示出了各子领域对应的IPC分类号。

表2-5-3 通信领域IPC分类号

分类号	分类定义	相关技术主题
H01P	波导；谐振器，传输线或其他波导型器件	辅助器件；波导；波导型传输线；波导型耦合器件；波导型谐振器；波导型延迟线
H01Q	天线	天线的辐射单元；天线应用于例如基站或终端等设备；天线的零部件；天线系统
H04B	传输	收发信机；传输分集；传输媒介；无线传输监控测试；近场通信；通用装置；接入网设备；骨干网设备；包含量子通信的特殊系统；地面站和空间站
H04H	广播通信	用于广播的装置或用于与广播结合分配的装置；专门适用于接收广播信息的装置；用于与广播信息或广播时空直接相关的广播应用装置；广播相关系统
H04J	多路复用通信	多路复用系统，包括频分多路复用系统、时分多路复用系统、码分多路复用系统、时分和频分相结合的多路复用系统、正交多路复用系统、光多路复用系统等
H04K	保密通信	保密线路和辐射传输系统
H04L	数字信息的传输，例如电报通信	基带传输；调制解调；多路通信；网络纠错；网络传输控制；数据交换设备和系统；数据网络协议；网络业务量管理；网络资源管理；网络通信安全；网络监视测试；网络融合组网
H04M	电话通信	分机及无绳电话机；电话机结构及测试；与终端通话相关的处理；交换装置和互连装置；电话通信业务、系统及装置
H04N	图像通信，例如电视	静止图像的扫描、传输、重现；图像信号采集与处理；数字视频编码；立体视频系统，多视点视频系统；彩色图像的获取和处理；媒体交互技术

续表

分类号	分类定义	相关技术主题
H04Q	选择	选择设备或装置的零部件；选择装置；两个或两个以上用户站由同一线路连接到交换机的选择装置；用于从主局选择地呼叫一个分局的遥控或遥测系统的装置；多路复用系统的选择装置
H04R	扬声器、送话器、唱机拾音器或类似的传感器	传感器通用零部件；传感器电路及应用；传感器类型及振膜
H04W	无线通信网络	移动业务量管理；移动资源管理；功率管理；移动通信安全；移动监控测量；宽带移动通信网；移动通信业务；物联网
H05B	电热；其他类目不包含的电照明	一般光源设备的控制器件、驱动电路、节能系统；白炽灯、放电灯的控制器件、驱动电路、节能系统
H05K	印刷电路；电设备的外壳或结构零部件；电气元件组件的制造	印刷电路；用于电设备的机壳、箱柜或拉屉；对各种不同类型电设备通用的结构零部件；无线电接收机或电视接收机与具有不同主要功能的设备的组合
G06F	电数字数据处理	用于将所要处理的数据转变成为计算机能够处理的形式的输入装置；错误检测；错误校正；监控；安装在筛选装置之上的在存储器系统或体系结构内的存取、寻址或分配；信息或其他信号在存储器、输入/输出设备或者中央处理机之间的互连或传送
G11B	基于记录载体和换能器之间的相对运动而实现的信息存储	基于记录载体和换能器之间的相对运动而实现的信息存储机电控制；用磁性方法进行重现的；按所选用的材料或按结构或按形式区分的记录载体；信息的记录、重现、编辑、索引、寻址、定时或同步、监控；磁带行程的测量等

2.6 通信领域常用检索资源介绍及使用

本节将主要介绍通信领域常用的检索资源，如专利检索系统 PSS、国家/地区专利局网络平台、Patentics 和 SOOIP，标准协议类网站 3GPP、JCT-VC、ETSI、IEEE、IETF、MPEG、ITU、通标网，以及通用搜索引擎百度和期刊类网站 CNKI、万方、超星读秀和 ISI Web of Science，介绍其常用功能，并通过检索示例说明其使用技巧。

2.6.1 通信领域常用检索资源

通信检索资源一般有几种类型，如专利资源以及非专利资源，非专利资源中又涉及各种标准、期刊、学位论文以及图书等。基于通信领域的行业特点，表2-6-1列出了通信领域常用的可检索资源。

表2-6-1 通信领域检索资源

检索资源类型	数据库	功能	网址
专利数据库	PSS	专利检索、下载、分析与管理	http://www.pss-system.cnipa.gov.cn
	Patentics	专利检索、下载、分析与管理	http://www.patentics.com
	SooPAT	专利检索、下载、分析	http://www.soopat.com
	SOOIP	专利检索、下载、分析	http://www.sooip.com.cn/app/main
	Google专利搜索	专利检索、下载	http://www.google.com/patents
	CNIPR	专利检索、下载	http://search.cnipr.com
	润桐	专利检索、下载	http://www.rainpat.com
	佰腾	专利检索、管理	http://www.baiten.cn
	Innojoy	专利检索、下载	http://www.innojoy.com/search
	LindenPat	专利检索、下载	http://www.lindenpat.com
	智慧芽	专利检索、下载、分析与管理	http://www.zhihuiya.com
通用搜索引擎	百度	全球最大的中文搜索引擎	https://www.baidu.com
	百度学术	中英文文献检索的学术资源搜索平台	http://xueshu.baidu.com
检索资源类型	数据库	组织	网址
标准协议	3GPP	第三代合作伙伴计划	http://www.3gpp.org
	3GPP2	第三代合作伙伴计划2	http://www.3gpp2.org
	JCT-VC	视频编码联合工作组	http://phenix.int-evry.fr/jct
	ETSI	欧洲电信标准化协会	http://www.etsi.org/standards-search#Pre-defined collections

续表

检索资源类型	数据库	组织	网址
标准协议	IEEE	电气电子工程师学会	https://www. ieee. org
	IETF	互联网工程任务组	https://www. ietf. org
	MPEG	动态图像专家组	http://mpeg. chiariglione. org
	ITU	国际电信联盟	https://www. itu. int
	IEC	国际电工委员会	https://www. iec. int
	ANSI	美国国家标准学会	http://www. ansi. org
	DIN	德国标准化学会	https://www. din. int
	CENELEC	欧洲电工标准化委员会	https://www. cenelec. eu
	BSI	英国标准协会	http://www. bsigroup. com
	JISC	日本工业标准调查会	http://www. jisc. go. jp
	通标网	通信标准网站	http://www. ptsn. net. cn

检索资源类型	数据库	类型	语种	网址
期刊/图书	CNKI	全文	中文	http://www. cnki. net
	万方	全文	中文	http://www. wanfangdata. com. cn
	超星读秀	全文	中文	http://www. duxiu. com
	ISI web of science	全文	英文	http://apps. webofknowledge. com
	IEEE/IET Electronic Library	全文	英文	https://www. ieee. org
	ACM Digital Library	全文	英文	https://www. acm. org/publications/digital-library
	Ei Compendex（工程索引）	摘要	英文	https://www. elsevier. com/solutions/engineering-village/content/compendex
	Elsevier ScienceDirect	全文	英文	https://www. sciencedirect. com
	IP. com Prior Art Database	全文	英文	https://priorart. ip. com
	Science	全文	英文	https://www. sciencemag. org
	SpringerLink	全文	英文	https://link. springer. com
	Wiley InterScience	全文	英文	https://www. wiley. com/en-cn

2.6.2　专利检索系统

2.6.2.1　PSS 系统

PSS（Patent Search and Analysis）系统是国家知识产权局面向公众提供的集专利检索与专利分析于一体的综合性专利服务系统。

PSS 系统访问入口：http://www.pss-system.cnipa.gov.cn。

2.6.2.1.1　PSS 系统简介

打开网址，进入首页，如图 2－6－1 所示。

图 2－6－1　PSS 系统首页

PSS 系统共收集了 103 个国家、地区或组织的专利数据，同时还收录了引文、同族、法律状态等数据信息。其中“培训视频”对于初学者颇有助益。“其他国家、地区、组织常用信息”中给出了各个国家电子申请系统、检索系统、案卷查询系统的链接网址，完全能够满足用户对于各国专利数据检索的需求。

页面上方提供了常规检索、高级检索、导航检索、药物检索、热门工具、命令行检索、专利分析等入口。对于通信领域而言，通过高级检索、命令行检索构建专业的检索式往往更为便利。

2.6.2.1.2　PSS 系统常用功能

下面对 PSS 系统常用功能进行简要介绍。其中高级检索页面如图 2－6－2 所示，设置有检索历史、范围筛选、高级检索、检索式编辑区 4 个功能区域。高级检索区域部分显示了一些常用检索字段，例如申请号、申请日、发明名称、IPC 分类号、摘要、权利要求等。检索式编辑区中检索式的构建规则为“字段 =(关键词)”，也可以采用表格检索的方式，例如在说明书框内输入“手机”，点击生成检索式，则检索式编辑区中自动生成“说明书 =(手机)”。

图 2 -6 -2　PSS 系统高级检索页面

导航检索页面如图 2 -6 -3 所示，可对分类号及其中英文含义进行检索。例如，在分类号检索框中输入“H01P”，得到 H01P 下的所有分类号，右侧是分类号的中英文含义，将鼠标指向任一分类号，该分类号右侧随即出现“检索”标签，点击检索，可以得到该分类号下的所有专利文献。点击文献下方相应按钮，可以对文献进行“详览”“收藏”“加入分析库”以及查询“申请人”“法律状态”。中间部分设有文献显示和筛选栏，默认为搜索式，还可以选择列表式和多图式。另外，点击“申请日排序”可以选择按照“申请日降序”“申请日升序”“公开日降序”或“公开日升序”对文献进行排序。

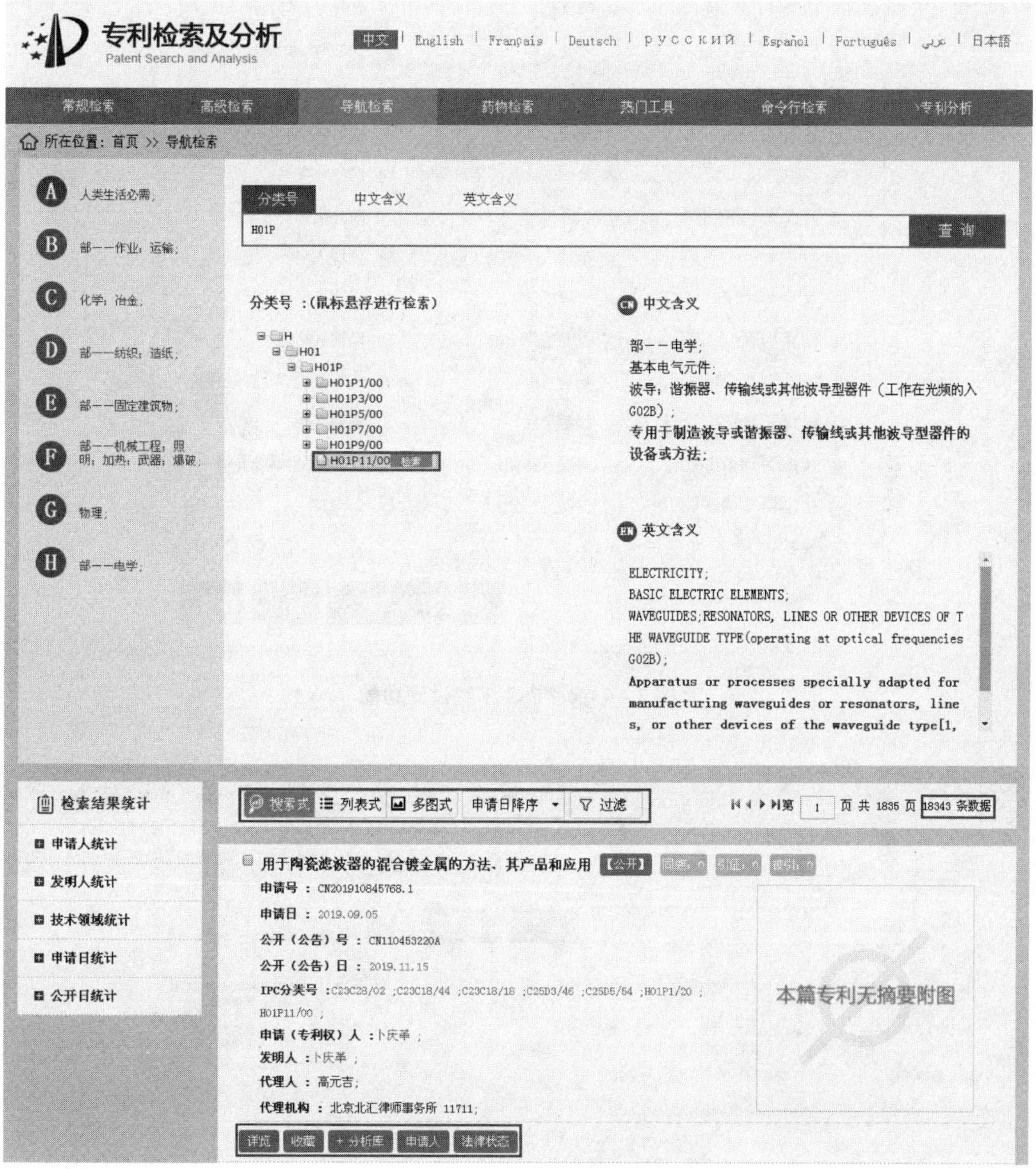

图2-6-3 PSS系统导航检索页面

点击“过滤”标签，出现如图2-6-4所示页面，可以选择显示字段、显示语言，显示语言中可以选择中文、英文或日文，还可以对文献类型进行过滤，通过日期对文献进行筛选等。

热门工具页面如图2-6-5所示，可对同族、引证/被引证、法律状态、国别代码、关联词、CPC等进行查询。其中关联词查询有助于检索时对关键词进行扩展。

图 2-6-4　PSS 系统过滤功能

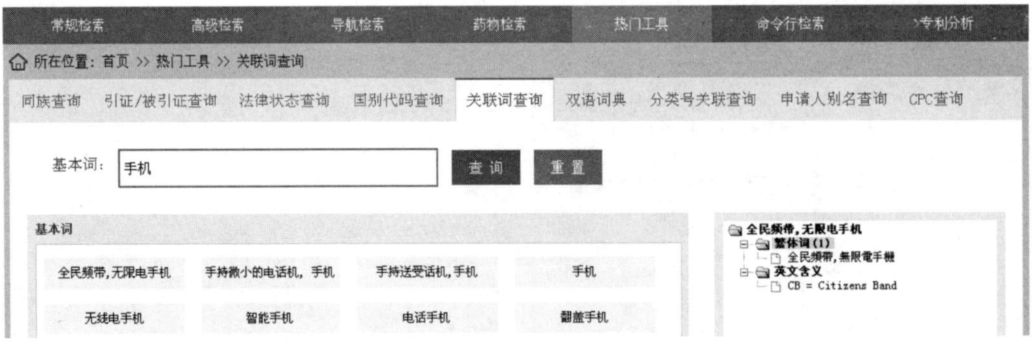

图 2-6-5　PSS 系统热门工具页面

在命令行检索页面中，右侧提供各字段命令的含义及示例，检索框上方显示了一些基本的算符和操作命令，对于不熟悉的入门者而言使用起来也十分方便。如图 2-6-6 所示，当需要检索 2019 年 1 月 1 日之后申请的，且摘要中包含“手机”一词的文献时，可以构建检索式“摘要 =(手机)AND 申请日 >20190101”进行检索。

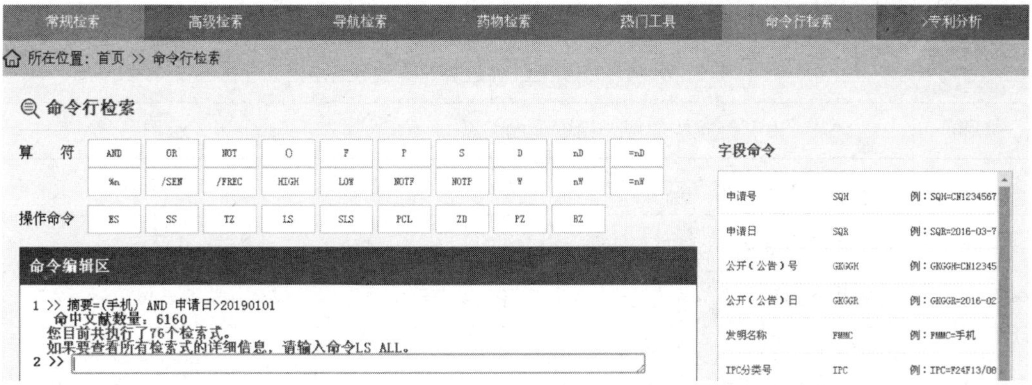

图 2-6-6　PSS 系统命令行检索页面

在高级检索和命令行检索中，为了对检索要素进行合理表达和组合，常常避免不了使用通配符、算符。以下对通配符、算符以及一些常用操作命令作简要介绍（参见表 2-6-2 至表 2-6-5）。

（1）通配符

通配符可以代替一些有不同拼写（例如英语的不同拼法）、不同词形（例如动名词、过去分词等）或某种特定规律的词。PSS 系统提供了表 2-6-2 所示的 3 种通配符。

表 2-6-2　PSS 系统通配符含义及示例

通配符	含义	示例
?	代表 0 ~ 1 个字符	输入?phone，则检索 phone、iphone 等
#	代表 1 个字符	输入 employe#，则检索 employee、employer 等
+	代表任意个字符	输入 switch +，则检索 switch、switching 等

（2）布尔算符

表 2-6-3　PSS 系统布尔算符含义及示例

算符	由算符连接的两个检索项的关系	示例
OR	A 和 B 的“并”集	phone OR call
AND	A 和 B 的“交”集	phone AND call
NOT	从 A 中排除 B 的内容	phone NOT call

OR 算符常常用来将含义相同或相近的检索项合并起来以便查全，AND 算符常常用于连接若干个不同的检索项进行限定以便查准。

（3）临近算符

表 2-6-4　PSS 系统临近算符含义及示例

算符	由算符连接的两个检索项的关系	示例
W	A 和 B 紧接着，先 A 后 B，且词序不能变化	TCP W IP
nW	A 和 B 之间有 0~n 个词，且词序不能变化	low 1W pass
=nW	A 和 B 之间只能有 n 个词，且词序不能变化	frequency =5W resource
D	A 和 B 紧接着，但 A 与 B 的词序可以变化	frequency D resource
nD	A 和 B 之间有 0~n 个词，词序可以变化	frequency 3D resource
=nD	A 和 B 之间只能有 n 个词，词序可以变化	frequency =2D resource

使用临近算符时需要注意，临近算符常用于相对精确的限定。以 W 算符为例，其一般用于检索固定的词组，例如如果需要检索“TCP IP”，可输入检索式“TCP W IP”。又如，若需要检索低通滤波器，可输入检索式“low 1W pass”进行检索，当然也可以输入“low-pass”等具体的有关“低通”的表达，进行精确检索。

（4）同在算符

表 2-6-5　PSS 系统同在算符含义及示例

算符	由算符连接的两个检索项的关系	示例
F	A 和 B 在同一字段中	Call + F remind +
P	A 和 B 在同一段落中	Call + P remind +
S	A 和 B 在同一句子中	Call + S remind +
NOTF	A 和 B 不在同一字段中	Call + NOTF remind +
NOTP	A 和 B 不在同一段落中	Call + NOTP remind +

使用同在算符时需要注意，由同在算符连接的检索要素从内容上较 AND 算符更为紧密一些。F 算符前后两个检索项存在于同一个字段中，只有说明书里包含这两个词，这篇文献才会命中；在 PSS 系统中，算符“F”等同于算符“AND”。

（5）频率算符

频率算符 FREC，表示检索项出现的频率。

例如：“说明书 =(手机/FREC >2)”，表示检索说明书中“手机”一词出现超过 2 次的文献。

（6）命令行检索中的常用检索命令

ES：在指定检索式的检索结果中进行二次检索，格式为“ES 检索历史序列号 添加的检索条件”，例如“ES 1 说明书 = (手机)”。其含义为在检索式 1 的结果中检索说明书中包含“手机”一词的文献。

2.6.2.1.3　检索示例

以上对 PSS 系统作了初步介绍，其中，高级检索、命令行检索功能较为强大。为了更加熟悉高级检索、命令行检索的运用规则，下面引入案例进行介绍。

【案例 2-6-1】

技术背景

随着终端设备功能的不断增多，终端设备被普遍使用。相关技术中，终端设备的来电提醒方式需要用户人为设置；而在现实场景中，经常出现来电铃声太小，用户没有听见而漏接电话，或在一个会议过程中，突然来电话，来电铃声干扰到其他人。

检索主题

一种来电提醒方法，用于终端设备，包括：当所述终端设备接收到当前来电时，检测所述终端设备所处的当前环境参数信息；根据所述当前环境参数信息确定所述终端设备对所述当前来电的来电提醒方式；按照所述当前来电的来电提醒方式执行对所述当前来电的提醒操作。

检索策略

对检索主题进行分析，可以看出其技术要点在于：接收到来电时，根据检测的环境参数来确定对应的提醒方式，也即根据环境确定来电提醒方式。根据以上检索主题可以确定检索要素为“环境”“来电提醒”，据此可初步列出表 2-6-6 所示的检索要素表达。

表 2-6-6　检索要素表达

检索要素		检索要素 1 “环境”	检索要素 2 “来电提醒”
关键词	中文	环境	来电提醒

根据检索要素表，在摘要中进行检索（参见图 2-6-7），得到 70 条结果数据，获得相关文献 CN107682579A、CN107147811A。通过查看左侧“技术领域统计”获得相关分类号 H04M 1/725。通过 PSS 系统的导航检索获知其含义如下：

H04M 1/725　· · 无绳电话机

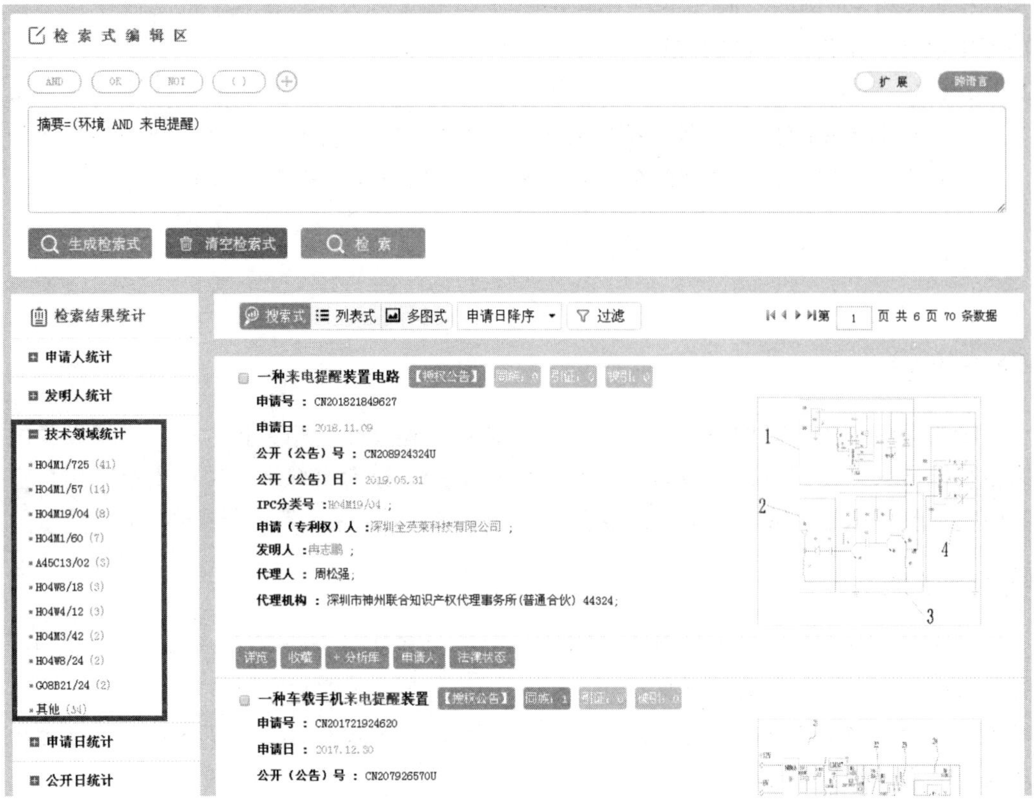

图 2－6－7　PSS 系统关键词检索示例

为了获得更多相关文献，对检索关键词进行扩展，可以得到调整后的检索要素表达，如表 2－6－7 所示。

表 2－6－7　调整后的检索要素表达

检索要素		检索要素 1 “环境”	检索要素 2 “来电提醒”
关键词	中文	环境	来电提醒、情景模式、情境模式、响铃、振动、静音、无声

采用扩展后的检索要素进行检索，如图 2－6－8 所示，检索结果较多，有 1 万多条数据，其中多数是噪声。

此时，可以尝试采用前述检索结果中“技术领域统计”获得的分类号对结果进行限定，该分类号代表了检索主题所在领域，将其加入检索要素表中，更新后的检索要素表达如表 2－6－8 所示。

采用表 2－6－8 所示检索要素表达构建检索式，如图 2－6－9 所示，得到 240 条数据，获得相关文献 CN109672787A。

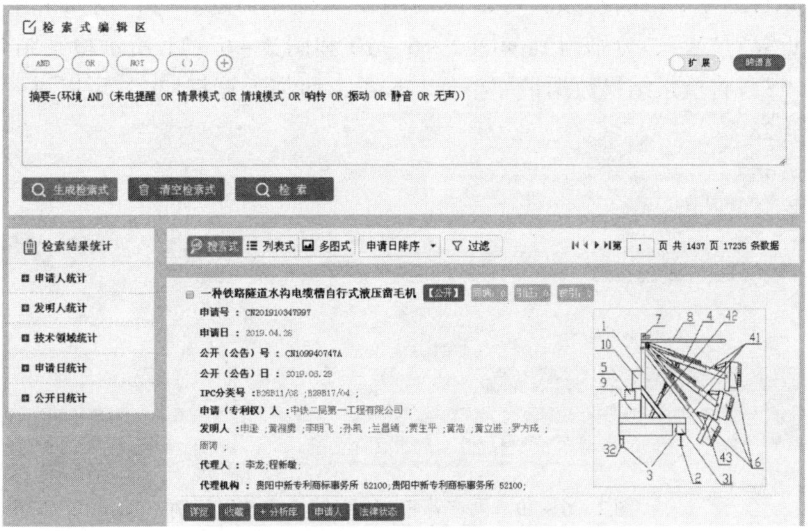

图 2-6-8　关键词扩展检索示例

表 2-6-8　调整后的检索要素表达

检索要素		检索要素 1 “终端设备”	检索要素 2 “环境”	检索要素 3 “来电提醒”
分类号	IPC	H04M 1/725		
关键词	中文	手机	环境	来电提醒、情景模式、情境模式、响铃、振动、静音、无声

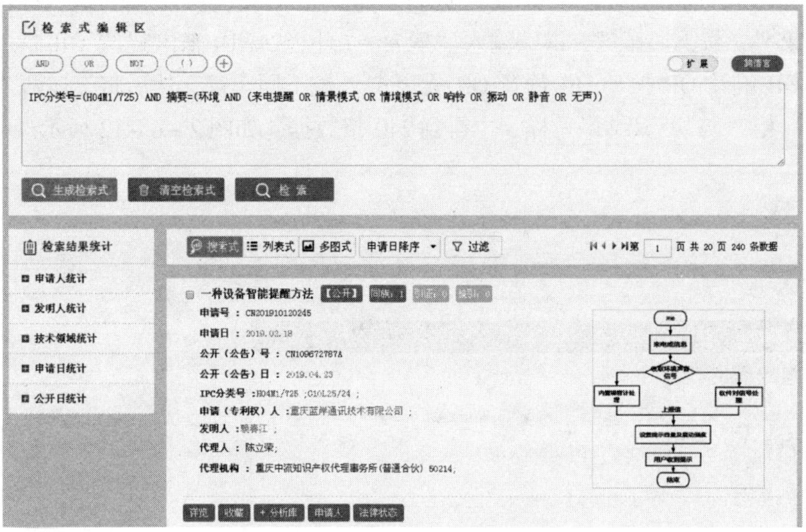

图 2-6-9　分类号 + 关键词检索示例

进一步地，为了精确检索，可以使用同在算符和临近算符，例如采用同在算符“S”和临近算符“W”，分别得到如图 2-6-10 和图 2-6-11 所示检索结果。可见，同在算符“S”将检索结果数据量缩小至 176 条，而临近算符“W”可以进一步将检索结果缩小至 28 条。

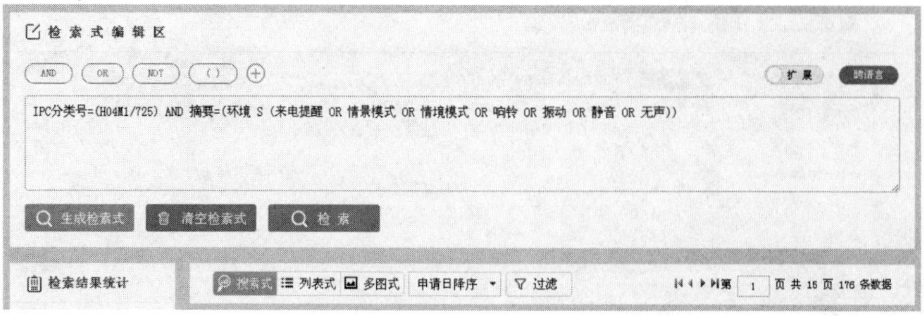

图 2-6-10　同在算符“S”的检索效果示例

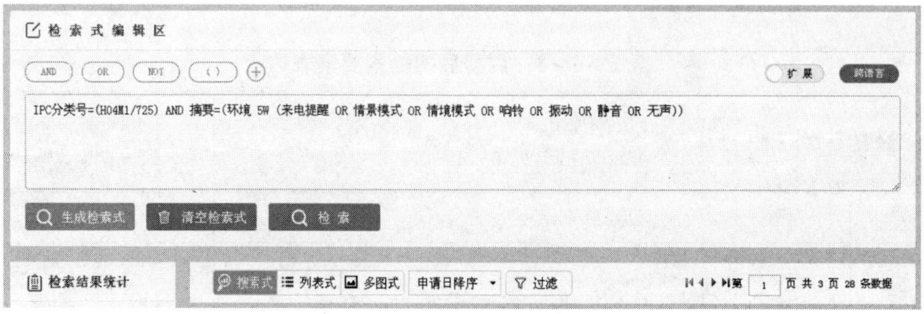

图 2-6-11　临近算符“W”的检索效果示例

如果将相同的检索式采用命令行进行检索，在命令编辑区输入“IPC 分类号 =(H04M1/725)”，按下回车键，继续输入“摘要 =(环境 AND(来电提醒 OR 情景模式 OR 情境模式 OR 响铃 OR 振动 OR 静音 OR 无声))”，按下回车键，然后将上述两个检索式通过“AND”相“与”，其结果一样，也得到 240 条数据，如图 2-6-12 所示。

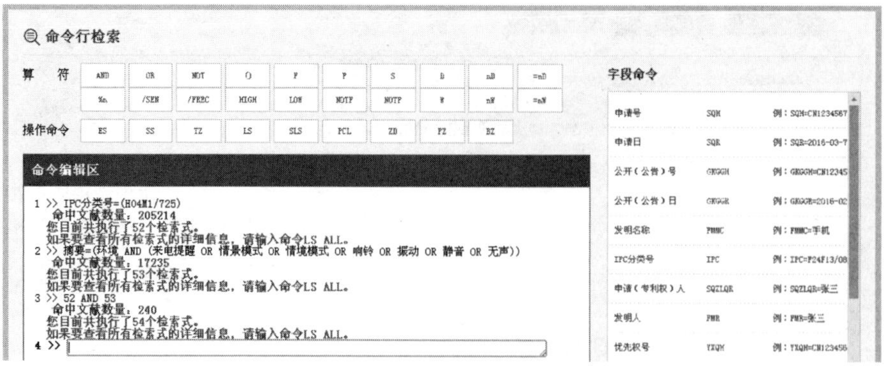

图 2-6-12　命令行检索示例

检索得到相关文献后，可以通过浏览文献全文获得包含更多细节的技术内容。相较于其他数据库而言，强大的文献浏览方式是 PSS 系统的一大特色。熟悉 PSS 系统的文献浏览方式有助于快速锁定检索关键词，筛选出合适的相关文献。

下面以文献 CN108924348A 为例，说明具体的文献浏览技巧。

点击文献 CN108924348A 下方的详览进入如图 2－6－13 所示页面。

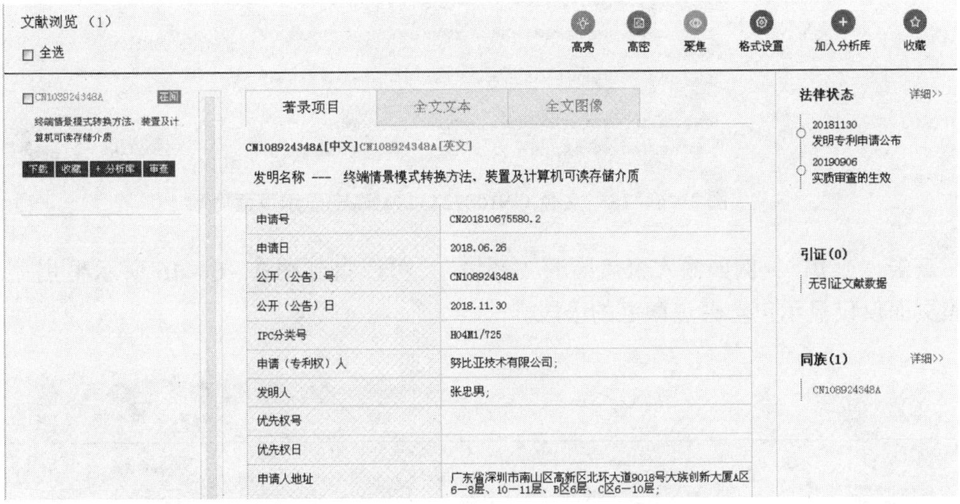

图 2－6－13 文献 CN108924348A 详览页面

左侧可以对文献进行下载、收藏、加入分析库以及查看审查信息（跳转到 http://cpquery. cnipa. gov. cn/，需重新注册账号）等操作。点击右上角的“高亮”，输入“环境”“来电”得到的高亮关键词页面如图 2－6－14 所示。

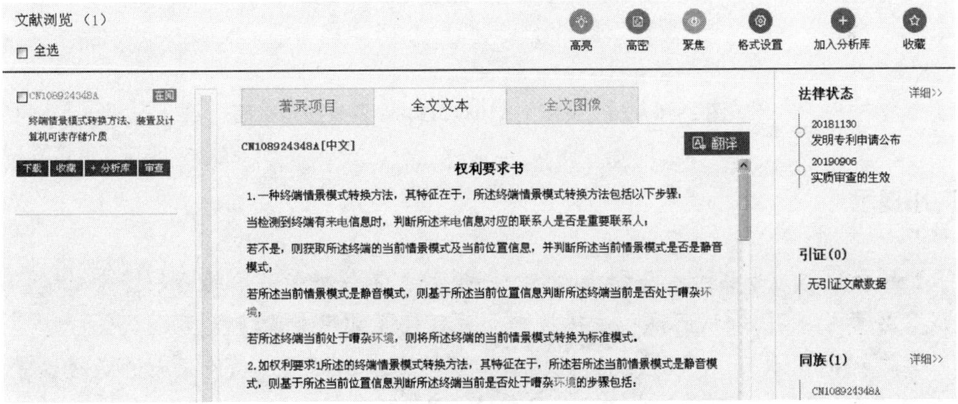

图 2－6－14 文献 CN108924348A 高亮显示页面

在高亮关键词的基础上，才能对高亮的关键词实现高密显示。例如在以上高亮步骤的基础上，点击“高密”，则得到高密界面如图 2－6－15 所示。点击右侧彩色横条能够直接定位到对应颜色的高亮关键词，查看高亮关键词的具体分布位置。

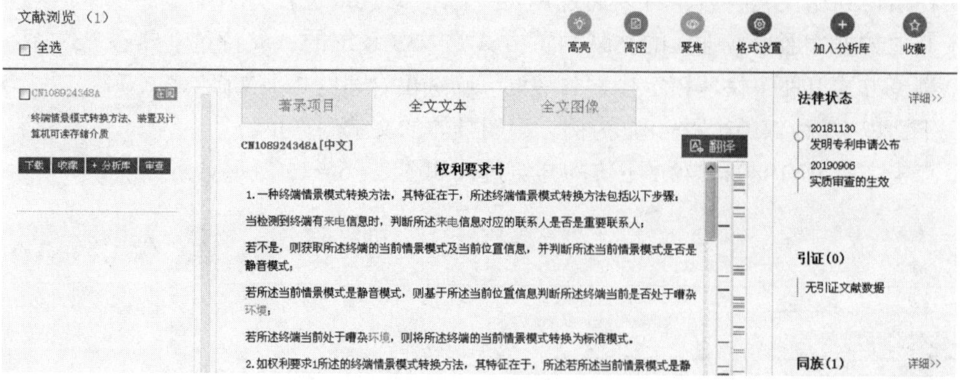

图2-6-15　文献CN108924348A高密显示页面

点击“聚焦”，例如输入聚焦词汇“环境”，可以得到图2-6-16所示聚焦页面。聚焦页面仅仅显示包含聚焦词汇的语段。

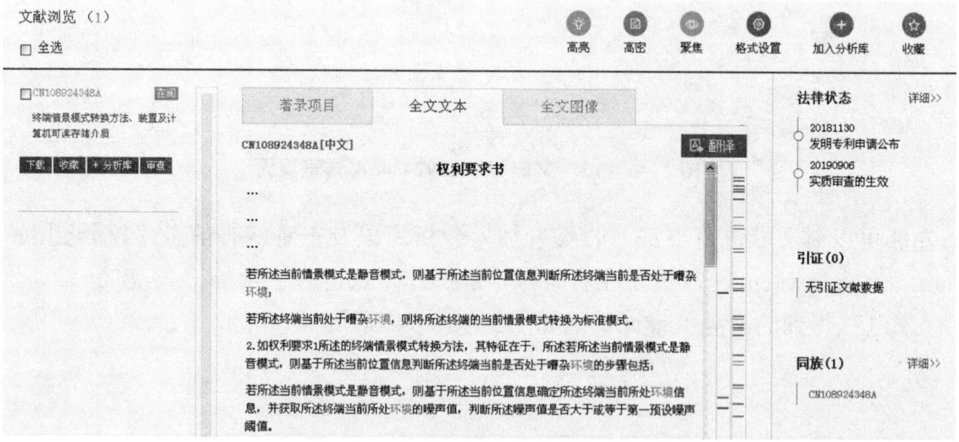

图2-6-16　文献CN108924348A聚焦显示页面

小提示

> PSS系统作为专利检索与分析的综合性系统，不仅提供基本的专利检索功能，还集成了分类号、引证/被引证、法律状态、关联词等常用查询功能。
>
> 在专利检索方面，PSS系统不仅提供常规检索，还提供了功能强大的高级检索和命令行检索，能够适用于专业性较强的检索式构建。
>
> PSS系统不仅在检索、查询方面功能齐全，而且在专利文献浏览方面也非常出色，高亮、高密、聚焦等显示方式能够帮助使用者快速浏览文献，实现高效检索。

2.6.2.2　国家/地区专利局网络平台

各个国家/地区专利局都提供了网络平台以便公众通过这些网络平台查询该国家/

地区的专利申请的法律状态及相关审查过程文档，部分国家/地区的专利局还提供了用于专利文献信息检索的网络平台。

目前，常用的网络平台包括由中国国家知识产权局、美国专利商标局、欧洲专利局、日本特许厅、韩国知识产权局（以下简称“五局”）共同提供的Global Dossier服务，以及如表2-6-9所示的各个国家/地区专利局提供的网络平台。下面将对Global Dossier服务以及中国国家知识产权局、欧洲专利局提供的网络平台进行详细介绍。

表2-6-9 主要国家/地区专利局网络平台

国家/地区	专利局	网络平台访问入口	常用功能
中国	国家知识产权局（CNIPA）	http://cpquery.cnipa.gov.cn	法律状态、审查过程文档查询
		http://www.pss-system.cnipa.gov.cn	专利文献检索
美国	美国专利商标局（USPTO）	http://portal.uspto.gov/pair/PblicPair	法律状态、审查过程文档查询
欧洲	欧洲专利局（EPO）	http://register.epo.org	法律状态、审查过程文档查询
		http://worldwide.espacenet.com	专利文献检索
日本	日本特许厅（JPO）	http://www.j-platpat.inpit.go.jp/p0000	法律状态、审查过程文档查询
韩国	韩国知识产权局（KIPO）	http://kposd.kipo.go.kr：8088/up/kpion	法律状态、审查过程文档查询
全球	世界知识产权组织（WIPO）	http://patentscope.wipo.int/search/zh/structuredSearch.jsf	法律状态、审查过程文档查询

2.6.2.2.1 Global Dossier服务

为了提高专利文献的审查过程文档的查询效率，欧、美、中、日、韩五局合作推出了Global Dossier服务。

Global Dossier服务访问入口：http://globaldossier.uspto.gov。

（1）Global Dossier服务简介

Global Dossier服务的数据库中涵盖了在五局提交的专利申请的相关文档，通过Global Dossier服务可以查询上述专利申请的法律状态，还可以获取上述专利申请的审查过程文档。各局常用的审查过程文档名称如表2-6-10所示。五局网站上均提供了Global Dossier服务的入口。

（2）Global Dossier服务常用功能

下面以美国专利商标局提供的Global Dossier服务为例，介绍如何通过Global Dossier服务查询、获取专利申请的法律状态及审查过程文档。

表 2－6－10　五局常用审查过程文档名称

专利局	常用审查过程文档名称
中国国家知识产权局（CNIPA）	检索报告
	第一次审查意见通知书
	驳回决定
	授予发明专利权通知书
美国专利商标局（USPTO）	List of References Cited by Examiner
	Non－Final Rejection
	Final Rejection
	Notice of Allowance and Fees Due
欧洲专利局（EPO）	European Search Report
	European Search Opinion
	Decision to refuse the application
	Decision to grant a European patent
日本特许厅（JPO）	検索報告書
	拒絶理由通知書
	拒絶査定
	特許査定
韩国知识产权局（KIPO）	선행기술조사 보고서
	의견제출통지서
	특허거절결정서
	특허결정서

Global Dossier 服务页面如图 2－6－17 所示，通过在图中所示的三个输入框中输入待查询专利申请的申请号或者公开号来对待查询专利进行查询。

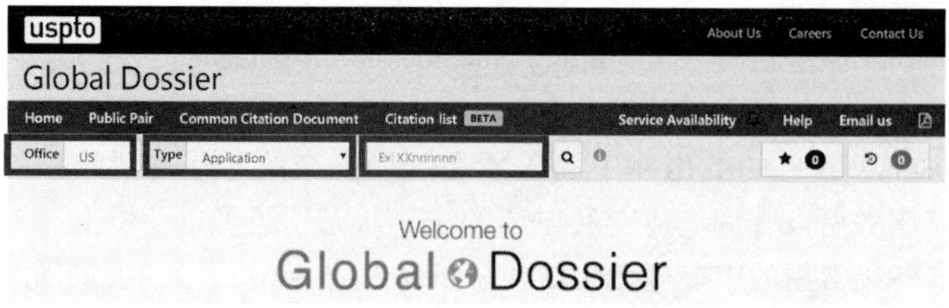

图 2－6－17　Global Dossier 服务页面

其中，第一个输入框“Office”用于选择专利局，可选“US”“CN”“EP”“KR”“JP”，分别对应美国专利商标局、中国国家知识产权局、欧洲专利局、韩国知识产权局、日本特许厅。此外，美国专利商标局提供的 Global Dossier 服务中还可以查询在世界知识产权组织及加拿大、澳大利亚和以色列专利局（CASE）提交的专利申请的相关文档。

第二个输入框“Type”用于选择所查询的编号类型，可选“Application”“Pre-grant Publication”“Patent”，分别对应公开号、授权前公开文本的公开号、授权公告号，其中“Pre-grant Publication”仅用于针对美国专利文献的查询。

第三个输入框用于输入对应于第二个输入框中所选择的编号类型的编号，将鼠标移至输入框右侧的 ⓘ 时，会给出对应于所选择的专利局、编号类型的编号填写示例。

下面以公开号为 US2013/0344811A1 的美国专利文献为例，说明如何利用 Global Dossier 查询其审查过程文档。

如图 2－6－18 所示，在前两个输入框中分别选择“US”“Pre-grant Publication”，在第三个输入框中根据填写示例填写“20130344811”后，点击右侧的🔍标签，将得到如图 2－6－19 所示的查询结果。

图 2－6－18　Global Dossier 服务－查询示例

图 2－6－19　Global Dossier 服务－查询结果

Global Dossier 基于同族进行查询，在查询结果中会列出其同族中的所有专利文献。通过勾选左侧“IP Office Type”栏中的选项可以选择查询结果页面所显示的其同族中在相应专利局所提交的专利文献。例如，勾选“All IP5 Offices”，在查询结果页面中将显示其同族中在五局提交的专利申请，在本例中查询结果页面将显示 US、EP、CN、JP 的专利文献信息。

继续回到查询美国专利文献 US2013/0344811A1 的审查过程文档，共有 3 种方式可以进入其审查过程文档列表（参见图 2－6－20），分别是点击View Dossier标签、点击 ↗ 按钮、点击⊞标签后在弹出的页面上进一步选择 All Documents 或者 View All Office Actions ，都将得到如图 2－6－20 所示的审查过程文档列表。其中， 124 (124) documents 表示该专利文献对应的审查过程文档总数，点击下载标签可以下载 CSV 格式或者 PDF 格式的审查过程文档目录，在 Documents: View All 处可以根据审查过程文档类型对显示的审查过程文档列表进行筛选。在审查过程文档列表中，包括“Description”“Date”“Code”栏，分别对应每一审查过程文档的名称、日期、代码。对于某一具体的审查过程文档，点击其名称后将会将其显示在右侧，点击“Options”栏的 ••• ，则可以选择对该审查过程文档进行下载，或者在新窗口中显示。

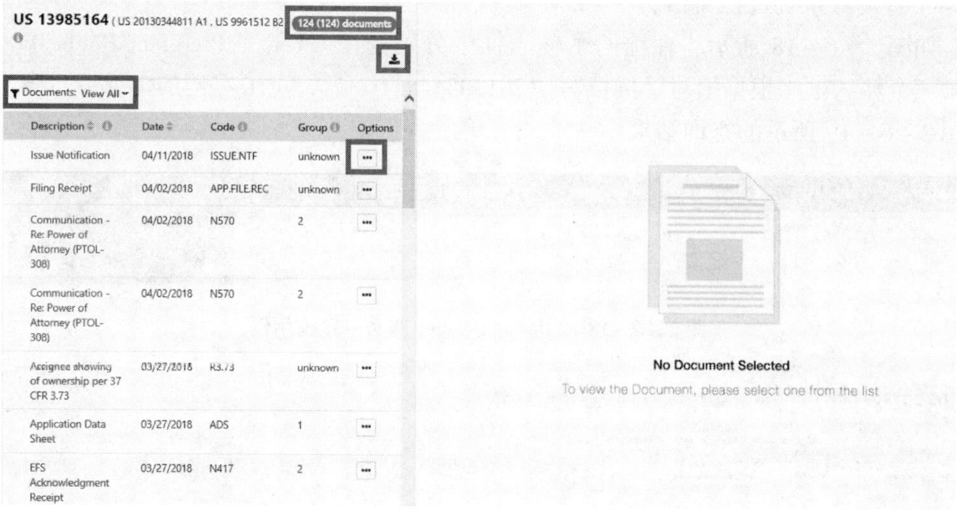

图 2－6－20　Global Dossier 服务－审查过程文档列表

2.6.2.2.2　中国国家知识产权局提供的网络平台

中国国家知识产权局提供的网络平台主要包括用于查询专利文献法律状态及审查过程文档的中国及多国专利审查信息查询系统，以及用于专利文献检索的 PSS 系统。第 2.6.2.1 节中已经对 PSS 系统进行了详细介绍，本节将对中国及多国专利审查信息查询系统进行介绍。

中国及多国专利审查信息查询系统访问入口：http://cpquery.cnipa.gov.cn。

（1）中国及多国专利审查信息查询系统简介

中国专利审查信息查询是为满足申请人、专利权人、代理机构、社会公众对专利申请的查询需求而建设的网络查询系统。

多国发明专利审查信息查询是中国国家知识产权局提供的 Global Dossier 服务，可以查询中国国家知识产权局、欧洲专利局、日本特许厅、韩国知识产权局、美国专利商标局受理的发明专利审查信息。

（2）中国及多国专利审查信息查询系统常用功能

中国及多国专利审查信息查询系统页面如图 2－6－21 所示。系统用户分为注册用户和普通用户。其中，注册用户是指电子申请注册用户，可以使用电子申请的注册名和密码登录，查询该注册用户名下的所有专利申请的相关信息（基本信息、费用信息、审查信息、公布公告信息、专利授权证书信息）。普通用户是指社会公众，可以通过输入申请号、发明创造名称、申请人/专利权人名称等内容，查询已经公布的发明专利申请，或已经公告的发明、实用新型及外观设计专利申请的相关内容（基本信息、审查信息、公布公告信息）。下面以公众查询为例进行介绍。

图2-6-21　中国及多国专利审查信息查询系统页面

公众查询的全部功能在公众用户进行注册、登录、同意使用声明后即可使用。进入系统后，分为中国专利审查信息查询和多国发明专利审查信息查询两种界面。

1）中国专利审查信息查询

中国专利审查信息查询界面如图2-6-22所示。系统采用精确查询，必须输入发明名称、申请号/专利号、申请人中的一个作为查询条件。由于申请号/专利号能唯一标识一篇专利文献，因此通常建议使用申请号/专利号进行查询。填写申请号/专利号时应当填写13位/9位数字，并且不包含“.”。

图2-6-22　中国专利审查信息查询界面

下面以申请号为 CN201280010758.2 的中国专利文献为例，说明如何利用中国及多国专利审查信息查询系统查询其审查过程文档。

如图 2－6－23 所示，在申请号/专利号的输入框中输入“2012800107582”并填写正确的验证码后，点击“查询”标签，得到查询结果。查询结果栏显示所查询专利文献的专利类型、申请号/专利号、发明名称、申请人、申请日、授权公告日、主分类号。用户还可以根据需要选择查看其申请信息、审查信息、费用信息、发文信息、同族案件信息等内容。点击“审查信息”，得到如图 2－6－24 所示的页面。

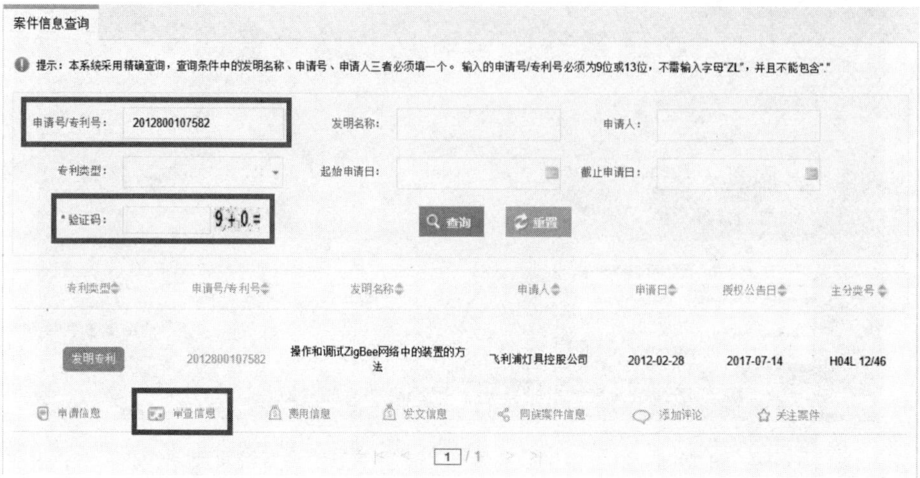

图 2－6－23　中国专利审查信息查询－查询条件输入及查询结果

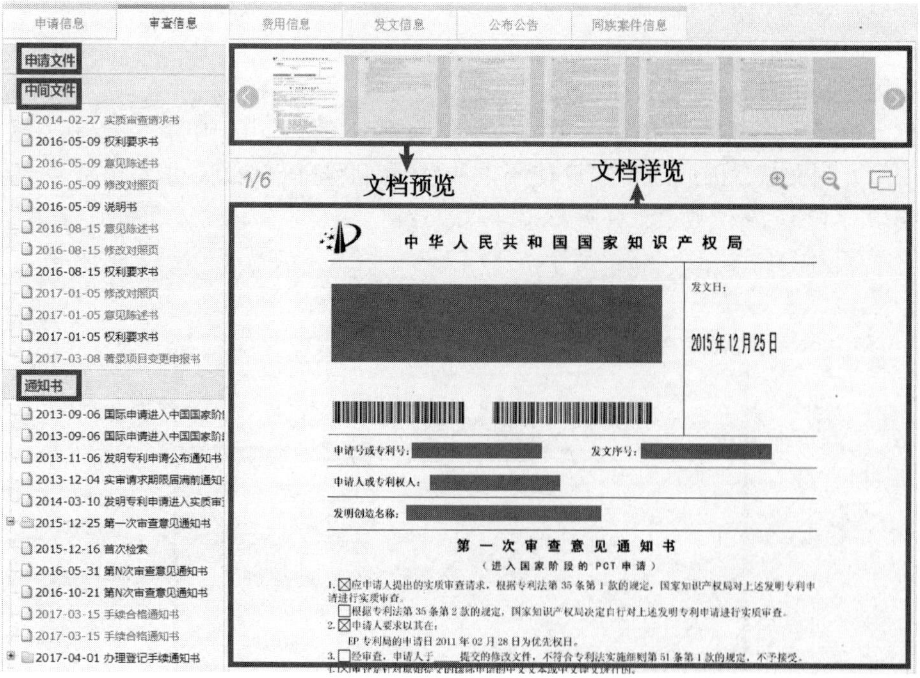

图 2－6－24　中国专利审查信息查询－审查信息页面

查询结果页面中提供了审查过程文档列表，按照“申请文件”“中间文件”“通知书”三类文档分类显示。如果所查询专利文献进入了复审流程，在相应的查询结果页面还会提供“复审文件”。“申请文件”包括申请人提交的原始申请文件；“中间文件”包括审查过程中申请人提交的中间文件，例如意见陈述书、修改的权利要求书等；“通知书”则包括审查过程中专利局发出的各类通知书，例如审查意见通知书、检索报告等。选择所需文档后点击其名称，该文档即显示在页面右侧的文档预览框及文档详览框中。需要注意的是，文档详览框仅能显示文档中的一页，当文档包括多页时，需要通过点击文档预览框中的相应页来进行换页显示。其中，部分审查过程文档需要获取权限，公众无法获取列表中名称显示为灰色的文档。此外，中国专利审查信息查询系统仅支持对审查过程文档的在线浏览，并不支持对审查过程文档进行下载。

此外，如图2－6－25所示，如果所查询专利文献有同族，还可以在“同族案件信息”中查询到其同族的审查信息。点击所需查询同族下方的“审查信息”，系统将跳转至多国发明专利审查信息查询系统，并显示相应的查询结果。

图2－6－25　中国专利审查信息查询－同族案件信息页面

2）多国发明专利审查信息查询

多国发明专利审查信息查询，即中国国家知识产权局提供的Global Dossier服务，提供在五局提交的专利申请的法律状态查询及审查过程文档查询，其界面如图2－6－26所示。系统采用精确查询，查询条件中的每一项都必须输入，并且需要满足一定的输入规则。可以通过点击?来查询输入规则，或者在输入号码类型以及国别之后，点击号码输入框也会弹出相应的输入规则。

图 2-6-26　多国发明专利审查信息查询界面

下面仍以公开号为 US2013/0344811A1 的美国专利文献为例，说明如何利用多国发明专利审查信息查询系统查询其审查过程文档。

如图 2-6-27 所示，号码类型选择“公开号”，国别选择“US”，号码输入公开号“2013344811”，文献类型选“A1”并填写正确的验证号后，点击“查询”，得到如图 2-6-28 所示的查询结果。

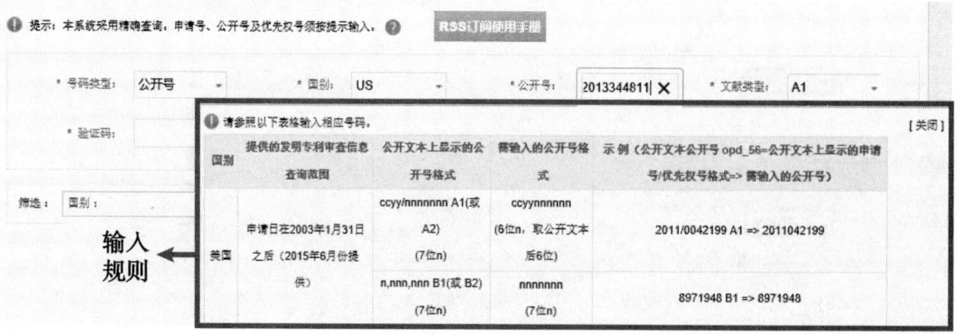

图 2-6-27　多国发明专利审查信息查询－查询条件输入

多国发明专利审查信息查询系统与美国专利商标局提供的 Global Dossier 服务相似，同样基于同族进行查询，在查询结果页面会列出其同族中的所有专利文献，但其仅能提供在五局提交的专利申请的审查过程文档，当选中非五局专利申请的申请号时，系统会提示“暂时无法提供查询服务”。

点击所查询专利申请号可以进入查询结果详览页面，分为“申请信息”和“审查信息”两部分。“申请信息”包括该专利文献的著录项目信息，“审查信息”包括各类审查过程文档。此外，也可以通过点击所查询专利公开号下方的“申请信息”“审查信息”来直接进入相应的详览页面。

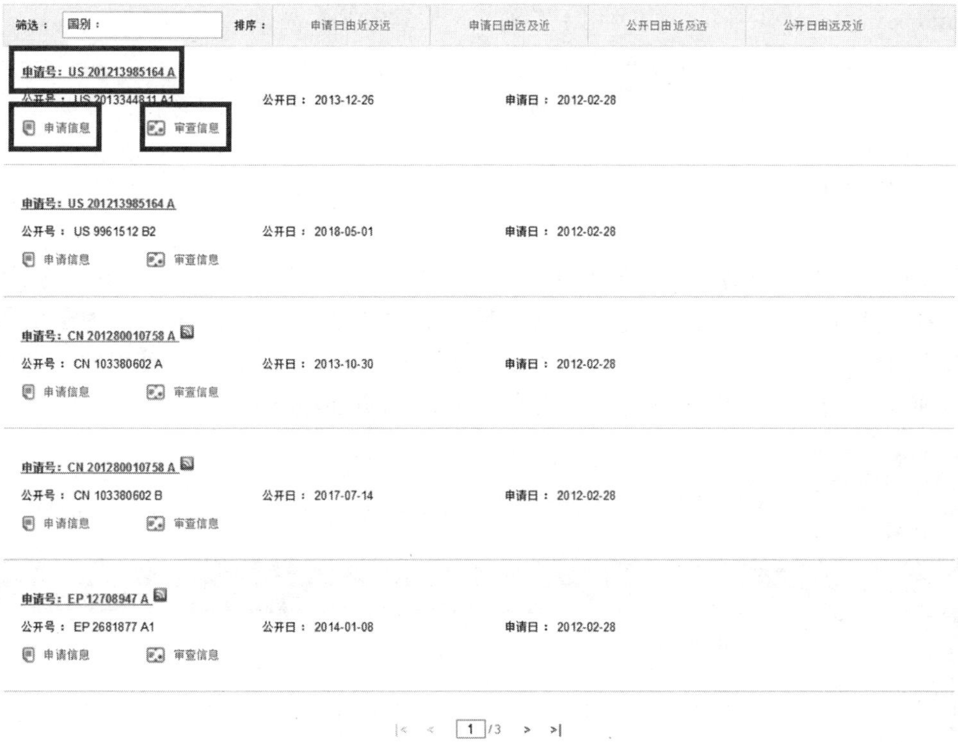

图 2-6-28　多国发明专利审查信息查询-查询结果

继续回到查询美国专利文献 US2013/0344811A1 的审查过程文档，在图 2-6-29 所示的审查信息页面中，左侧为所查询专利的审查过程文档列表，按文档类别分类显示。点击所需文档的名称后，该文档将会显示在页面右侧的所选文档显示框中，并且可以进行下载。

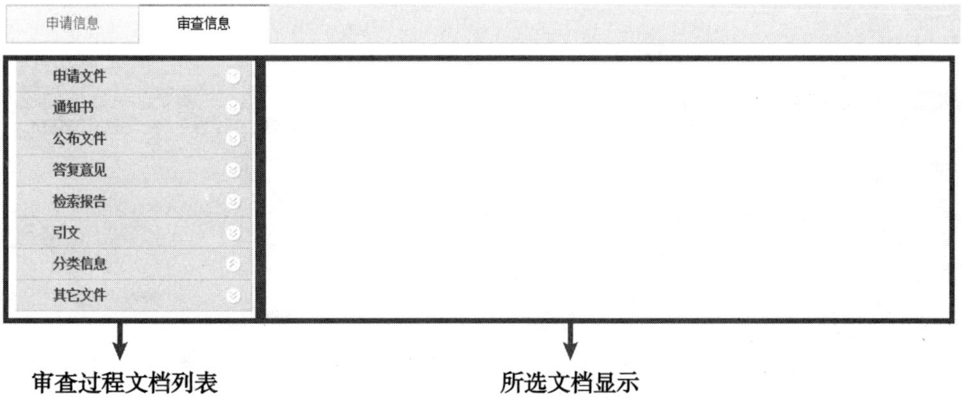

图 2-6-29　多国发明专利审查信息查询-审查信息页面

2.6.2.2.3　欧洲专利局提供的网络平台

欧洲专利局提供的网络平台主要包括用于查询专利文献法律状态及审查过程文档

的 European Patent Register，以及用于专利文献检索的 Espacenet。

（1） European Patent Register 简介

European Patent Register 提供了所有在欧洲专利局提交的专利文献的法律状态数据及审查过程文档。

European Patent Register 访问入口：http://register. epo. org。

（2） European Patent Register 常用功能

European Patent Register 页面如图 2 - 6 - 30 所示，智能检索"Smart search"支持以公开号、申请号、发明人、申请人、分类号等字段对专利文献进行查询。为了获取专利文献的审查过程文档，通常使用公开号进行查询。"Quick help"（快速帮助）则提供了多种帮助文档以帮助用户更好地使用 European Patent Register。

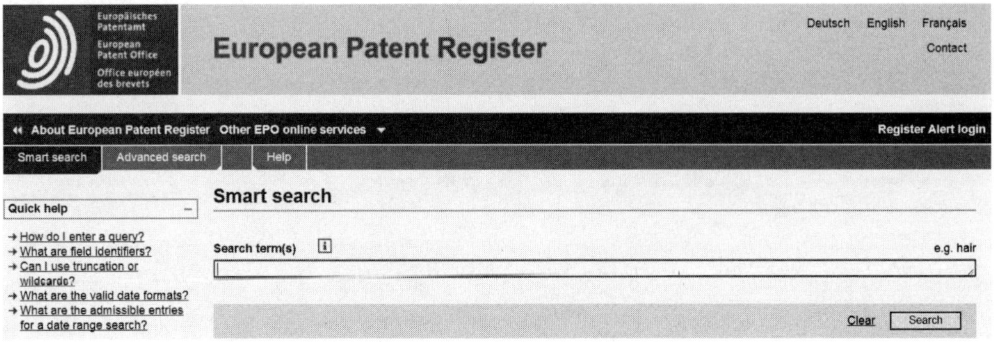

图 2 - 6 - 30 European Patent Register 页面

下面以公开号为 EP2681877A1 的欧洲专利文献为例，说明如何利用 European Patent Register 查询其审查过程文档。

在 Smart search 搜索栏输入"EP2681877"或者"2681877"，查询结果页面如图 2 - 6 - 31 所示。

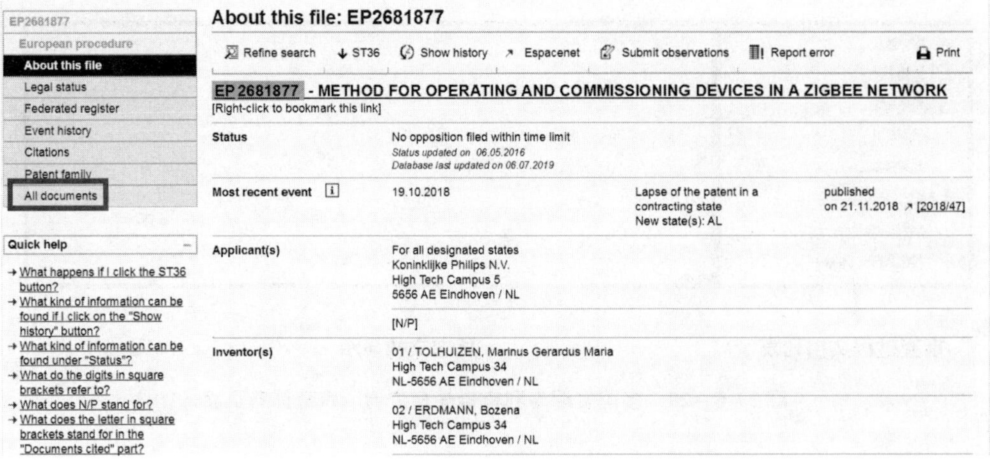

图 2 - 6 - 31 European Patent Register - 查询结果页面

其中显示了该专利文献的各类著录项目信息，继续选择“All documents”，将得到该专利文献的审查过程文档列表，如图2－6－32所示。

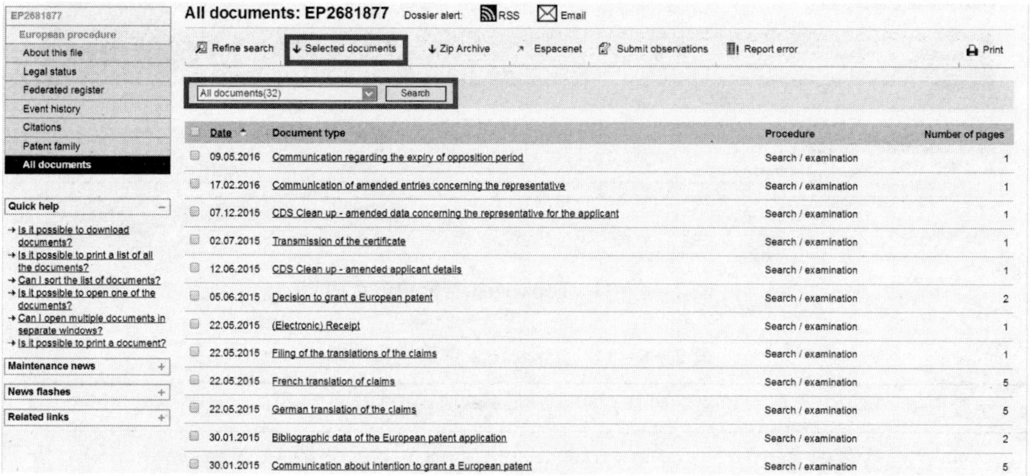

图2－6－32 European Patent Register－审查过程文档列表

在 All documents(32) Search 处可以根据审查过程文档类型对显示的审查过程文档列表进行筛选。在审查过程文档列表中，包括“Date”“Document type”“Number of pages”，分别对应每一审查过程文档的日期、文档类型、页数。对于某一具体的审查过程文档，点击其文档类型后将会将其显示在新窗口中，而勾选其前侧的复选框并点击 ↓ Selected documents 标签，则将以PDF格式将其下载至本地，并且支持同时下载多个审查过程文档。

（3）Espacenet简介

Espacenet创建于1998年10月19日，提供对专利文献的检索服务。目前，Espacenet支持对全球超过100个专利机构的1.1亿多篇专利文献进行检索。

Espacenet访问入口：http://worldwide.espacenet.com。

（4）Espacenet常用功能

Espacenet主要包括智能检索（Smart search）、高级检索（Advanced search）和分类号检索（Classification search）三大功能。

1）智能检索

智能检索页面如图2－6－33所示。智能检索支持使用“检索字段＝检索词”的形式进行检索，每次最多支持20个检索词，其中单个检索字段不超过10个检索词。其使用的常用检索字段如表2－6－11所示。

智能检索也支持仅使用检索词进行检索，系统会根据输入的检索词格式来判定其对应的检索字段，遵循如表2－6－12所示的规则。

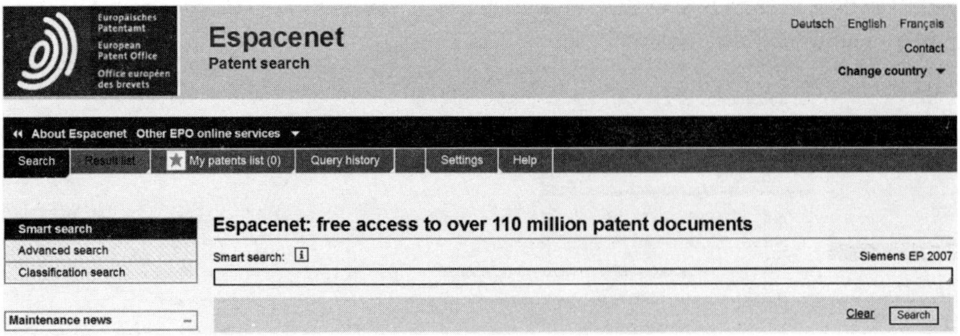

图 2－6－33 Espacenet 智能检索页面

表 2－6－11 Espacenet 常用检索字段

字段标识	检索字段	字段标识	检索字段
in	发明人	pa	申请人
ti	标题	ab	摘要
pr	优先权号	pn	公开号
ap	申请号	pd	公开日期
desc	说明书	claims	权利要求书
ftxt	全文（说明书及权利要求书）	extftxt	全文（说明书及权利要求书）、标题和摘要
ia	发明人和申请人	ta	标题和摘要
txt	标题、摘要、发明人和申请人	num	申请号、公开号和优先权号
ipc	所有版本的 IPC 分类号	cpc	CPC 分类号
cl	IPC 分类号和 CPC 分类号	ct	引证文献

表 2－6－12 Espacenet 不使用检索字段时检索词类别的判定规则

输入	描述	字段标识
• yyyymmdd • yyyy-mm-dd • dd/mm/yyyy • dd.mm.yyyy	以上述格式出现的输入，判定为日期	pd
• H04L12/24 • H04	以分类号的符号模式构成的输入，判定为分类号	cl
• EP • FR3 • MXPA01007454	依次由 2～4 个字母、一串数字、一个字母和/或一个数字组成的输入，判定为编号	num

续表

输入	描述	字段标识
• Apple • Microsoft • Smith	首字母大写且后面只有小写字母的输入，判定为名称	ia
• switch • engine	不属于上述四类中任何一种的输入，判定为文本	txt

智能检索还支持检索运算符的使用，除了常见的布尔运算符“AND”“OR”“NOT”以外，智能检索还支持表2-6-13所列检索运算符。

表2-6-13 Espacenet智能检索部分检索运算符用法及含义

运算符	用法	含义
prox	X prox/distance < n Y	针对字段标识txt进行检索时，查找X和Y之间不超过3个词的专利文献
	X prox/unit = sentence Y	针对字段标识txt进行检索时，查找X和Y在同一个句子中的专利文献
	X prox/unit = paragraph Y	针对字段标识txt进行检索时，查找X和Y在同一个段落中的专利文献
all	字段标识 all “X Y”	针对某一字段标识进行检索时，引号中的X Y作为一个检索词进行检索
any	字段标识 any “X Y”	针对某一字段标识进行检索时，引号中的X和Y分别作为一个检索词进行检索

下面以检索公开号为EP2681877A1的欧洲专利文献为例，说明如何利用Espacenet检索专利文献。

在智能检索的搜索框输入“EP2681877”，得到如图2-6-34所示的检索结果。检索结果页面首先显示检索结果总数，对其中的每一篇专利文献，给出包括标题、发明人、申请人、CPC分类号、IPC分类号、公开信息（公开号和公开日期）、优先权日期在内的著录项目信息。

点击某一篇专利文献的标题，将进入检索结果详览页面，如图2-6-35所示。通过选择“Bibliographic data”“Description”“Claims”，将分别显示该专利文献的著录项目、说明书、权利要求书；通过选择“Mosaics”“Original document”将分别显示附图、原始文本，并且用户可以选择下载PDF格式的附图和原始文本。此外，还可查看该专利文献的引用情况、被引用情况、法律状态以及同族专利，页面下方还提供了支持多种语言的机器翻译功能。

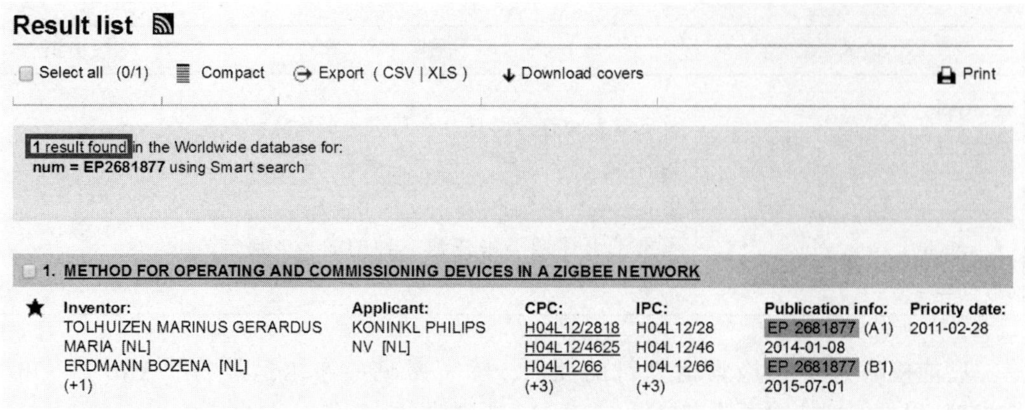

图 2-6-34　Espacenet 智能检索-检索结果页面

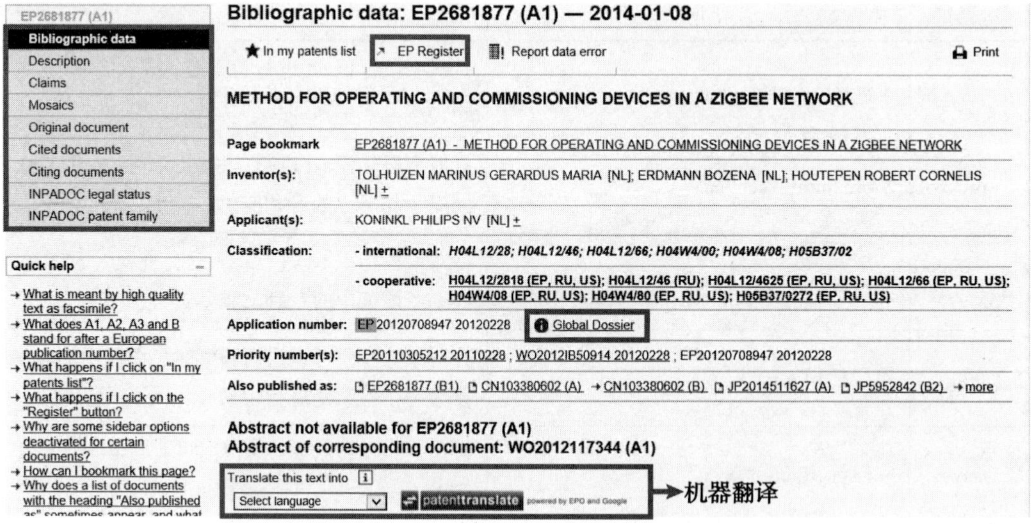

图 2-6-35　Espacenet 智能检索-检索结果详览页面

对于在欧洲专利局提交的专利文献，通过点击 EP Register 或者 Global Dossier 将跳转至 European Patent Register 以对该专利文献的审查过程文档进行查询。

2）高级检索

高级检索页面如图 2-6-36 所示。高级检索支持选择检索的数据来源，并提供了多种检索字段的输入框，用户通过在所需的检索字段的输入框中输入检索词来进行检索。

3）分类号检索

Espacenet 提供了 CPC 分类号查询和检索功能，在本章第 2.2.2.2 节中已经详细介绍了 CPC 分类号查询功能，本节将主要介绍 CPC 分类号检索功能。

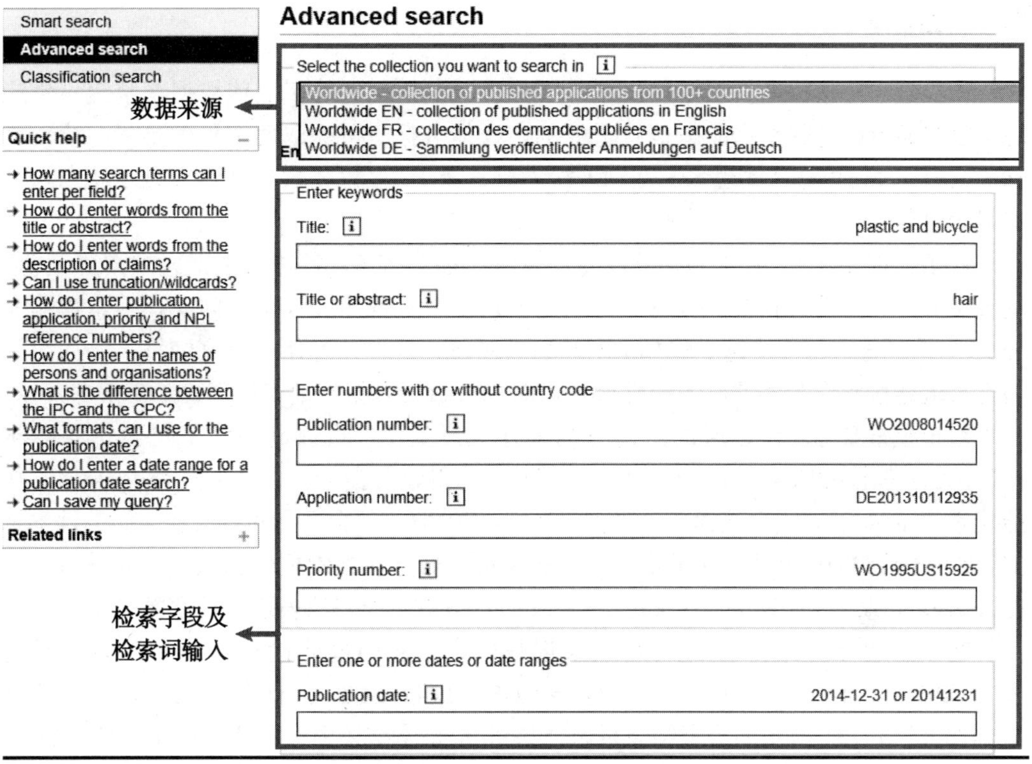

图 2－6－36 Espacenet 高级检索页面

（5）检索示例

【案例 2－6－2】

技术背景

网络电视机顶盒是家庭常用的娱乐设备，多屏互动业务中，一台网络电视机顶盒可以与多个显示设备连接，例如机顶盒可以通过无线方式与具有 Wi－Fi 功能的手机、平板电脑等显示设备连接。与同一机顶盒连接的多个显示设备的显示能力不同，如能够显示的多媒体数据的分辨率不同，目前的多屏互动业务可能会出现某些显示设备的能力不支持而导致无法正确显示的问题。

检索主题

一种多媒体数据的输出方法，所述方法包括：机顶盒接收第一显示设备发送的多媒体数据；机顶盒根据待接收多媒体数据的第二显示设备的显示能力信息，将第一显示设备发送的多媒体数据调整为显示状态与所述第二显示设备的显示能力信息适配的多媒体数据，并存储；机顶盒将存储的多媒体数据发送给所述第二显示设备。

检索策略

该检索主题的关键技术是机顶盒将第一显示设备发送的多媒体数据调整为显示状态与第二显示设备的显示能力信息适配的多媒体数据。可提取两个检索要素：检索要素1——通过机顶盒来实现多屏互动；检索要素2——多媒体数据调整为显示状态与第二显示设备的显示能力信息适配。

对于检索要素1，首先利用欧洲专利局网站CPC查询功能查询关键词“多屏互动”的英文表达，并没有收获。考虑到是利用机顶盒来实现多屏互动，因此在搜索框输入“STB”进行查询，可快速定位到H04N 21/43615。其含义为连接家庭网络，例如为了将客户端连接到多个外围设备的机顶盒，该CPC分类号很好地表达了检索要素1。

对于检索要素2，显示能力信息的表述太过上位，可以利用其下位表达“分辨率”。首先考虑在H04N 21/00下查找，即点击打开该分类号，结合页面Ctrl + F搜索功能搜索“resolution”，可快速定位到H04N 21/440263。其含义为通过改变空间分辨率例如以在连接的PDA上显示的机顶盒。当然也可以通过在搜索框中输入“resolution”进行查询来获取分类号H04N 21/440263。该CPC分类号很好地表达了检索要素2。

基于上述分析，利用Espacenet来进行检索，使用智能检索功能，在输入框输入“CPC = H04N21/43615 AND CPC = H04N21/440263”，点击“Search”就可以得到图2-6-37所示的检索结果页面。从90篇检索结果中可以获得相关文献“Video processing system with simultaneous multiple outputs each with unique formats”，其公开了可接收多个视频输入并且分别对这些视频输入进行处理使其符合多个视频接收设备的音/视频格式要求。

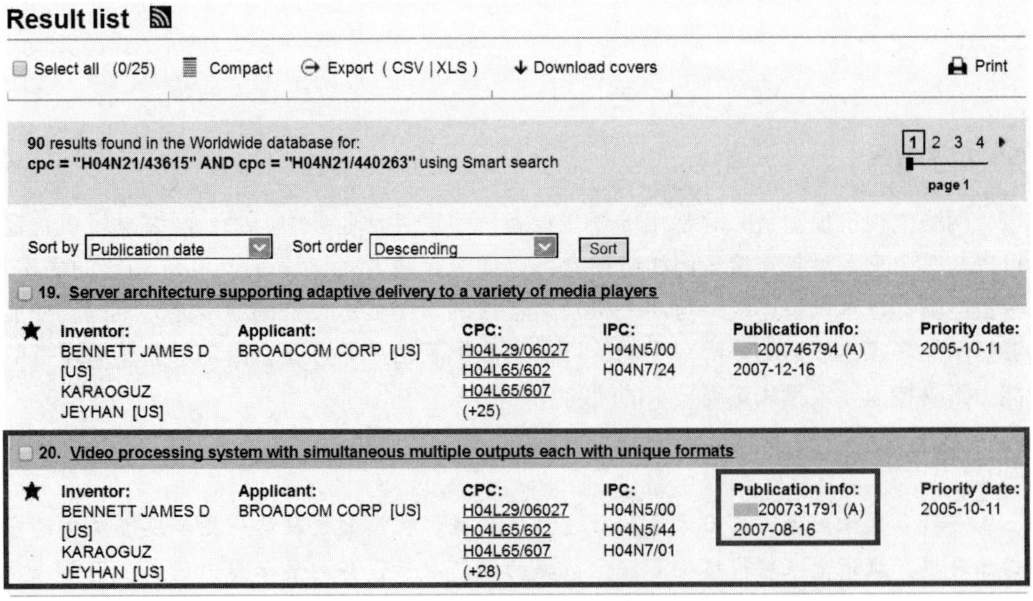

图2-6-37 Espacenet检索示例的检索结果

2.6.2.3 Patentics

Patentics 是由索意互动（北京）信息技术有限公司开发的智能语义专利检索系统，集专利信息检索、下载、分析与管理为一体。

Patentics 为付费应用，访问入口：http://www.patentics.com。

2.6.2.3.1 Patentics 简介

Patentics 整合了全球各大专利局专利数据库，共收录了全球 112 个国家、地区和组织的专利数据，同时还收录了引文、同族、法律状态等数据信息。

与传统的专利检索方式相比，Patentics 检索系统的最大特点是具有智能语义检索功能，只需输入一个专利号码、一段技术内容甚至一个关键词，系统即自动理解输入内容，将与之相关的文献按照语义相关度从高到低输出检索结果。

2.6.2.3.2 Patentics 常用功能

注册登录后，可以看到如图 2-6-38 所示的检索页面。在页面左侧①处可选择在哪些库进行语义检索，数据库包括了全球专利、中文全文库［中国（CN）等］和英文全文库［美国（US）等］。页面上方②处为主搜索框，在搜索框内可根据检索需求构建检索式，点击“搜索”便可得到检索结果。

图 2-6-38 Patentics 检索页面

检索式的构建需要利用 Patentics 中的特定字段，点击搜索框下方③处的“字段组合”便可快速查询如图 2-6-39 所示的 Patentics 中用于检索的字段。如果这些字段还不能满足检索需求，点击“更多高级字段”可进行进阶学习。

接下来介绍一些 Patentics 检索常用的命令字段。

（1）Patentics 中语义检索命令为“R/”，“R/”命令后可以输入词、句子、段落或者专利号，点击“搜索”后系统会对全库进行语义重排序，给出最相关的 400 篇专利文献。专利号可以是申请号或公开号，“RDI/”则是对公开日在专利申请日前的专利进行语义排序。

Patentics字段组合

字段代码	字段名称	字段代码	字段名称
R/	排序	C/	概念搜索词
B/	全文关键词	A/	标题+摘要+权利要求关键词
PN/	专利号	APN/	申请号
ISD/	公开日	APD/	申请日
DI/	公开日过滤	DA/	申请日过滤
PAB/	新颖分析	INF/	侵权分析
REL/	相关度过滤	AN/	申请人
NS/	地域（国家、省份）	NA/	专利类别
TTL/	标题	ABST/	摘要
ACLM/	权利要求	IN/	发明人
FIG/	图片	SPEC/	说明
LS/	法律状态	GRD/	授权时间
REF/	专利引用	FMDB2/	扩展同族扩展
CITE/	被引用专利	SFMDB2/	简单同族扩展
CPC/	CPC分类	ICL/	国际分类
LCN/	外观分类(洛迦诺)	ICLM/	国际主分类

更多高级字段

图 2-6-39　Patentics 常用字段

（2）“C/”为概念检索命令，用于获得与输入概念相关的专利，“C/”命令后可以输入词、句子、段落或者专利号。

（3）“B/关键词”，用于进行全文关键词检索，包括专利文献所有文字，可利用语义检索与关键词检索相互补充来实现人工干预，从而更快速、高效地获得检索结果。例如输入“B/定位 AND B/信号强度 AND R/CN101924986”，可获取全文中同时具有关键词“定位”和“信号强度”的文献，并将检索得到的所有文献按照与专利文献CN101924986A 的相似度由高到低进行排序。

（4）与其他常见的检索系统一样，Patentics 同样提供模糊搜索、通配符、布尔算符、临近算符和同在算符来实现高效检索，其中模糊搜索利用符号“~”实现，例如“road~”表示拼法与“road”相似的词，如“load”“read”等。其余各算符的含义如表2-6-14 至表2-6-17 所示。需要注意的是，在 Patentics 中临近算符、同在算符须在双引号中使用。

表 2-6-14　Patentics 通配符含义及示例

通配符	含义	示例	检索时可查出的词
?	单字符通配符	te?t	text、test
$	0~1 字符通配符	box$$	box、boxes
*	多字符通配符	test*	test、tests、tester 等

表 2-6-15 Patentics 布尔算符含义及示例

算符	由算符连接的两个检索项的关系	示例
OR	A 和 B 的“并”集	gesture OR expression
AND	A 和 B 的“交”集	gesture AND expression
ANDNOT	从 A 中排除 B 的内容	gesture ANDNOT expression

表 2-6-16 Patentics 临近算符含义及示例

算符	由算符连接的两个检索项的关系	示例
adj/n	A 和 B 之间有 0 ~ n 个词，且词序不能变化	B/“CDMA adj/3 station”
adjn/n	A 和 B 之间有 0 ~ n 个词，且词序可以变化	B/“CDMA adjn/3 station”
equ/n	A 和 B 之间有 n 个词，且词序不能变化	B/“CDMA equ/3 station”

表 2-6-17 Patentics 同在算符含义及示例

算符	由算符连接的两个检索项的关系	示例
nw	A 和 B 出现在同一句，且词序不能变化	B/“CDMA nw station”
nwn	A 和 B 出现在同一句，且词序可以变化	B/“CDMA nwn station”
np	A 和 B 出现在同一段，且词序不能变化	B/“CDMA np station”
npn	A 和 B 出现在同一段，且词序可以变化	B/“CDMA npn station”

Patentics 提供卡片式快速浏览、全文浏览、DualView 双屏匹配浏览等多种方式来浏览检索结果，并提供 PDF 格式的文献的下载。

2.6.2.3.3 检索示例

【案例 2-6-3】

技术背景

用户有时需要通过终端设备向另一用户发出提示或提醒内容，通常是通过拨打电话提示或发消息提示的方法。拨打电话需要主叫等待通信链路建立、被叫接听，若被叫不方便接听，还需要考虑链路建立后等多长时间再挂断。发消息提示相对于电话呼叫更难以引起用户注意，提示信息容易被忽略。

检索主题

一种提示方法，应用于服务器，包括：接收第一客户端响应于针对第二客户端触发提示操作而发送的提示请求；响应于所述提示请求，向第二客户端发送提示指令；其中，所述提示指令指示所述第二客户端：响应于接收到所述提示指令，以所述第一客户端的电话号码作为主叫号码触发来电提示，并呈现基于所述主叫号码的未接来电通话记录。

检索策略

该案例来源于公开号为 CN104506741A 的专利申请。在 Patentics 搜索框中输入“RDI/CN104506741”，可检索在该案例的申请日前公开的与其语义相关的专利文献。浏览检索结果，在第 5 页可找到相关文献 CN101115252A，其在所有检索结果中排第 90 位，位置比较靠后。接下来调整检索思路，尝试使相关文献的位置靠前。

在使用“R/”命令检索时，其准确度取决于关键词提取的准确度和语义模型的灵敏度，但由于机器学习存在一定的局限性，例如引入较多的非关键信息等，因此在利用 Patentics 进行智能语义检索时，需要进行人工干预以提高检索效率。

Patentics 有以下两种方式来进行人工干预。一种是限定排序范围，即根据关键技术调整人工干预关键词，通过关键词圈定小范围文献，减少噪声文献，使得相关文献的位置大幅提前，减少文献的阅读量。另一种是限定排序标准，即对关键技术进行一句话语义检索，在 Patentics 不能从专利文献中抓取准确的关键信息时，通过人工改写关键技术，可以帮助快速检索到相关文献。

下面采用语义检索与关键词检索相互补充的方式来实现人工干预。

该案例检索主题中的关键技术是提醒消息以第一客户端的电话号码作为主叫号码触发来电提示，并呈现基于主叫号码的未接来电通话记录，即接收到消息时客户端“触发来电提示”并“呈现未接来电”，从中可提取检索要素“来电提示”和“未接来电”。将这两个检索要素作为人工干预关键词，构建检索式“RDI/CN104506741 AND B/来电提示 AND B/未接来电”，表示从语义检索命令“RDI/CN104506741”获取的文献中抓取包括关键词“来电提示”和“未接来电”的文献。在搜索框中输入上述检索式，检索结果如图 2-6-40 所示，可找到相关文献 CN101115252A。

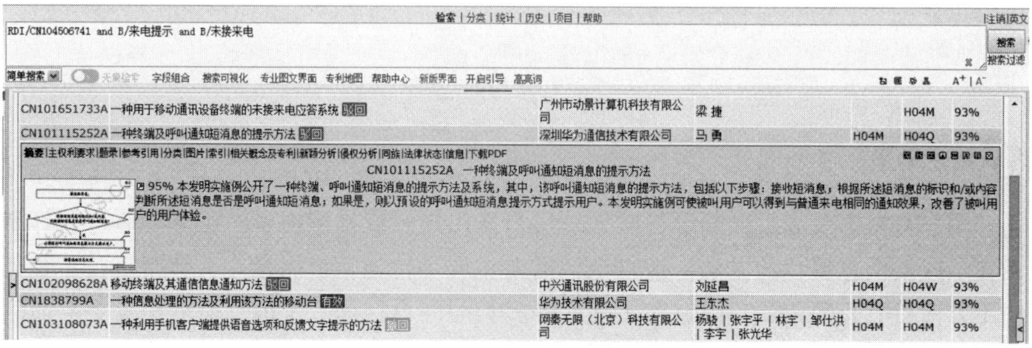

图 2-6-40 Patentics 检索结果页面

需要注意的是，在实际检索时，选取的人工干预关键词应当进行必要的扩展，例如将“来电提示”扩展为“来电提醒”“响铃”等，将“未接来电”扩展为“未接电话”等，从而避免遗漏。

小提示

Patentics 中根据关键技术调整人工干预关键词，或是直接针对关键技术进行一句话语义检索，可提高检索效率。

2.6.2.4 其他专利检索系统

除了 PSS、Patentics 外，网络上还有众多专利检索系统，例如 SooPAT、SOOIP，这些检索系统实现的功能相似。本节仅以 SOOIP 为例进行说明，并选择一些其他常见的检索系统，介绍其特色检索字段和特色功能。

SOOIP 访问入口：http://www.sooip.com.cn/app/main。

SOOIP 是由西安科技大市场创新云服务股份有限公司推出的，国内首个具有军民融合特色的公益性知识产权大数据检索分析系统，可实现全球专利的在线检索、阅读、分析、下载，且拥有国内知识产权司法判例数据。首页如图 2－6－41 所示。

图 2－6－41 SOOIP 首页

SOOIP 专利检索分为智能检索和高级检索两部分。

智能检索是将用户输入内容分为文本类型（申请人、发明名称等）、号码类型（申请号等）、代码类型（IPC 等）、日期类型（申请日等）进行智能自动匹配。高级检索包括军民融合导航检索、表格检索、批量检索、专家检索、失效专利检索、法律状态检索、运营信息检索、复审无效检索和分案检索共 9 种检索模式，日常检索中通常采用表格检索。

点击首页的“高级检索”可进入图 2－6－42 所示的 SOOIP 表格检索页面，左侧可选择切换成其他检索模式。表格检索除了支持申请号、IPC、名称、摘要等常规检索字段外，还提供了更多的高级检索字段，如技术领域、背景技术、审查员、附图说明等，可根据检索需求选择或添加字段，并可在检索式编辑区直接输入检索式。

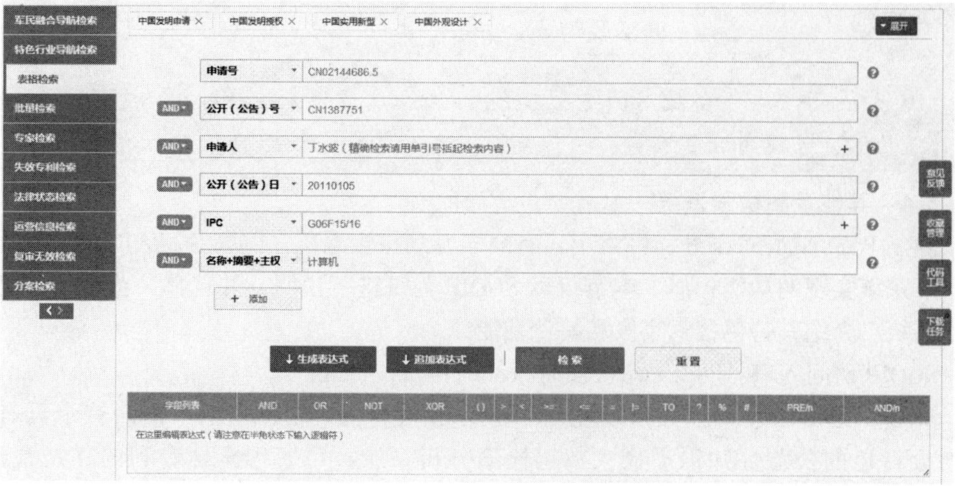

图 2-6-42　SOOIP 表格检索页面

除以上提及的数据库，在表 2-6-18 还列举了其他一些常见的专利检索系统的访问入口、特色检索字段及特色功能。

表 2-6-18　其他常见专利检索系统及其特点

检索系统	访问入口	特色检索字段	特色功能
佰腾	https://www.baiten.cn	主权项、分案原申请号、审查员、变更前申请人等	提供法律检索，包括法律状态、专利许可、专利质押、专利复审无效以及专利转让
大为 Innojoy	https://www.innojoy.com/search	权项数、申请人类型、分案原申请号、技术来源国等	提供法律检索，包括法律状态、转让信息、许可信息、质押信息以及复审无效
灵盾搜索 LindenPat	http://www.lindenpat.com	法律状态、标签标题（发明目的或技术问题）及标签内容等	提供法律检索
专利汇	https://www.patenthub.cn/s	申请人类型、专利有效性等	提供法律检索，包括专利转让、专利许可、专利质押、专利诉讼以及专利无效

2.6.3　标准协议类网站

2.6.3.1　3GPP

3GPP 全称是第三代合作伙伴计划（Third Generation Partnership Project），成立于

1998 年 12 月，最初的工作范围是为第三代移动通信系统制定全球适用的技术规范和技术报告，后续工作范围又扩展到第四代移动通信系统，目前正在推进第五代移动通信系统，是移动通信领域的常用外文文献数据库。

3GPP 网站访问入口：http://www.3gpp.org。

2.6.3.1.1 3GPP 简介

（1）3GPP 内部机构

3GPP 内部大致可分为标准工作组和管理运维组两部分。其中标准工作组主要由项目协调组（Project Co-ordination，PCG）来负责开展工作，负责 3GPP 总的管理、时间计划、工作分配等。如图 2-6-43 所示，PCG 下设多个技术规范组（Technology Standards Group，TSG），分别负责核心网和终端（Core Network and Terminal，CT）、业务和系统方面（Service and System Aspects，SA）以及无线接入网（Radio Access Network，RAN）方面的工作。每一个 TSG 又进一步可以分为多个不同的工作组（Work Group，WG），每个 WG 规定各自的任务范围，是实际的技术工作实体，直接参与标准的制定和技术的研讨。

TSG Structure

Project Co-ordination Group (PCG)		
TSG RAN Radio Access Network	**TSG SA** Service & Systems Aspects	**TSG CT** Core Network & Terminals
RAN WG1 Radio Layer 1 spec	SA WG1 Services	CT WG1 MM/CC/SM (lu)
RAN WG2 Radio Layer 2 spec Radio Layer 3 RR spec	SA WG2 Architecture	CT WG3 Interworking with external networks
RAN WG3 lub spec, lur spec, lu spec UTRAN O&M requirements	SA WG3 Security	CT WG4 MAP/GTP/BCH/SS
RAN WG4 Radio Performance Protocol aspects	SA WG4 Codec	CT WG6 Smart Card Application Aspects
RAN WG5 Mobile Terminal Conformance Testing	SA WG5 Telecom Management	
RAN WG6 Legacy RAN radio and protocol	SA WG6 Mission-critical applications	

图 2-6-43 目前的 3GPP 组织架构

（2）3GPP 协议规范的制定过程

3GPP 的工作需求来源于国际电信联盟（International Telecommunications Union，ITU），由 ITU 制定纲要性需求，3GPP 根据该需求来制定可实施的技术规范。如图 2-6-44 所示，3GPP 标准制定过程大致分为需求阶段、方案讨论阶段、方案确定阶段、标准发布阶段以及版本修改阶段。

图 2-6-44　3GPP 标准制定过程

需求阶段，主要工作是讨论新的应用场景以及新的业务需求。首先制定研究项目（Study Item，SI），确定新增的功能和可行性分析研究，可行性分析完成后输出研究报告（Technology Report，TR）。可行性分析完成后进入正式标准制定过程，进入方案讨论阶段。此时各成员将会提交自己的提案供会议讨论。提案通过后标准进入方案确定阶段。而在标准发布后，如果相关提案通过，则该提案可以以 Change Request（CR）文档形式对现标准版本进行修改。

在标准制定过程中会出现很多文档，其中主要是标准（TS）/研究报告（TR）、会议报告和提案。

1）TS/TR 文档，使用 TS/TR xx. yyy Va. b. c 形式进行命名，其中 xx 为系列号，yyy 为文档号，Va. b. c 为版本号。系列号对应标准类别，不同的系列号对应不同的标准类别，如图 2-6-45 所示。标准版本号中 a 反映了标准的成熟阶段：a = 0 为不成熟的草案，a = 1 是至少完成了 50% 的草案，a = 2 是至少完成了 80% 的草案，a = 3 或更大是已制定的规范。此外，在进行实质性修改后版本号中的 b 会递增，在进行编辑性修改后版本号中的 c 会递增。同时，版本号与 Release 也有关联，具体可参见下文给出的 3GPP TS 38. 300 的示例。

Subject of specification series	3G and beyond / GSM (R99 and later)	GSM only (Rel-4 and later)	GSM only (before Rel-4)
General information (long defunct)			00 series
Requirements	21 series	41 series	01 series
Service aspects ("stage 1")	22 series	42 series	02 series
Technical realization ("stage 2")	23 series	43 series	03 series
Signalling protocols ("stage 3") - user equipment to network	24 series	44 series	04 series
Radio aspects	25 series	45 series	05 series
CODECs	26 series	46 series	06 series
Data	27 series	47 series (none exists)	07 series
Signalling protocols ("stage 3") -(RSS-CN) and OAM&P and Charging (overflow from 32.- range)	28 series	48 series	08 series
Signalling protocols ("stage 3") - intra-fixed-network	29 series	49 series	09 series
Programme management	30 series	50 series	10 series
Subscriber Identity Module (SIM / USIM), IC Cards. Test specs.	31 series	51 series	11 series
OAM&P and Charging	32 series	52 series	12 series
Access requirements and test specifications		13 series (1)	13 series (1)
Security aspects	33 series	(2)	(2)
UE and (U)SIM test specifications	34 series	(2)	11 series
Security algorithms (3)	35 series	55 series	(4)
LTE (Evolved UTRA), LTE-Advanced, LTE-Advanced Pro radio technology	36 series	-	-
Multiple radio access technology aspects	37 series	-	-
Radio technology beyond LTE	38 series	-	-

图 2-6-45　系列号对应的标准类别

3GPP 通过 Release 的方式将技术演进划分为大的时间阶段，每个时间阶段内都有既定的技术目标和时间表，其间各会员都在该技术目标确定的框架下推动标准进步。每个 Release 都会规定一个冻结时间，在冻结时间到达时，该 Release 的功能被确定，形成稳定的 TR 和 TS，进入下一个 Release 阶段，未来虽然可以进行修改但是只能对已确定的功能进行修正和完善，不能再增加新的功能。如图 2－6－46 所示，3GPP 的 Release15 在 2019 年冻结，如要新增功能则只能写入 Release16。

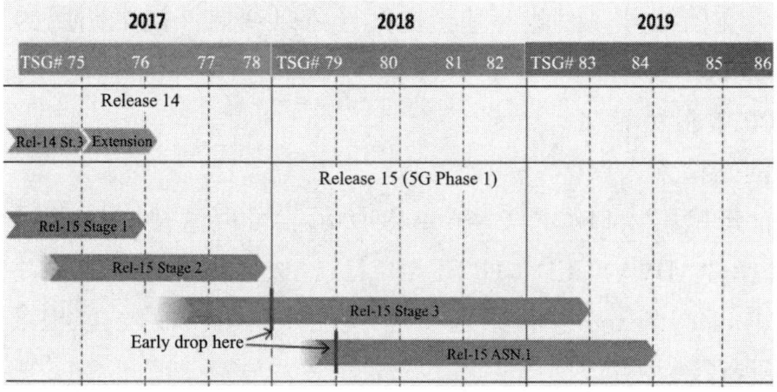

图 2－6－46　3GPP 各 Release 及对应时间点

如图 2－6－47 中 TS38.300 标准所示，其中 TS38.300 V15.0.0 为 38 系列、文档号 300、版本 15.0.0，查找系列号对应的标准类别可知 38 系列为 LTE 之后的无线电技术。V15.0.0 为 Release15 的第一个标准版本，出现该版本之前有几次标准草案，该版本之后的 V15.1.0～V15.5.0 为 V15.0.0 后续的修正和完善，但不会出现新的功能。

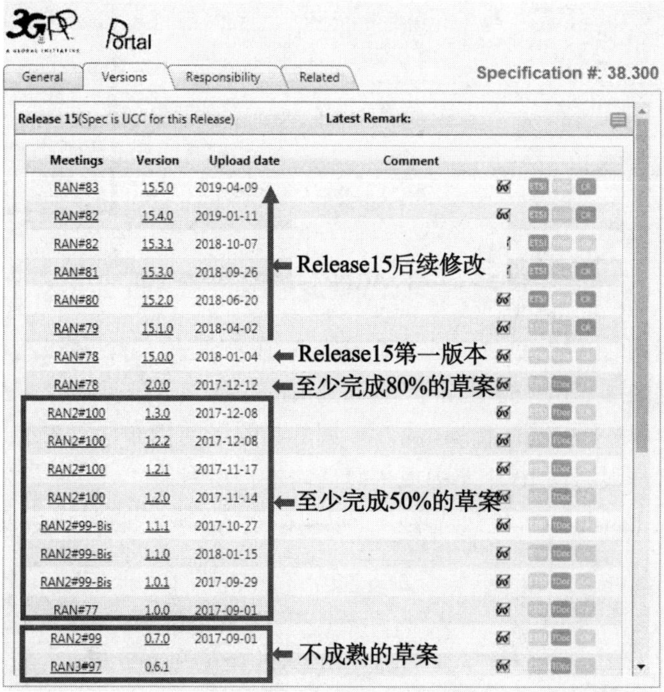

图 2－6－47　3GPP TS38.300

2）提案是3GPP中最多的文档，包括主要的规范草案（Draft）、CR、研究项目表述（SID）和工作项目表述（WID）等。Draft是规范的第一个草案，用于建立初始规范文本。CR为对规范版本的修改请求。SID和WID是研究项目或工作项目的说明。提案均是由下级向上级提交，不能越级提交。

提案号用工作组结合时间命名，如R2-1705008，“R2”表示该提案是TSG RAN WG2工作组的提案，“1705008”前两位数字“17”表示提交年份为2017年，后几位数字“05008”为文档编号。因此，基于提案号可以获取该提案归属的工作组以及提交时间等信息。

2.6.3.1.2　3GPP常用功能

（1）3GPP网站检索入口

3GPP网站自带检索入口如图2－6－48所示。可以直接在搜索框中输入关键词进行检索。或者选择“ADVANCED FTP SEARCH”，进入高级检索页面。默认进入的高级检索页面为“Advanced Search”检索选项（参见图2－6－49），该检索选项可以通过各个检索框组合实现逻辑运算。

图2－6－48　3GPP网站自带检索入口

在高级检索页面右上角“Search Options”还有其他两个高级检索选项：“Menu Assisted”（参见图2－6－50）和“Natural Language”（参见图2－6－51）。其中，“Menu Assisted”与“Advanced Search”不同的是除了使用布尔算符外，还增加临近算符，如可将关键词限制在10个字内或一段话内进行检索。

在“Natural Language”检索选项中，根据检索内容输入自然语言即可，无需语法、形式等限定。

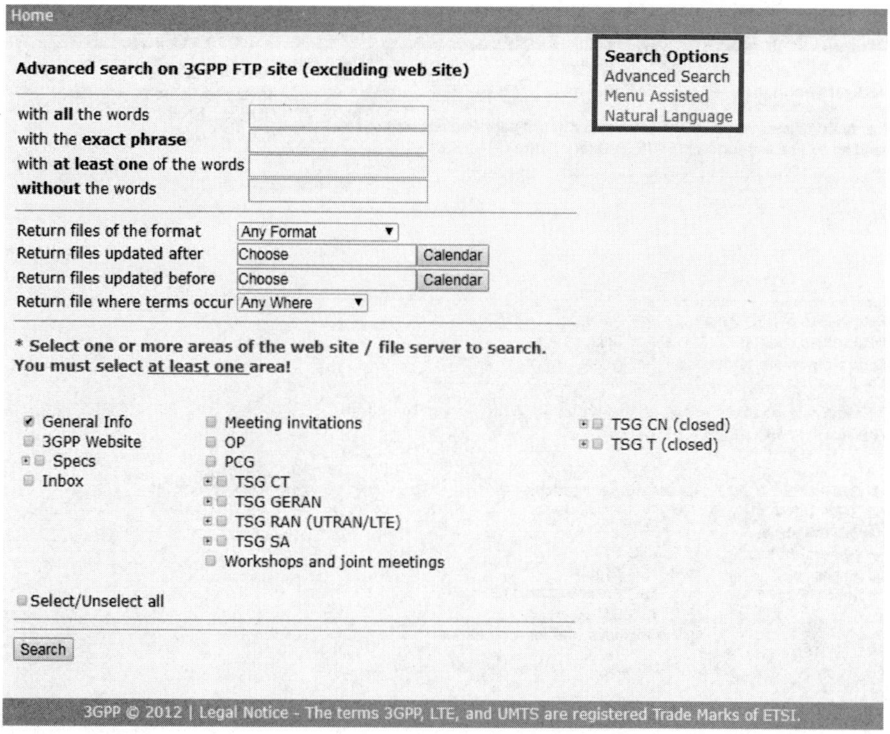

图 2-6-49　3GPP Advanced Search

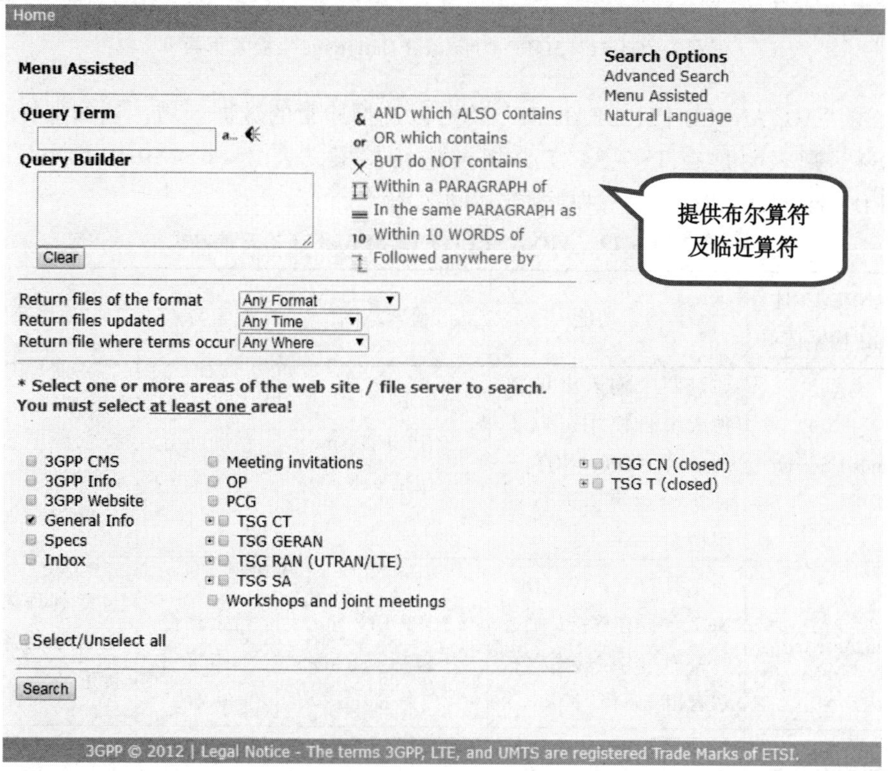

图 2-6-50　3GPP "Menu Assisted" 检索页面

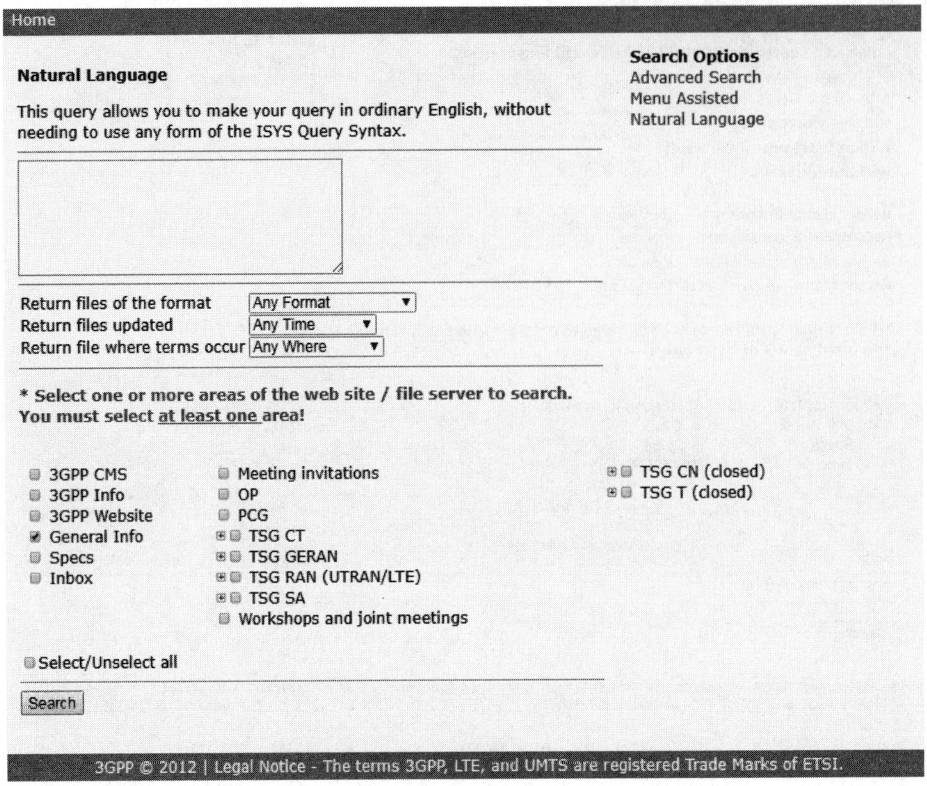

图 2-6-51　3GPP "Natural Language" 检索页面

上述"ADVANCED FTP SEARCH"均可以选择检索的数据区域，例如选择选项框"TSG SA"则表明是在 TSG SA 工作组内进行检索。表 2-6-19 中示出了"ADVANCED FTP SEARCH"中三种检索方式的区别。

表 2-6-19　ADVANCED FTP SEARCH 的三种方式

ADVANCED FTP SEARCH 检索选项	检索功能	检索范围	检索特点	适用范围
Advanced Search	通过四个输入框的单独或组合使用可以实现 AND、OR、NOT 三种逻辑运算，进行词组检索	3GPP FTP site（不包括 web site）	精确词组检索	技术细节及专业词汇
Menu Assisted	布尔算符（AND、OR、NOT）、同在算符、临近算符等，均在检索框右边有相应解释	3GPP FTP site（不包括 web site）	检索算符丰富	与专利库数据库的表格检索方式接近
Natural Language	无须采用 ISYS 查询句法的检索	3GPP FTP site（不包括 web site）	自然语言	简单检索

由于3GPP网站并非专业的检索网站，虽然给出了一些检索入口，但是检索结果噪声很大，给筛选带来了很大的困难。3GPP标准体系虽然结构复杂，但是各文档之间往往通过工作组、WI/SI、议程等信息有所关联，因此，可以基于相关性直接在3GPP内寻找所要文档。

（2）直接在3GPP资源上获取相关文件

检索时，可以基于技术的相关性直接获取对应标准或进入对应工作组获取文档。

3GPP文件服务器（https://www.3gpp.org/ftp）上存储有所有3GPP文件。如图2-6-52所示，可以通过直接进入对应路径访问相应文件。例如，要获取RAN1组第88b次会议提案内容的路径可以采用如下步骤：

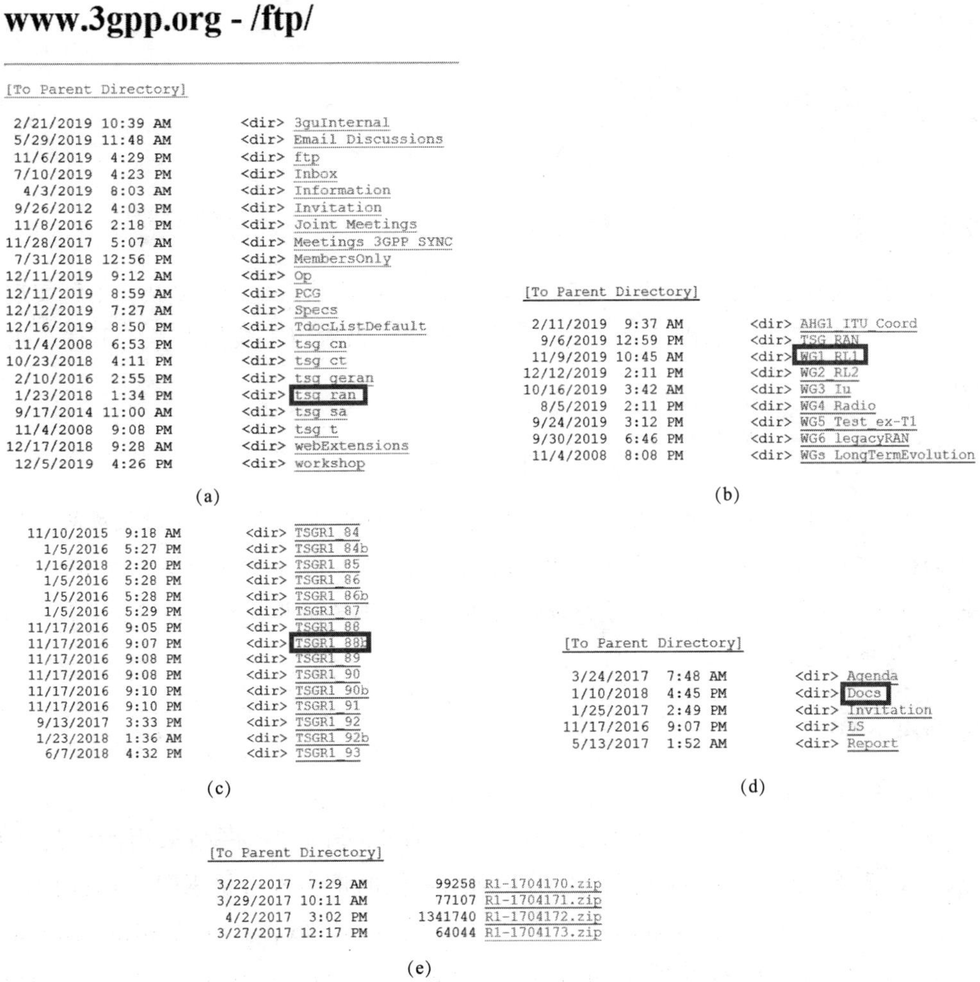

图2-6-52 获取RAN1组第88b次会议提案内容的路径

（a）在3GPP服务器中选择对应工作组“tsg_ran”，获得RAN组列表；

（b）在RAN组列表中选择“WG1_RL1”，获得RAN1内的所有会议列表；

（c）在RAN1的所有会议列表中选择第“88b”次会议，获得该次会议所有文档；

（d）文档类型选择“Docs”可获得该次会议对应的所有提案，选择“Report”则可获得对应的会议报告。

其中，“Report”为当次会议整理报告，给出了会议上讨论的每个技术主题的提案号及提案对应的标题，对重要提案还会给出相应内容描述。在不清楚提案内容的情况下，可以先查阅会议报告“Report”，通过“Report”确定相关的技术主题，再到“Docs”获取相关技术主题下的提案。

2.6.3.1.3 检索示例

【案例2-6-4】

技术背景

3G的接入网信道编码技术采用Turbo码。Turbo码的缺点是译码复杂，工程实现难度较大，译码时延太大。由于译码延迟太大，Turbo码适用于数据业务，不适合语音业务。

检索主题

一种Turbo码传输块的分段方法，通过判断传输块长度是否大于系统设定的传输块长度阈值，如果传输块长度小于或等于系统设定的阈值，则采用交织器长度KI对传输块进行分段；如果传输块长度大于系统设定的阈值，则采用相邻两个交织器长度KI-1和KI对传输块进行分段。

检索策略

（1）网站入口检索

技术背景提到该技术涉及Turbo码，由于Turbo码是3G网络采用的信道编码技术，属于接入网内容，因此，到3GPP网站提供的检索入口检索时，选择接入网工作组“TSG RAN（UTRAN/LTE）”作为检索的数据区域，并在“Advanced search on 3GPP FTP site”检索选项中输入相关关键词“turbo segment interleaver length”（参见图2-6-53）。

如图2-6-54所示，第三个检索结果R1-063062提案内容与检索主题的内容一致。

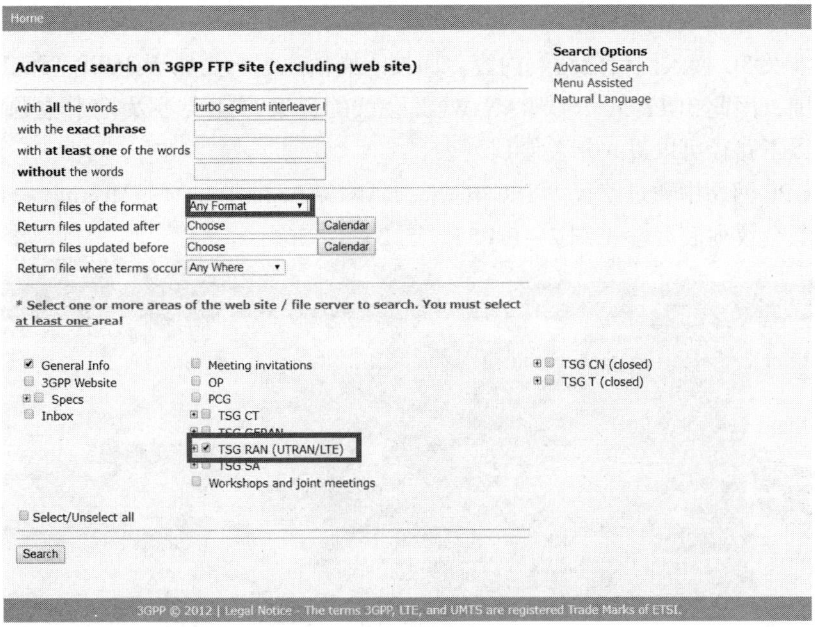

图2-6-53　3GPP网站自带入口检索

图2-6-54　3GPP检索结果页面

（2）基于技术规范组检索

由于涉及3G接入网信道编码内容，而接入网信道编码是属于3GPP TSG RAN WG1的负责范围，因此3GPP的TSG RAN WG1会议的提案可能会涉及检索主题的相关内容。通过以下路径可以进入相关会议列表。

1）3GPP网站中通过路径“TSG RAN→RAN1－Radio layer 1→Meetings→Full list”，获得网页版会议列表（参见图2－6－55、图2－6－56）。

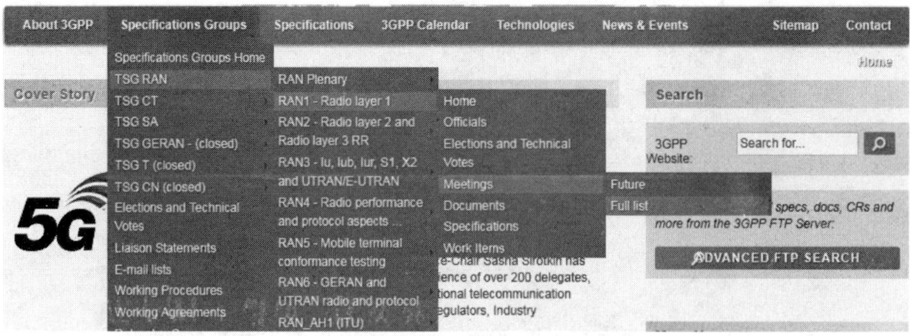

图2－6－55　获取3GPP相关会议路径

R1-47b	3GPPRAN1#47-BIS	Sorrento	2007-01-15	2007-01-19	R1-070001 - R1-070633 full document list	-	Participants	Files
R1-ah-26197	Workshop on LTE GSM Handovers	Sophia Antipolis	2007-01-10	2007-01-11	R1-071840 - R1-071908 full document list	-	Participants	Files
R1-47	3GPPRAN1#47	Riga	2006-11-06	2006-11-10	R1-063020 - R1-063622 full document list	-	Participants	Files
R1-46b	3GPPRAN1#46-BIS	Seoul	2006-10-09	2006-10-13	R1-062455 - R1-063013	-	Participants	Files

图2－6－56　3GPP相关会议网页页面

2）3GPP网站中通过路径“TSG RAN→RAN1－Radio layer 1→Documents”，或者通过3GPP服务器路径www.3gpp.org/ftp/tsg_ran/WG1_RL1/，均可进入如图2－6－57所示的TSG RAN1工作组会议列表页面。

www.3gpp.org - /ftp/tsg_ran/WG1_RL1/

[To Parent Directory]

```
 11/4/2008  7:24 PM        <dir> 3GPP_3GPP2_SCM
 11/4/2008  7:24 PM        <dir> ConferenceCall
12/27/2018  8:02 AM        <dir> DRAFT
 9/29/2017  6:44 AM        <dir> Templates
 11/4/2008  7:24 PM        <dir> TSGR1_01
 11/4/2008  7:24 PM        <dir> TSGR1_02
 11/4/2008  7:24 PM        <dir> TSGR1_03
  1/7/2019 12:41 PM        <dir> TSGR1_04
 11/4/2008  7:25 PM        <dir> TSGR1_05
 11/4/2008  7:25 PM        <dir> TSGR1_06
 11/4/2008  7:25 PM        <dir> TSGR1_07
 11/4/2008  7:25 PM        <dir> TSGR1_07b
 11/4/2008  7:25 PM        <dir> TSGR1_08
 11/4/2008  7:25 PM        <dir> TSGR1_09
```

图2－6－57　3GPP相关会议FTP页面

进入相应会议，选择会议的“Report”文档进行查阅。通过查阅发现“R1-47”次会议的“Report”目录中“6.7 Turbo Code Internal Interleaver”与检索主题的领域非常接近，逐一查看该“Report”目录下的相关提案，均与检索主题非常接近，其中第5个提案R1-063062与检索主题内容一致。

小提示

在不了解3GPP架构和各工作组的具体内容时，建议直接在网站自带的检索入口进行检索。在了解3GPP架构及其工作组时，可以直接获取相应工作组的文档。也可以两种方式结合，在网站自带的检索入口先进行检索，查阅相关文档后确定工作组或标准，再到相应工作组获取文档。

2.6.3.2 ETSI

欧洲电信标准化协会（European Telecommunications Standards Institute，ETSI）是由欧洲电信委员会1988年批准建立的一个非营利性的电信标准化组织，是欧洲三大标准化机构之一。

ETSI网站访问入口：http://www.etsi.org。

2.6.3.2.1 ETSI简介

（1）ETSI组织介绍

ETSI负责制定发布欧洲电信标准（ETS）、暂行标准（CI-ETS）和技术报告（ETR）。ETSI在信息通信技术领域，同欧洲标准化委员会（European Committee for Standardization，法文缩写“CEN”）和欧洲电工标准化委员会（European Committee for Electrotechnical Standardization，法文缩写“CENELEC”）保持密切合作与协调关系；在广播电视领域，同欧洲广播联盟（European Broadcasting Union，EBU）进行合作。在欧盟和欧洲自由贸易联盟的资助下，ETSI目前承担的项目有1000多项。

（2）ETSI内部架构和标准制定

ETSI组织由全会、常务委员会、技术委员会、特别委员会和秘书处组成。

ETSI技术委员会的设立是根据研究领域和研究内容来划分和确定的。技术委员会负责对标准的范畴进行划分、确定其准确的题目、委派专家起草标准草案。技术委员会下面再按专业设立分技术委员会进行对口研究。分技术委员会内再按照项目组进行专项研究。各位专家以参加分技术委员会、报告人小组、ETSI专家工作组等形式参与工作。

技术委员会及其分委会、ETSI项目组和ETSI合作项目组三者构成ETSI的技术机构。ETSI还有特别委员会，包括财经委员会、欧洲电信标准观察组、工作协调组、专家安全算法组、全球移动多媒体合作组、用户组、新观点以及ETSI和ECMA协调组等8个委员会。

标准的立题是由ETSI的成员通过技术委员会提出的，经技术大会批准后列入ETSI的工作计划，由各技术委员会承担标准的研究工作。技术委员会提出的标准草案，经秘书处汇总发往成员国的标准化组织征询意见，返回意见后，再修改汇总，在成员国单位进行投票。赞成票超过71%以上的可以成为正式ETSI标准，否则可成为临时标准或其他技术文件。

（3）ETSI研究方向

ETSI下设13个技术委员会，它们的代号、名称如表2-6-20所示。

表2-6-20 ETSI技术委员会

序号	代号	名称
1	TC EE	Environmental Engineering（环境工程技术委员会）
2	TC ERM	EMC and Radio Spectrum Matters（无线及电磁兼容技术委员会）
3	JTC Broadcasting	EBU/CENELEC/ETSI Joint Technical Commission（播送联合技术委员会）
4	ECMA TC32	Communication，Networks & amp；Systems Interconnection（通信网络和系统的交互型连接技术委员会）
5	TC HF	Human Factors（人机因素技术委员会）
6	TC MTS	Methods for Testing & amp；Specification（测试方法和指标技术委员会）
7	TC NA	Network Aspects（网络总体技术委员会）
8	TC SAFETY	Safety（安全技术委员会）
9	TC SES	Satellites Earth Stations & Systems（卫星地面站及系统技术委员会）
10	TC SPS	Signalling Protocol & amp；Switching（信令协议及交换技术委员会）
11	TC STQ	Speech Processing，Transmission & amp；Quality（语音处理传输质量技术委员会）
12	TC TM	Telecommunication Multiplexing（传输和复用技术委员会）
13	TC TMN	Telecommunication Management Networks（电信管理网技术委员会）

2.6.3.2.2 ETSI常用功能

关于ETSI的信息可以通过ETSI的官方网站（http://www.etsi.org）进行查询。同时，ETSI为用户提供了免费下载标准的服务，PDF文档下载的入口：http://www.etsi.org/standards-search#Pre-defined collections，可通过搜索获取需要的标准。

另外，由于ETSI是3GPP的重要成员，在上述入口同样可以检索到与3GPP文档对应的ETSI文档，二者版本号对应。以3GPP TS38.300为例，检索界面如图2-6-58所示。

也可以直接通过登录ETSI服务器下载相应标准，例如要获取3GPP标准TS 38.300，步骤如下（参见图2-6-59）：

（a）在ETSI服务器https://www.etsi.org/deliver中选择“etsi_ts”，获得所有标准列表；

（b）ETSI命名与3GPP命名不同，要在3GPP标准的编号前加1，因此在标准列表中选择“138300-138399”；

（c）在“138300-138399”标准号段中选择“138300”；

（d）在“138300”标准的版本列表中选择需要的版本；

（e）获得38300标准相应版本的PDF格式文档内容。

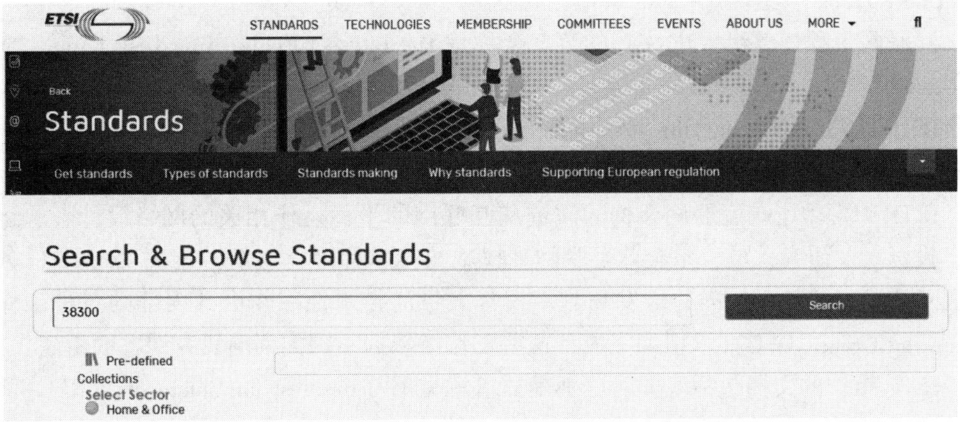

图2-6-58　从ETSI网站获取3GPP标准

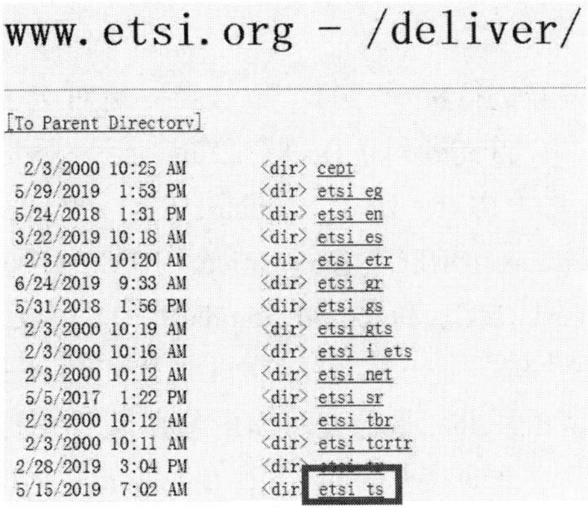

(a)

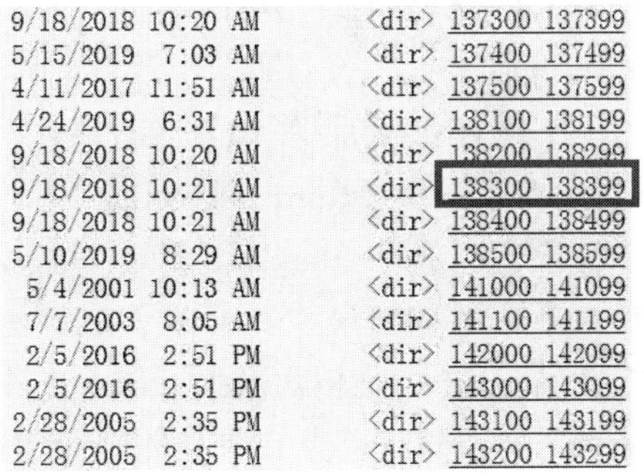

(b)

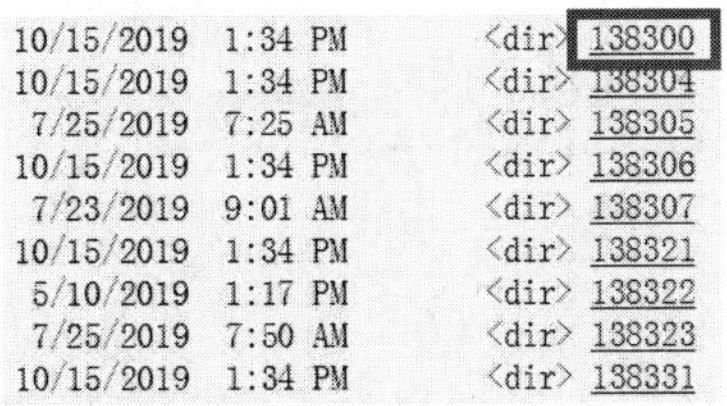

(c)

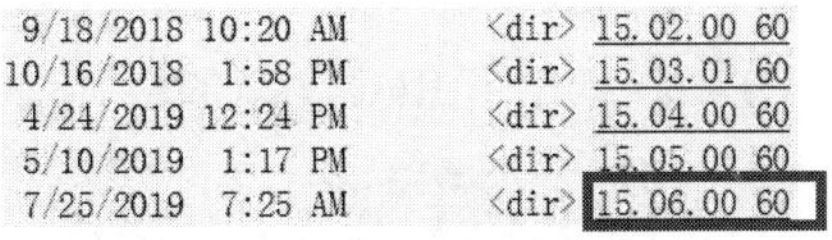

(d)

(e)

图2-6-59　从ETSI服务器获取3GPP标准路径

另外，ETSI 网站还提供标准必要专利的查询，第 4 章第 4.1 节中将对具体查询方式进行详细介绍。

2.6.3.3 IETF

互联网工程任务组（IETF）的英文全称是 The Internet Engineering Task Force，成立于 1986 年。

IETF 网站访问入口：http://www.ietf.org。

2.6.3.3.1 IETF 简介

IETF 中汇聚了与互联网架构的演进和互联网的平稳运作相关的网络设计者、运营商、投资人及研究人员，是全球互联网最权威的技术标准化组织。IETF 的主要任务是负责互联网相关技术标准的研发和制定，其大量的技术性工作由其内部的各种工作组（Working Group，WG）承担和完成，这些工作组依据不同类别的研究课题而组建。

IETF 维护的文档包括三类，分别是征求意见书（Request for Comments，RFC）、互联网草案（Internet Draft，I-D）、电子邮件存档（E-mail Archives），其中 RFC 和 I-D 是包含详细方案的技术文档，而 E-mail Archives 则是工作组内部对技术问题进行讨论的工作记录，通常需要对 RFC 和 I-D 进行检索。下面，首先对 RFC 和 I-D 进行简要的介绍。

（1）RFC

RFC 是 IETF 正式出版的文献，采用连续编号进行标识，每个编号唯一地对应了一篇 RFC 文献，在线公布后即可获得。每一篇 RFC 首先通过 I-D 进行公布，但并不是所有的 I-D 最终都会成为 RFC。RFC 包括 Standard RFC、Draft Standard RFC、Proposed Standard RFC、Best Current Practice RFC、Experimental RFC、Informational RFC、Historic RFC 等状态。其中 Standard RFC、Draft Standard RFC、Proposed Standard RFC 表示该 RFC 文献即将或已经成为标准，成熟程度按照 Proposed Standard RFC、Draft Standard RFC、Standard RFC 依次增强；Best Current Practice RFC 是为互联网的使用和管理提供一般性指导，同时也为 IETF 提供一种渠道，以便推动某方面的工作；Informational RFC 是为业内提供一般的信息，不代表业内已经同意或者向业内推荐，有时也会被标识为 Experimental RFC 或者 Historic RFC。Experimental RFC 反映一些研究和开发的成果，Historic RFC 则是已经被更新的规范取代或者已经被废弃的技术内容。

RFC 文献具有统一的撰写格式，包括：标题、摘要、状态、版权、目录、正文等。图 2-6-60 示出了 RFC 文献的格式信息。

（2）I-D

I-D 是任何人都可以提交的非正式的技术文档，随时可以被更改或删除。如果 I-D 在 IETF 的相关网站上存在 6 个月但仍未被由各研究领域管理者组成的互联网工程指导组 IESG 建议发布为标准或更新，那么该 I-D 将变为过期文献。

I-D 文献同样具有统一的撰写格式，包括：标题、摘要、状态、版权、目录、正文等。图 2-6-61 示出了 I-D 文献的格式信息。

需要注意的是，I-D 文献通常是由机构或个人提交的，文献右上角的时间为提交时间，并非准确的公开时间。

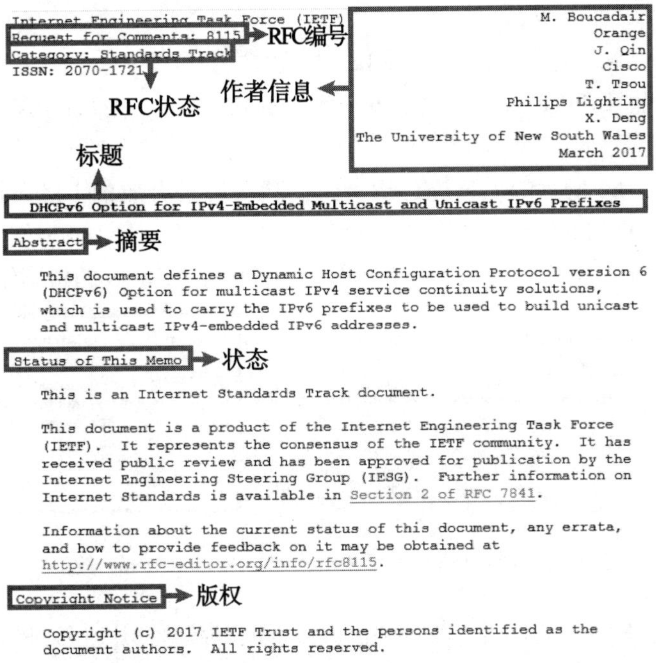
Internet Engineering Task Force (IETF)
Request for Comments: 8115
Category: Standards Track
ISSN: 2070-1721

M. Boucadair
Orange
J. Qin
Cisco
T. Tsou
Philips Lighting
X. Deng
The University of New South Wales
March 2017

DHCPv6 Option for IPv4-Embedded Multicast and Unicast IPv6 Prefixes

Abstract

This document defines a Dynamic Host Configuration Protocol version 6 (DHCPv6) Option for multicast IPv4 service continuity solutions, which is used to carry the IPv6 prefixes to be used to build unicast and multicast IPv4-embedded IPv6 addresses.

Status of This Memo

This is an Internet Standards Track document.

This document is a product of the Internet Engineering Task Force (IETF). It represents the consensus of the IETF community. It has received public review and has been approved for publication by the Internet Engineering Steering Group (IESG). Further information on Internet Standards is available in Section 2 of RFC 7841.

Information about the current status of this document, any errata, and how to provide feedback on it may be obtained at http://www.rfc-editor.org/info/rfc8115.

Copyright Notice

Copyright (c) 2017 IETF Trust and the persons identified as the document authors. All rights reserved.

图 2-6-60 RFC 文献格式

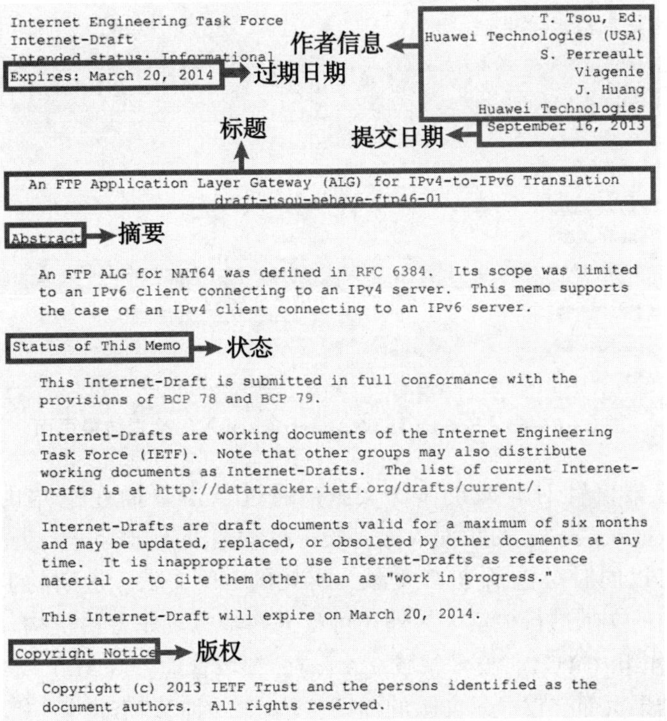
Internet Engineering Task Force
Internet-Draft
Intended status: Informational
Expires: March 20, 2014

T. Tsou, Ed.
Huawei Technologies (USA)
S. Perreault
Viagenie
J. Huang
Huawei Technologies
September 16, 2013

An FTP Application Layer Gateway (ALG) for IPv4-to-IPv6 Translation
draft-tsou-behave-ftp46-01

Abstract

An FTP ALG for NAT64 was defined in RFC 6384. Its scope was limited to an IPv6 client connecting to an IPv4 server. This memo supports the case of an IPv4 client connecting to an IPv6 server.

Status of This Memo

This Internet-Draft is submitted in full conformance with the provisions of BCP 78 and BCP 79.

Internet-Drafts are working documents of the Internet Engineering Task Force (IETF). Note that other groups may also distribute working documents as Internet-Drafts. The list of current Internet-Drafts is at http://datatracker.ietf.org/drafts/current/.

Internet-Drafts are draft documents valid for a maximum of six months and may be updated, replaced, or obsoleted by other documents at any time. It is inappropriate to use Internet-Drafts as reference material or to cite them other than as "work in progress."

This Internet-Draft will expire on March 20, 2014.

Copyright Notice

Copyright (c) 2013 IETF Trust and the persons identified as the document authors. All rights reserved.

图 2-6-61 I-D 文献格式

2.6.3.3.2　IETF 常用功能

IETF 官网是获取上述 RFC 文献以及 I-D 文献的主要途径之一，可采用以下方法获取。

（1）通过设置于 IETF 官网主页下方的 Search IETF Datatracker 获取 RFC 文献和 I-D 文献

通过图 2－6－62 所示的入口进行检索时，默认检索有效的 I-D 文献，且输入关键词时不支持“AND”和“OR”等算符。例如，输入“IPv4 AND IPv6”，实际检索的是“IPv4＋空格＋AND＋空格＋IPv6”，而不是将对应 IPv4 和 IPv6 的检索结果相“与”。

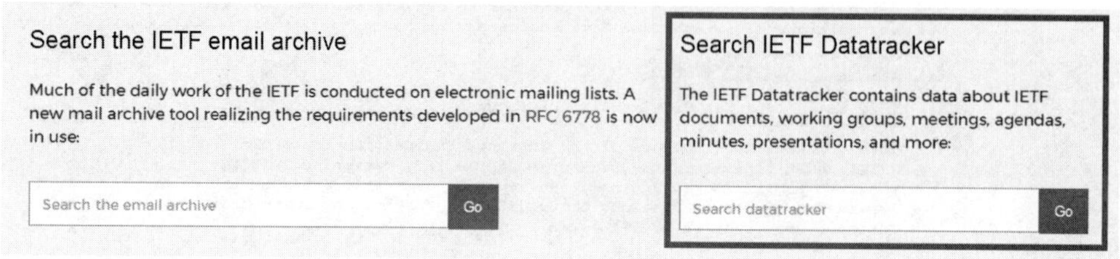

图 2－6－62　IETF 官网 Search IETF Datatracker 入口

以需要检索“IPv4”为例进一步说明。在输入框中输入“IPv4”，得到如图 2－6－63 所示的检索结果页面。

图 2－6－63　Search IETF Datatracker 入口检索结果页面

由于默认检索仅针对有效的 I-D 文献，通过点击页面左上角的附加检索标准“Additional search criteria”，可以对检索字段、检索范围等进行进一步的设置。通过选择文献类型，可以同时对包括 RFC 文献、有效的 I-D 文献、过期的 I-D 文献、议程、章节等类型在内的文献进行检索。另外还可以进一步检索作者或机构（Author Name or Affiliation）、工作组（WG）、技术领域（Area）、领域管理者（AD）等字段。

对于检索结果页面，仅显示文献的标题、状态、时间。点击某一篇文献的标题后，可进入详览，如图 2－6－64 所示。其中包括该文献的历史版本，并且提供各版本文献多种下载格式。通过浏览文献正文，可以判断其是否包含所需内容。

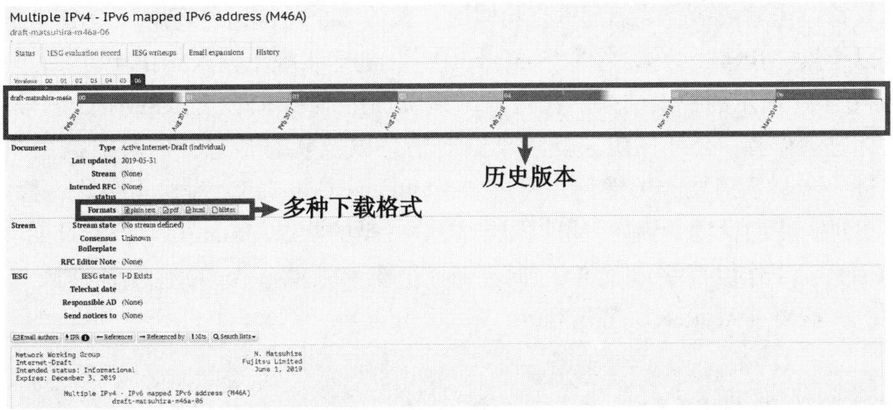

图 2-6-64　检索结果详览

（2）通过 RFC Editor 获取 RFC 文献

RFC Editor 入口设置于 IETF 主页底部（参见图 2-6-65）。通过 RFC Editor 仅能对 RFC 文献进行检索。在如图 2-6-66 所示的 RFC Editor 主页面上，通过点击“Browse the RFC Index”可以查看按照 RFC 编码顺序排列的所有的 RFC 文献列表，各 RFC 文献以引文格式出现，并不显示其具体内容。点击“Browse RFCs by Status”可以按照 RFC 文献状态对 RFC 文献进行查看。点击左侧的“Document Retrieval”则可以基于其他分类依据对 RFC 文献进行查看。

图 2-6-65　IETF 主页底部选项栏

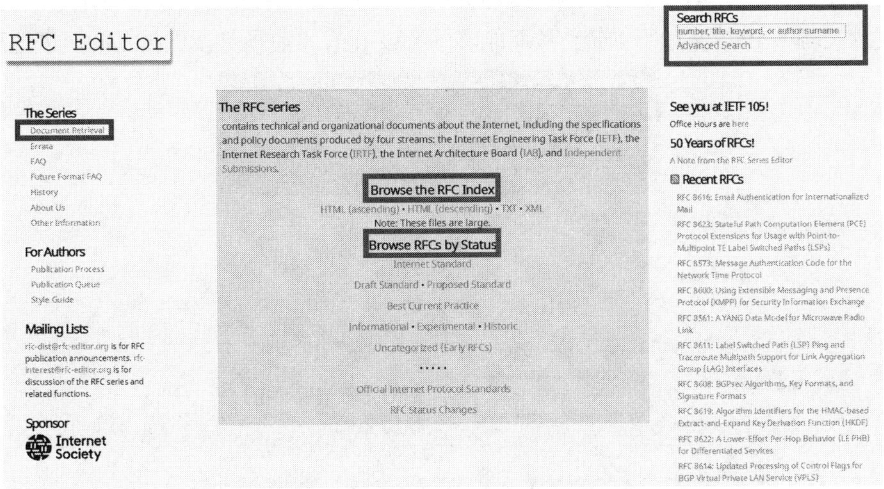

图 2-6-66　RFC Editor 主页面

RFC Editor 提供的 RFC 文献检索入口“Search RFCs”位于主页面右上方，可以对关键词、RFC 编号、RFC 文献标题或者作者等字段进行检索，并支持“AND”和

“OR”算符；当输入多个关键词进行检索时，默认多个关键词之间用“AND”连接。

仍以检索“IPv4”为例，在“Search RFCs”的输入框中输入“IPv4”，回车后得到如图2-6-67所示的检索结果。在检索结果页面中显示RFC文献的RFC编号、文件格式、标题、作者、公开日期、校对或更新信息以及状态信息，同时根据用户选择，还可以进一步显示摘要或关键词。通过“Additional Criteria”，对检索字段、检索范围等进行更进一步的设置。例如，可以限定RFC文献的状态（Status）、公开日期（Publication Date）、工作组首字母（WG Acronym）、技术领域（Area）、作者姓氏（Author Surname）、摘要（Abstract）等内容。

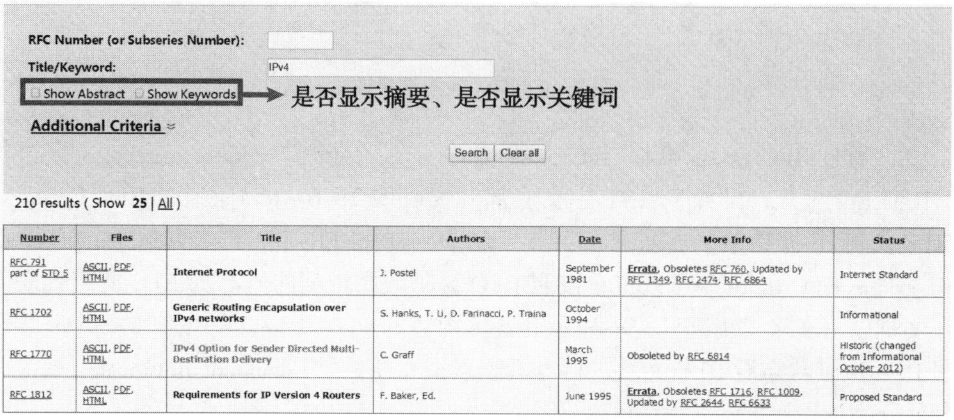

图2-6-67　RFC Editor检索结果页面

点击某一篇文献标题后，可进入详览页面（参见图2-6-68）。其中同样提供了该RFC文献的多种下载格式。此外，详览页面还标明了该RFC文献所替代的RFC文献，以及该RFC文献被哪些RFC文献所更新，从而能够了解该RFC文献所涉及的技术的演进过程。

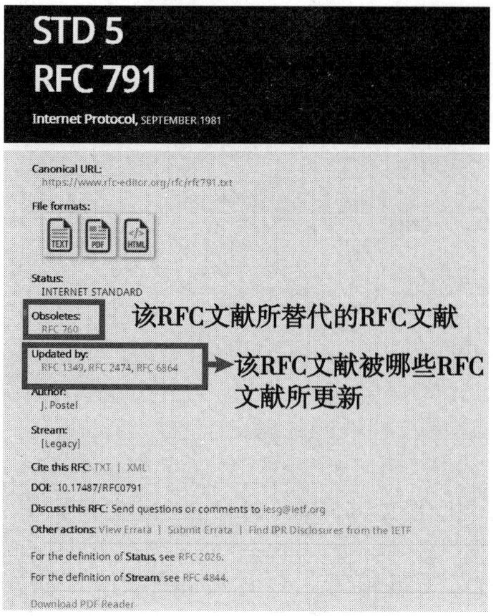

图2-6-68　检索结果详览页面

2.6.3.4 ITU

国际电信联盟（ITU）的英文全称是 International Telecommunication Union，其成立于1865年。

ITU 网站访问入口：http://www.itu.int。

2.6.3.4.1 ITU 简介

ITU 是主管信息通信技术（ICT）事务的联合国机构，负责分配和管理全球无线电频谱与卫星轨道资源，制定全球电信标准，向发展中国家提供电信援助，促进全球电信发展。

ITU 下属的国际电联电信标准化部门（ITU-T）各研究组汇集了来自世界各地的专家，其工作是制定被称为 ITU-T 建议书的国际标准。这些国际标准是信息通信技术基础设施的定义要素，对 ICT 的互连互通起着至关重要的作用。

ITU-T 建议书，即确定电信工作运行和互通方法的标准。绝大多数建议书一经完成最后编辑工作，即以 PDF 格式免费向普通公众提供。

现行的4000多份建议书涉及从服务定义到网络架构和安全，从宽带 DSL 到 Gbit/s 光纤传输系统，再到下一代网络（NGN）和 IP 相关问题等议题，集成了当今信息通信技术的所有基本要素。各系列建议书及其对应技术领域如图2-6-69所示。

A 至 M 系列	N 至 Z 系列
A：ITU-T工作的组织	N：维护：国际声音节目和电视传输电路
D：一般资费原则	O：测量设备技术规程
E：综合网络运行、电话业务、业务运行和人为因素	P：电话传输质量、电话装置、本地线路网络
F：非话电信业务	Q：交换和信令
G：传输系统和媒质、数字系统和网络	R：电报传输
H：视听和多媒体系统	S：电报业务终端设备
I：综合业务数字网	T：远程信息处理业务的终端设备
J：有线网和电视、声音节目及其他多媒体信号的传输	U：电报交换
K：干扰的防护	V：电话网上的数据通信
L：线缆的构成、安装和保护及外部设备的其他组件	X：数据网络、开放系统通信和安全
M：电信管理，包括TMN和网络维护	Y：全球信息基础设施、互联网的协议问题和下一代网络
	Z：用于电信系统的语言和一般软件问题

图2-6-69 ITU-T 建议书分类

2.6.3.4.2 ITU-T 建议书检索

ITU 主页是获取 ITU-T 建议书的主要途径，可以通过系列号检索，也可以通过关键词检索。下面分别对这两种检索方式进行介绍。

(1) 系列号检索

进入 ITU 主页后选择“出版物”，进入图 2－6－70 所示页面。点击“快速链接”部分的“搜索出版物”，将进入对 ITU 的所有出版物进行检索的页面。由于需要的是 ITU-T 建议书，也可以在“按部门分列的出版物”处选择“标准化部门（ITU-T）”，并继续选择“标准化部门（ITU-T）”。然后将进入如图 2－6－71 所示的 ITU-T 出版物页面（该页面不支持中文）。

图 2－6－70 ITU 出版物页面

图 2－6－71 中显示了按系列（A～Z）区分的所有 ITU-T 建议书，每一个系列对应一个具体的技术领域。如果知道需要获取的 ITU-T 建议书的编号，则可以通过直接点击其对应的系列号来获取。例如，需要获取 H.264，则此时首先点击“H”，然后在所有 H 系列的建议书中找到 H.264 并点击，将会得到 H.264 的当前版本和历史版本，可以从中选择所需要的版本进行查看，并获取 PDF 格式全文（参见图 2－6－72）。

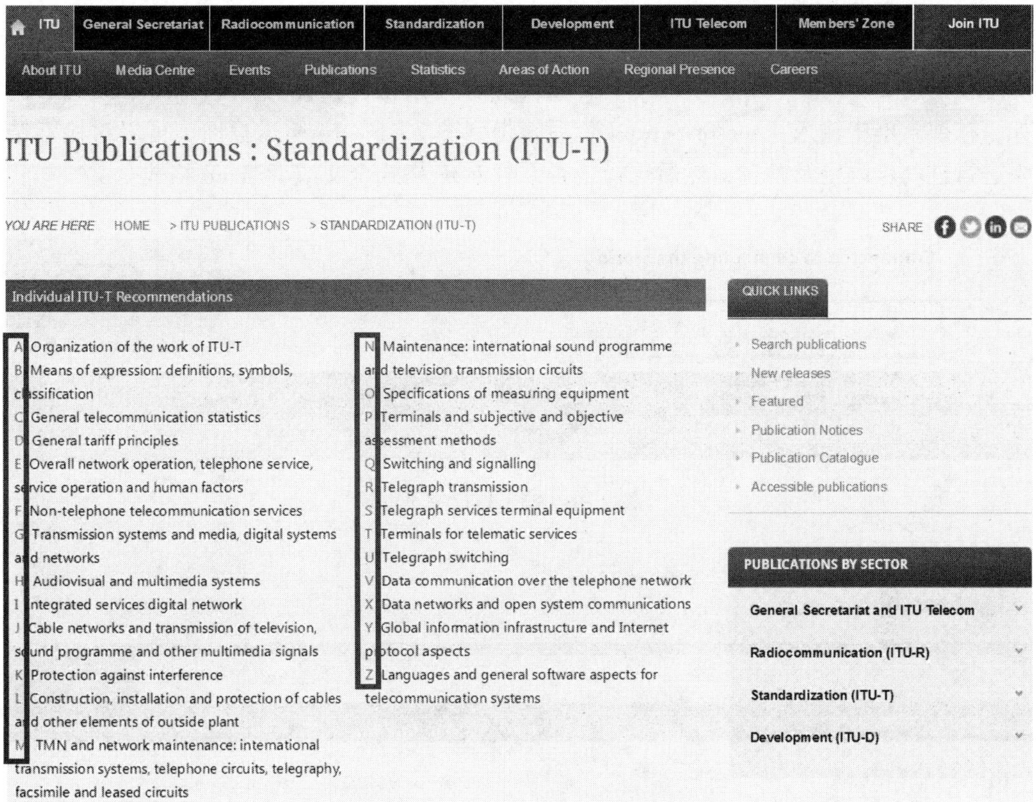

图2－6－71　ITU-T 出版物页面

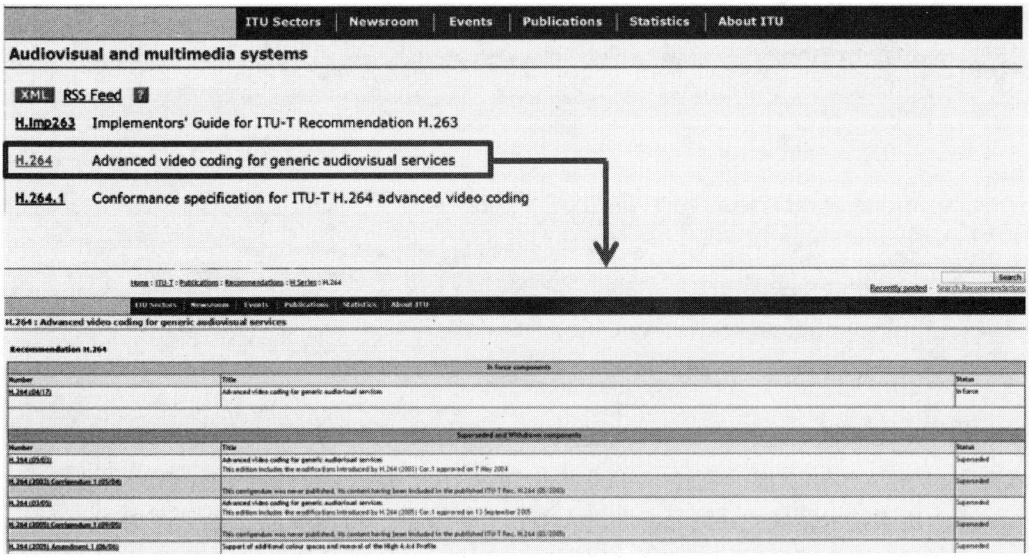

图2－6－72　ITU-T 建议书检索示例－H. 264 的获取

（2）关键词检索

在不清楚所需标准的具体编号时，也可以通过关键词进行检索。

在如图 2－6－73 所示的 ITU 主页即设置有搜索框，在此可以进行简单搜索。例如，在搜索框中输入“sensor network”后将得到图 2－6－74 所示页面。可以对检索结果进行进一步限定及筛选，然后选择是否下载 PDF 格式全文或者 Word 格式全文。

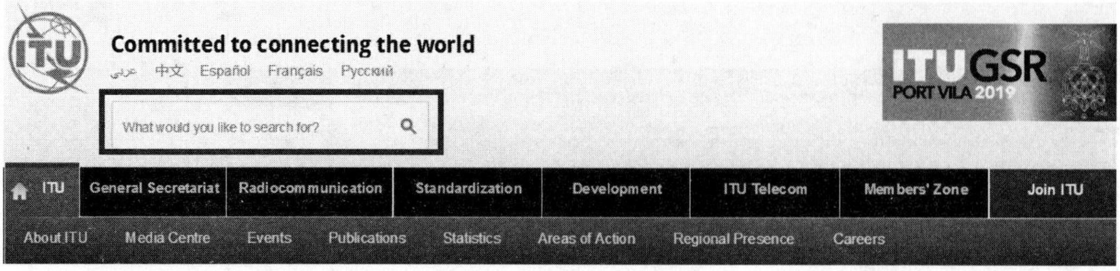

图 2－6－73　ITU 主页

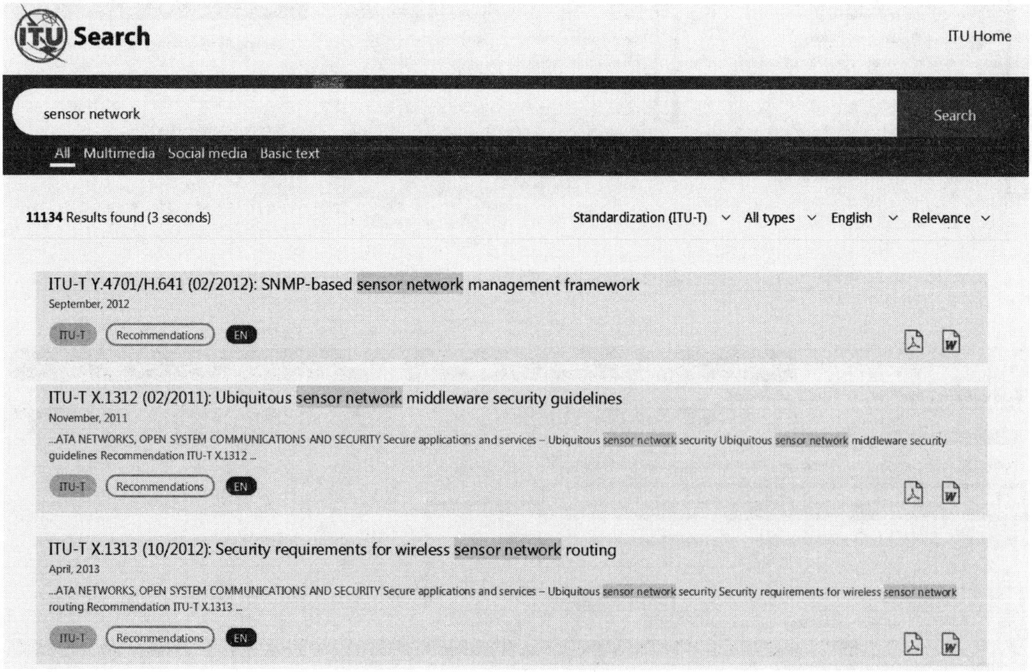

图 2－6－74　ITU 主页搜索结果页面

此外，也可以在进入 ITU 主页后选择“电信标准化”，并继续点击“标准的”，进入图 2－6－75 所示页面。选择“4000 多份建议书”，将获得 ITU-T 建议书的系列列表。

点击所需技术领域的系列号，即进入 ITU-T 建议书的检索页面（参见图 2－6－76）。如果知道需要获取的 ITU-T 建议书的编号，则可以在检索输入框中直接输入编号来进行检索；在不知道所需获取的 ITU-T 建议书的编号时，还可以使用内容检索、高级检索等检索方式。

图 2-6-75　“ITU-T 建议书和其它出版物”页面

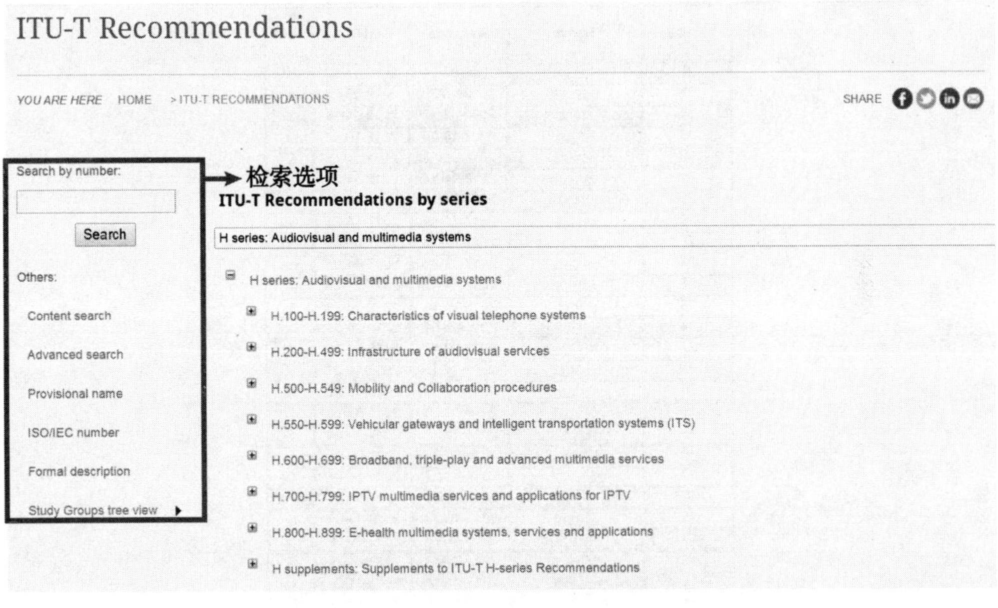

图 2-6-76　ITU-T 建议书的检索页面

2.6.3.5　JCT-VC

2010 年 1 月，ITU-T 的视频编码专家组 VCEG 和 ISO/IEC 的动态图像专家组 MPEG 组成了视频编码联合组（Joint Collaborative Team on Video Coding，JCT-VC），统一制定下一代视频编码标准 HEVC（High Efficiency Video Coding）。

JCT-VC 文档管理系统访问入口：http://phenix.int-evry.fr/jct。

2. 6. 3. 5. 1　JCT-VC 简介

随着互联网技术和多媒体技术的飞速发展，低分辨率、低画质的视频已经逐渐不能满足人们的需求。为了适应新的视频压缩的需求，使得更高分辨率的视频得到更广泛的应用，HEVC 标准旨在实现视频的高压缩比、高图像质量、良好的网络适应性等目标，相对目前主流的上一代视频编码标准 H. 264/AVC 标准提高将近一倍的视频压缩率。

JCT-VC 会议的目标是制定和完善 HEVC 标准。从 2010 年 4 月到 2019 年 7 月，JCT-VC 共召开 36 次会议，平均每 3 ~4 个月召开 1 次会议。每次会议以唯一序列字母（Unique Serial Letter）编号（大写英文字母 A ~ Z、AA ~ AJ），并且所有 HEVC 提案都会集结成集，供公众检索和查阅，在 JCT-VC 文档管理系统可以检索和下载。

2. 6. 3. 5. 2　JCT-VC 文档管理系统常用功能

进入 JCT-VC 文档管理系统后，选择“All meetings”进入如图 2 -6 -77 所示的界面。该图列出了历次 JCT-VC 会议，包含会议名称（召开地点）、开始时间、结束时间和编号，每次 JCT-VC 会议都会产生综述性报告、提案等文档，这些文档按照“JCTVC-会议唯一序列字母 + 数字序号”的形式予以编号命名。例如，第 23 次会议于 2016 年 2 月 19 日至 2 月 26 日在圣地亚哥（San Diego）召开，唯一序列字母编号为 W，文档中从第 1 篇文献到第 1020 篇文献依次命名为 JCTVC-W0001 至 JCTVC-W1020。

Number	Name	Start Date	End Date	Unique Serial Letter
36	Gothenburg	2019-07-06	2019-07-12	AJ
35	Geneva	2019-03-22	2019-03-27	AI
34	Marrakech	2019-01-12	2019-01-18	AH
33	Macao	2018-10-06	2018-10-12	AG
32	Ljubljana	2018-07-12	2018-07-18	AF
31	San Diego	2018-04-14	2018-04-20	AE
30	Gwangju	2018-01-20	2018-01-26	AD
29	Macau	2017-10-19	2017-10-25	AC
28	Torino	2017-07-15	2017-07-21	AB
27	Hobart	2017-03-31	2017-04-07	AA
26	Geneva	2017-01-12	2017-01-20	Z
25	Chengdu	2016-10-14	2016-10-21	Y
24	Geneva	2016-05-26	2016-06-01	X
23	San Diego	2016-02-19	2016-02-26	W
22	Geneva	2015-10-15	2015-10-21	V
21	Warsaw	2015-06-19	2015-06-26	U
20	Geneva	2015-02-10	2015-02-18	T
19	Strasbourg	2014-10-17	2014-10-24	S
18	Sapporo	2014-06-30	2014-07-09	R
17	Valencia	2014-03-27	2014-04-04	Q
16	San Jose	2014-01-09	2014-01-17	P
15	Geneva	2013-10-23	2013-11-01	O
14	Vienna	2013-07-25	2013-08-02	N
13	Incheon	2013-04-18	2013-04-26	M
12	Geneva	2013-01-14	2013-01-23	L
11	Shanghai	2012-10-10	2012-10-19	K
10	Stockholm	2012-07-11	2012-07-20	J
9	Geneva	2012-04-27	2012-05-07	I
8	San Jose	2012-02-01	2012-02-10	H
7	Geneva	2011-11-21	2011-11-30	G
6	Torino	2011-07-14	2011-07-22	F
5	Geneva	2011-03-16	2011-03-23	E
4	Daegu	2011-01-20	2011-01-28	D
3	Guangzhou	2010-10-07	2010-10-15	C
2	Geneva	2010-07-21	2010-07-28	B
1	Dresden	2010-04-15	2010-04-23	A

图 2 -6 -77　JCT-VC 会议列表

点击“San Diego”进入第23次会议。图2－6－78示出了第23次会议的文档列表，对每个文档列出其提案编号、MPEG编号、创建时间、第一次上传时间、最新上传时间、标题等信息。如图2－6－78所示，页面上侧提供针对该次会议提案的检索入口，可以针对“提案标题”（Title）、“提案编号”（Number）和“提案人”（Author）进行检索。

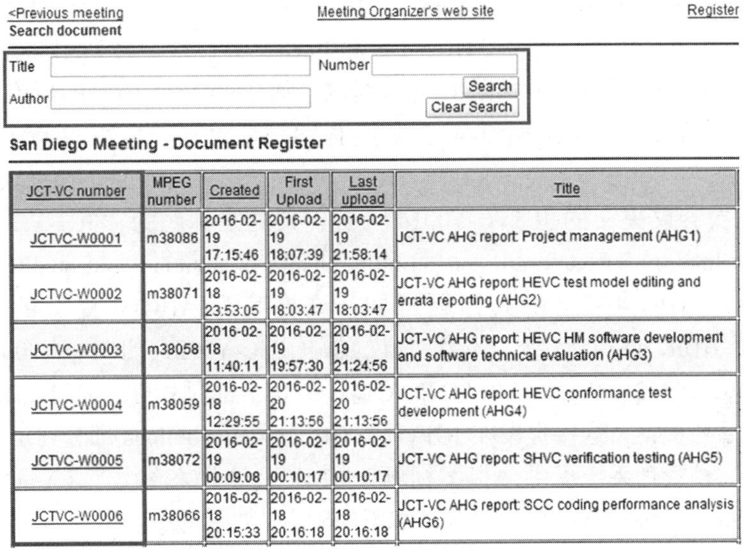

JCT-VC number	MPEG number	Created	First Upload	Last upload	Title
JCTVC-W0001	m38086	2016-02-19 17:15:46	2016-02-19 18:07:39	2016-02-19 21:58:14	JCT-VC AHG report: Project management (AHG1)
JCTVC-W0002	m38071	2016-02-18 23:53:05	2016-02-19 18:03:47	2016-02-19 18:03:47	JCT-VC AHG report: HEVC test model editing and errata reporting (AHG2)
JCTVC-W0003	m38058	2016-02-18 11:40:11	2016-02-19 19:57:30	2016-02-19 21:24:56	JCT-VC AHG report: HEVC HM software development and software technical evaluation (AHG3)
JCTVC-W0004	m38059	2016-02-18 12:29:55	2016-02-20 21:13:56	2016-02-20 21:13:56	JCT-VC AHG report: HEVC conformance test development (AHG4)
JCTVC-W0005	m38072	2016-02-19 00:09:08	2016-02-19 00:10:17	2016-02-19 00:10:17	JCT-VC AHG report: SHVC verification testing (AHG5)
JCTVC-W0006	m38066	2016-02-18 20:15:33	2016-02-18 20:16:18	2016-02-18 20:16:18	JCT-VC AHG report: SCC coding performance analysis (AHG6)

图2－6－78 会议文档列表页面

该次会议的所有文档按照序号从小到大排列。点击左侧某个文档的编号，例如点击“JCTVC-W0027”，示出如图2－6－79所示的详细信息页面，显示该文档的提案标题、提案人、摘要、版本等信息，并可选择该文档的不同版本下载。

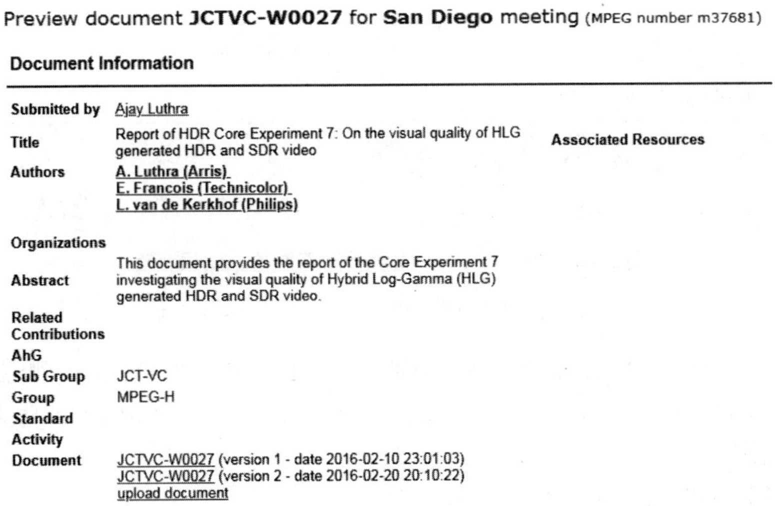

图2－6－79 文档详细信息页面

JCT VC 在每次会议时会建立若干研究小组，这些小组按照研究的领域从大到小划分，依次为 AHG（Ad Hoc Group，专题小组）、CE（Core Experiment，核心实验）、SCE（Scalability Core Experiment，可伸缩核心实验）、RCE（Range Extensions Core Experiment，范围扩展核心实验）和 BoG（Break Out Group，分小组）。每个 AHG 被命名为 AHGx（x 为数字，代表不同领域），针对不同领域收集提案，并在 AHG 报告中列出所有该领域下的相关提案。每个 AHG 下可以包括多个 CE/SCE/RCEx，每个 CEx 下可以包括多个 BoG。每个 AHG、CE 和 BoG 下都包括一系列相关提案，属于同一个 AHGx 的所有提案都属于相同的技术领域，属于同一个 CEx 的所有提案都是针对同一个核心实验，属于同一个 BoG 的所有提案是针对某个核心实验 CEx 的若干个技术点。

以第 25 次会议提交的 JCTVC-Y0014 为例，其提案标题为“JCT-VC AHG report: HDR/WCG technology for backward compatibility, display adaptation, and quality enhancement post-processing（AHG14）”，由其标题可知，该提案为 AHG14 提交的 AHG 报告，AHG14 涉及 HDR/WCG 编码，该次会议的 JCTVC-Y0029、JCTVC-Y0039、JCTVC-Y0041、JCTVC-Y0042、JCTVC-Y0044 和 JCTVC-Y0045 都是属于 AHG14 的关于 HDR/WCG 编码的系列提案，这些提案在 JCTVC-Y0014 的 Contributions 部分列出。

JCT-VC 文档管理系统提供“提案标题”（Title）、“提案编号”（Number）和“提案人”（Author）三种检索入口，可进行如下四种方式的检索。

（1）提案编号

在知晓 JCT-VC 提案编号的情况下查找指定文档时，例如查找文档 JCTVC-W0080，其会议编号为“W”，在会议列表中选择编号为“W”的“San Diego Meeting”进入，可下拉寻找提案编号为 0080 的文档，还可以在“提案编号”（Number）入口中输入“0080”进行检索，检索结果如图 2－6－80 所示。

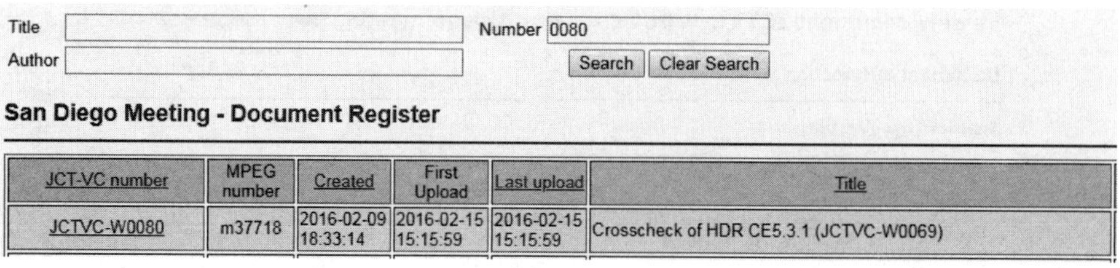

JCT-VC number	MPEG number	Created	First Upload	Last upload	Title
JCTVC-W0080	m37718	2016-02-09 18:33:14	2016-02-15 15:15:59	2016-02-15 15:15:59	Crosscheck of HDR CE5.3.1 (JCTVC-W0069)

图 2－6－80　JCT-VC 文档管理系统检索结果页面

（2）提案人

提案人通常会以 HEVC 提案为基础申请专利，因此检索时可以以“提案人”为入口，针对相应领域的相关提案人进行检索，并可结合网页的“Ctrl + F”功能搜索关键词进行二次限定。

（3）提案标题/关键词

从检索主题中确定合适的关键词，并利用提案标题对关键词进行检索是常见的检索方式。与专利检索系统不同的是，JCT-VC 文档管理系统的“提案标题”每次只能检索一个关键词，并且仅能检索标题，不支持文档全文检索，也不支持“AND”和“OR”等逻辑算符。这就需要选择涉及关键技术的最核心的关键词，同样可结合网页的“Ctrl + F”功能搜索次级关键词进行二次限定。

（4）提案标题/文档类型前缀

前文介绍了 JCT-VC 文档的命名方式，在对技术有一定了解的情况下，可根据文档标题的命名规则结合关键词进行检索。

第一步：确定需检索的技术主题所对应的文档类型前缀。根据技术主题的大概提出时间，查询最近的一次 JCT-VC 会议，确定该技术主题对应的文档类型前缀，即确定属于哪一个 AHGx、CE/SCE/RCEx、Non-CE/SCE/RCEx、BoG，例如检索与 HDR/WCG 编码相关的提案，则需先确定该技术属于 AHG14。

第二步：利用确定的文档类型前缀（例如“AHG14”“CE5”），在每次会议的“提案标题”中对其进行检索。还可以根据文档类型前缀，深入研究该技术主题所属的 AHG 报告、CE/SCE/RCE 概要报告或 BoG 报告，查找报告中是否列举有解决类似问题或公开相似技术的提案，进而利用提案编号获得相关提案。

2.6.3.5.3 检索示例

【案例 2-6-5】

技术背景

在判断是否忽略计算帧内块复制方式的代价值之前，需要先计算帧内预测编码方式的编码代价值，这种处理方法不适用于需要并行处理的硬件方式实施。针对这一问题，某公司在 2014 年 1 月提出了一种新的编码方法。

检索主题

一种视频编码方法，包括：在对当前帧中的当前编码单元进行预测编码之前，计算在采用帧内预测编码方式时所对应的编码代价值，以及计算在采用帧间预测编码方式时所对应的编码代价值；获取所述当前编码单元的像素特征，根据所述像素特征判断是否需要忽略计算帧内块复制编码方式的编码代价值；选择编码代价值最小的编码方式对所述当前编码单元进行预测编码。

检索策略

检索主题中涉及的核心关键技术是“帧内块复制”，选择“帧内块复制”作为检索关键词在 2014 年 1 月之前的历次会议文档中检索。具体是利用“帧内块复制”的英文表达“intra BC”“intraBC”“intra_BC”和“intra block copy”在各个会议的“提案标题”（Title）中进行检索。查看在每个会议中命中的文档，如图 2-6-81 所示，可以发现 2013 年 10 月 23 日至 2013 年 11 月 1 日在 Geneva 召开的第 15 次会议文档中的

JCTVC-O0245［AHG5：Fast encoding using early skipping of Intra block copy（IntraBC）search］公开了相关技术内容。

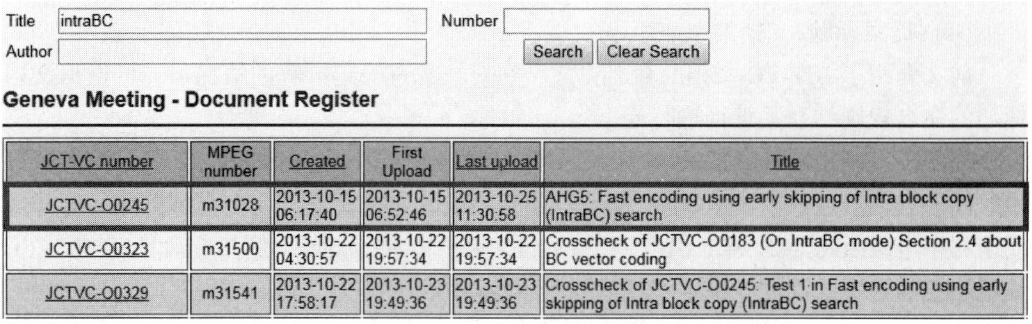

JCT-VC number	MPEG number	Created	First Upload	Last upload	Title
JCTVC-O0245	m31028	2013-10-15 06:17:40	2013-10-15 06:52:46	2013-10-25 11:30:58	AHG5: Fast encoding using early skipping of Intra block copy (IntraBC) search
JCTVC-O0323	m31500	2013-10-22 04:30:57	2013-10-22 19:57:34	2013-10-22 19:57:34	Crosscheck of JCTVC-O0183 (On IntraBC mode) Section 2.4 about BC vector coding
JCTVC-O0329	m31541	2013-10-22 17:58:17	2013-10-23 19:49:36	2013-10-23 19:49:36	Crosscheck of JCTVC-O0245: Test 1 in Fast encoding using early skipping of Intra block copy (IntraBC) search

图 2－6－81　JCT-VC 文档管理系统检索结果页面

小提示

JCT-VC 文档管理系统收录了 HEVC 相关提案，可以以“提案标题”（Title）为入口通过关键词来检索相关主题的提案。

2.6.3.6　MPEG

动态图像专家组（Moving Picture Experts Group，MPEG）是国际标准化组织（International Standardization Organization，ISO）与国际电工委员会（International Electrotechnical Commission，IEC）于 1988 年成立的专门针对运动图像和语音压缩制定国际标准的组织。

MPEG 网站访问入口：http://mpeg.chiariglione.org。

2.6.3.6.1　MPEG 简介

MPEG 专家组起初是专门负责为 CD 建立视频和音频标准，其成员都是视频、音频领域的技术专家，他们成功将声音和影像的记录脱离了传统的模拟方式，建立了 ISO/IEC11172 压缩编码标准，并制定出 MPEG 格式，对 VCD、DVD、数字电视盒、高清晰度电视等信息产业的发展产生了巨大而深远的影响。MPEG 标准主要包括 MPEG-1、MPEG-2、MPEG-4、MPEG-7 及 MPEG-21 等。

MPEG 网站按照标准、技术和会议收录 MPEG 工作组制定发布的标准、技术文档和会议文档。

2.6.3.6.2　MPEG 网站常用功能

MPEG 网站首页如图 2－6－82 所示。

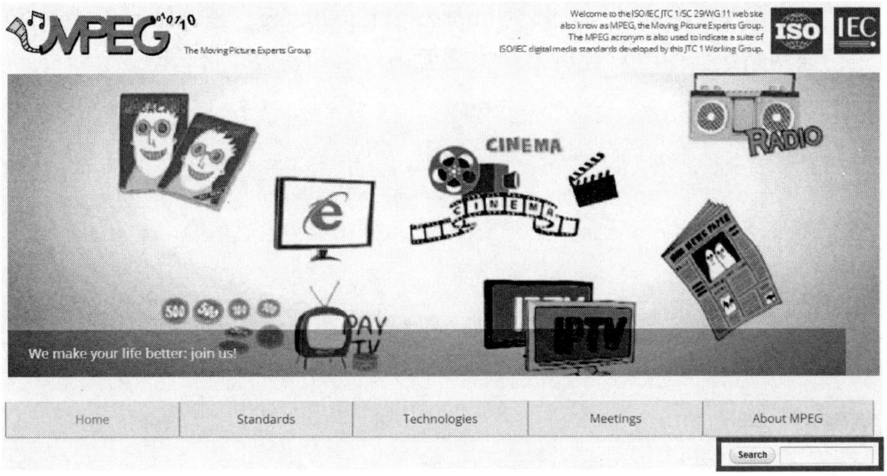

图2-6-82 MEPG网站首页

该网站提供简单检索和高级检索两种检索方式。简单检索是在图2-6-82所示网页中的输入框中输入关键词进行检索。点击网页中的“Search”后选择“Advanced search”便可进入高级检索界面，可通过“Containing any of the words”“Containing the phrase”以及“Containing none of the words”进行多种关键词策略检索，并可限定检索范围，如在“Amendment”“Article”“Meeting”等中进行检索。高级检索的页面如图2-6-83所示。

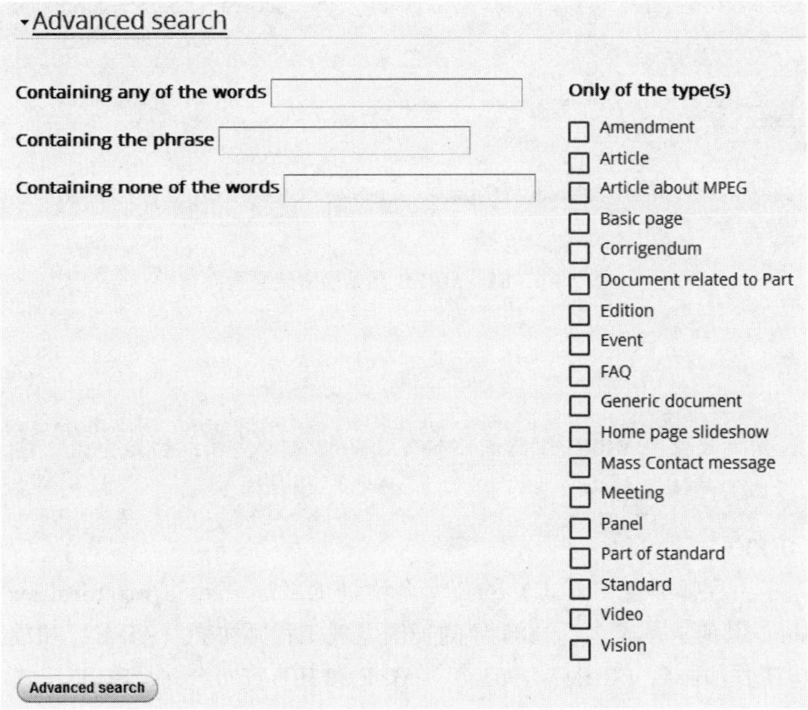

图2-6-83 MPEG网站高级检索页面

MPEG 文件管理系统的访问入口为 http://wg11. sc29. org。该网站收录了 MPEG 的文档。但是，该网站数据库仅对会员公开，需要用户名和密码才可访问。

2.6.3.6.3　检索示例

【案例 2-6-6】

检索主题

检索 MPEG 历次会议中与运动视差相关的会议。

检索策略

在高级检索“Advanced search”模式下，在“Containing the phrase”框中输入关键词“motion parallax”，右侧类型选项框中勾选“Meeting”前的方框，点击搜索后，可以发现 MPEG 126、MPEG 123、MPEG 121 这三次会议涉及运动视差（参见图 2-6-84）。点击会议名称就可以查看会议信息和文档。

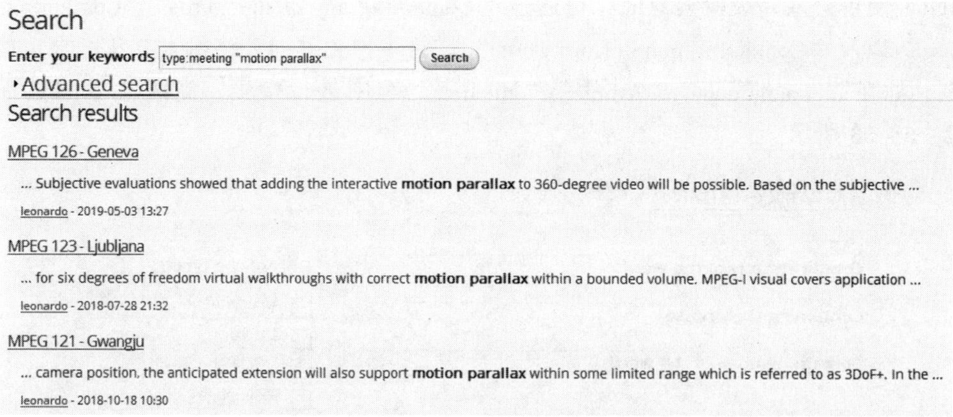

图 2-6-84　MPEG 网站检索结果页面

小提示

MPEG 网站收录了 MPEG 工作组制定发布的标准、技术文档和会议文档，可以利用高级检索设定检索主题和检索范围。

2.6.3.7　IEEE

电气电子工程师学会（IEEE）的英文全称是 The Institute of Electrical and Electronics Engineers，其前身是成立于 1884 年的美国电气工程师协会（AIEE）和成立于 1912 年的无线电工程师协会（IRE）。1963 年，AIEE 和 IRE 宣布合并，IEEE 正式成立。

IEEE 网站访问入口：http://www. ieee. org。

通信领域常用的资源是IEEE Xplore数字图书馆（期刊文献）、IEEE标准协会主页IEEE-SA（IEEE标准）以及IEEE 802委员会主页（IEEE 802系列标准）。

2.6.3.7.1　IEEE Xplore数字图书馆

访问入口1：http://ieeexplore.ieee.org。

访问入口2：在IEEE主页上点击左上角的"IEEE Xplore Digital Library"。

用户在未登录情况下也可以在IEEE Xplore中进行检索，但在登录后才能使用全部功能。

下面对IEEE Xplore中的检索功能进行介绍。

（1）基本检索

主检索框提供基本的关键词检索入口，同时可以限定检索范围，如图2-6-85所示，检索范围包括：书籍、会议、课程、期刊、标准、作者、引文。基本检索仅针对元数据（包括摘要、索引、标题、作者等信息）进行检索而不会检索全文。

图2-6-85　IEEE Xplore主检索框

对于检索时使用的关键词，IEEE Xplore默认进行词体变形检索，例如，输入cable，会对cables、cabling等变形都进行检索。如果想要进行精确检索，应该将其用双引号限定。

IEEE Xplore支持通配符的使用，如表2-6-21所示。

表2-6-21　IEEE Xplore中的通配符含义及示例

通配符	含义	示例
?	任意一个字符	输入cable?，则检索cables、cabled等
*	任意若干个字符	输入optic*，则检索optical、optics等

对于标点符号及特殊符号，IEEE Xplore忽略大多数标点符号及大多数特殊符号，但可以识别"&""+""/"。

另外，IEEE Xplore默认将输入的多个词用AND连接进行检索，即输入X Y，则针对X AND Y进行检索，如果想要检索词组X Y，应该将其用双引号限定，即输入"X Y"。

在图2-6-86所示的检索结果页面中，上方给出了检索结果所属的文献类别；中间部分对应检索结果的概览；左上角的输入框用于对检索结果进行进一步限定；左侧部分则提供对检索结果的各维度聚类，可以用于对检索结果进行筛选。

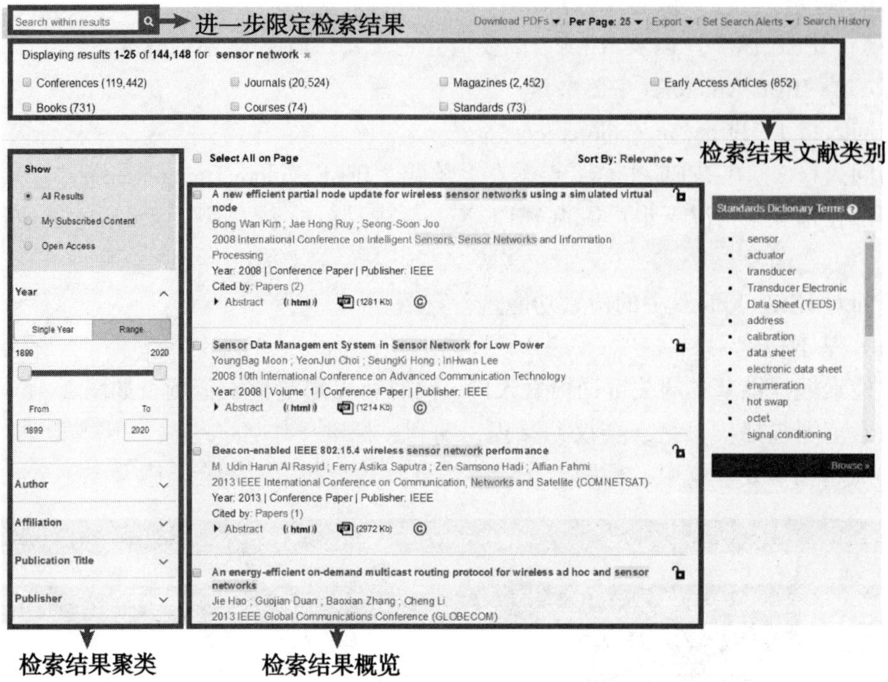

图 2-6-86　IEEE Xplore 检索结果页面

（2）高级检索

点击主检索框下方“Advanced Search”即可进入高级检索页面，包括关键词高级检索（Advanced Keyword/Phrases）、命令检索（Command Search）及引证检索（Citation Search）三部分。

1）关键词高级检索

关键词高级检索的检索范围包括：仅元数据或者全文及元数据。如图 2-6-87 所示，检索输入框中包括至多 11 条通过“AND/OR/NOT”来连接的输入行，可以在每条输入行中输入关键词，并选择该关键词对应的检索字段。高级检索提供了诸如仅元数据、文档标题、作者相关信息、出版相关信息、标准相关信息等在内的多项检索字段。此外，检索输入框的下方还提供了文献类型、出版商、出版年份等复选框以供进一步缩小检索范围。

2）命令检索

命令检索与关键词高级检索的区别在于将关键词高级检索的检索输入框中的多条输入行变为一整个输入框（参见图 2-6-88），通过在输入框中输入检索字段、关键词及检索运算符构建检索式来进行检索。其中，每个检索式最多支持 15 个关键词，检索字段必须用引号括起，检索字段与关键词高级检索中的检索字段相同，检索运算符必须采用大写。在命令检索页面同样可以限定检索范围为仅元数据或者全文及元数据。在输入框中构建检索式时，可以直接输入，也可以通过点击选择框“检索字段”及“检索运算符”中的选项来实现。

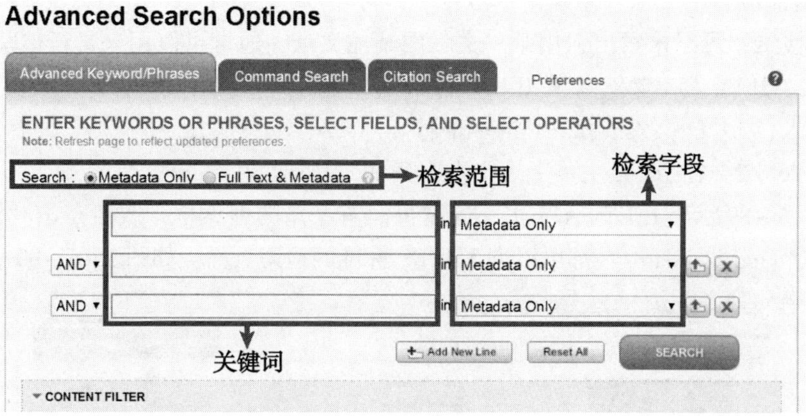

图 2-6-87　关键词高级检索

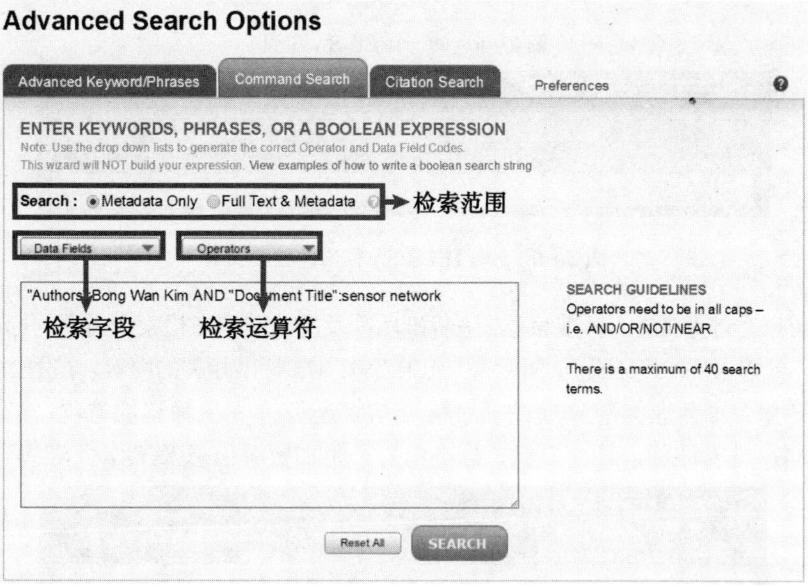

图 2-6-88　命令检索

除了可以使用布尔运算符“AND”“OR”“NOT”，IEEE Xplore 还提供了位置限定运算符“NEAR”“ONEAR”，其用法及含义如表 2-6-22 所示。

表 2-6-22　IEEE Xplore 中的位置限定运算符用法及示例

运算符	用法	含义
NEAR	X NEAR/n Y	查找 X 和 Y 之间不超过 n 个词的文献，X 可以在 Y 之前，也可以在 Y 之后
ONEAR	X ONEAR/n Y	查找 X 和 Y 之间不超过 n 个词的文献，X 只可以在 Y 之前

3）引证检索

引证检索，可以检索出引用某一文献的其他文献，通常可以用来进行追踪检索。

2.6.3.7.2　IEEE 标准协会主页 IEEE-SA

访问入口 1：http://standards. ieee. org。

访问入口 2：在 IEEE 主页上点击左上角的“IEEE Standards”。

图 2－6－89 示出 IEEE-SA 主页，通过页面右上角的搜索框，或者点击“Standards”栏目下的“Find Standards”都可以进入 IEEE 标准的检索页面，如图 2－6－90 所示。

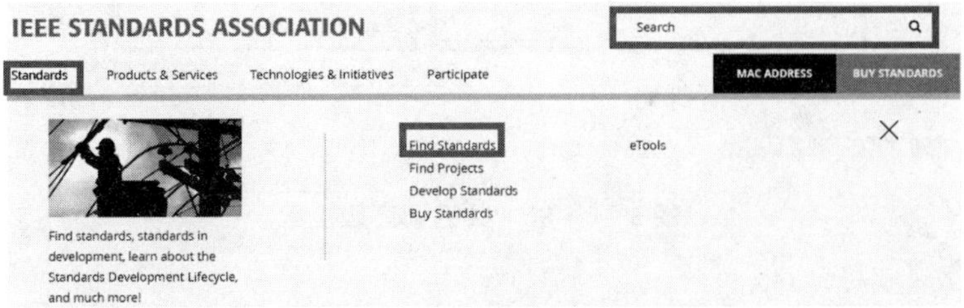

图 2－6－89　IEEE-SA 主页

图 2－6－90　IEEE-SA 标准的检索页面

用户可以通过直接输入标准编号或者标准所涉及的关键词来检索所需要的标准。例如，可以在输入框输入“802. 11g”从而检索与 IEEE 802. 11g 标准相关的内容。在图 2－6－91 所示的检索结果页面，左侧部分提供了对检索结果进行进一步筛选的选项。通过点击所需文献标题，进入详览，其中提供了标准信息、附加资源信息及工作组信息等内容。

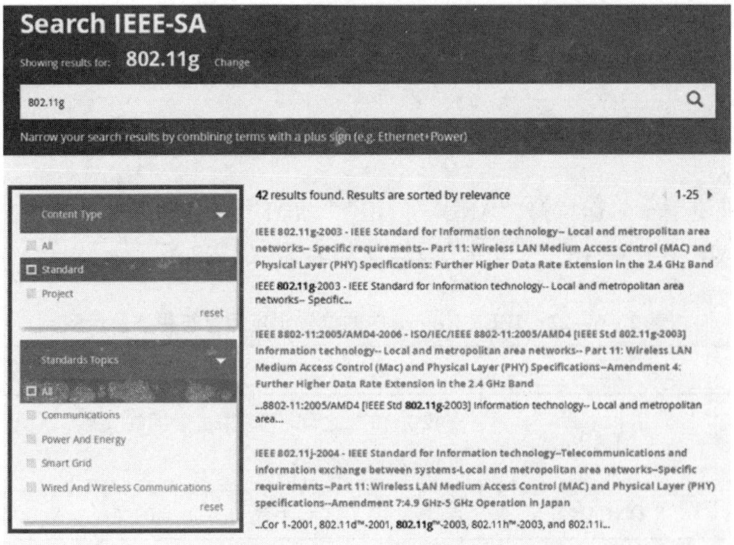

图 2－6－91　检索结果页面

此外，也可以通过 IEEE Xplore 来检索 IEEE 标准。仍以检索与 IEEE 802.11g 标准相关的内容为例，在检索输入框输入“802.11g”后，在获得的检索结果中选择“Standards”并点击“Apply”即可（参见图2－6－92）。

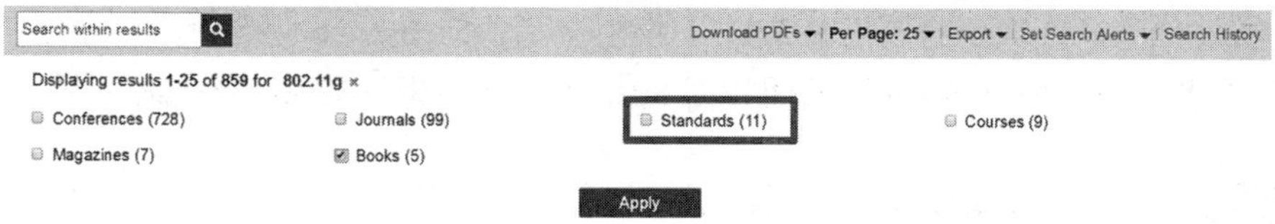

图2－6－92　在 IEEE Xplore 中检索 IEEE 标准

2.6.3.7.3　IEEE 802 委员会主页

访问入口：http://grouper.ieee.org/groups/802。

IEEE 802 委员会（又称 LMSC，局域网/城域网标准委员会）所制定的 IEEE 802 系列标准是通信领域目前广泛使用的 IEEE 标准之一，涉及局域网、城域网的技术标准。

IEEE 802 委员会主页（参见图2－6－93）给出了其下属各工作组信息以及与 IEEE 802 系列标准相关的信息。在已知所需 IEEE 802 标准编号的情况下，通过 IEEE 802 委员会主页的“Get 802 Standards”即可链接至 IEEE Xplore 的图2－6－94 所示界面，通过点击相应的标准编号来获取所需 IEEE 802 标准。同时，也可以通过 IEEE 802 委员会主页了解各工作组动态。

图2－6－93　IEEE 802 委员会主页

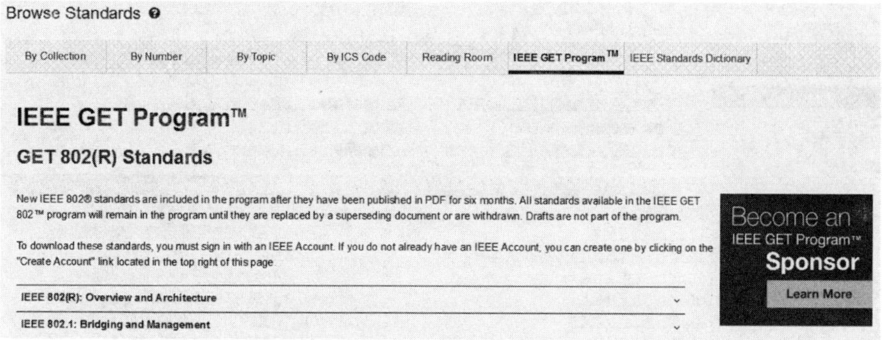

图2－6－94　在 IEEE Xplore 中获取 IEEE 802 标准

此外，通过输入网址 http://grouper. ieee. org/groups/802/X，可以进入 IEEE 802 委员会下属的第 X 工作组主页，也可以通过该主页来获取该工作组所制定的相应标准文档，并了解该工作组的最新动态。

例如，当 X = 11 时，将进入 802. 11 工作组主页，如图 2 – 6 – 95 所示。通过“Documents”或者“Document Server”都可以对 802. 11 标准的相关文档进行查询、下载。

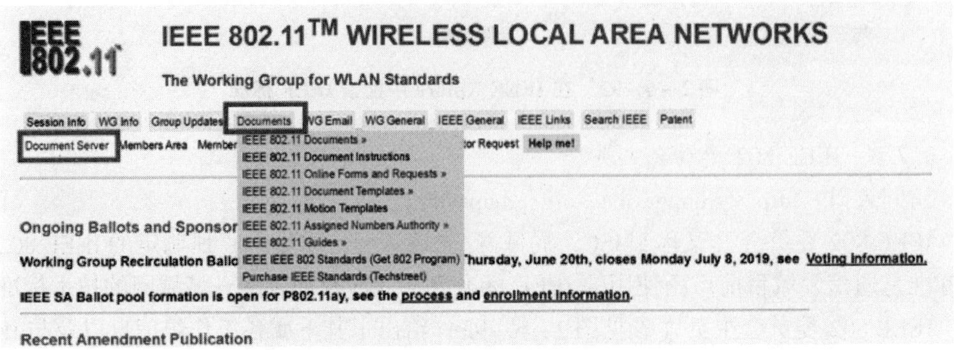

图 2 – 6 – 95　IEEE 802. 11 主页

2. 6. 3. 8　通标网

通标网是专业的通信标准服务网站，该网站汇集了国内所有通信标准及有影响力的国外通信标准以及与通信标准有关的国家政策法规。

通标网访问入口：http://www. ptsn. net. cn。

2. 6. 3. 8. 1　通标网简介

通标网主页如图 2 – 6 – 96 所示。

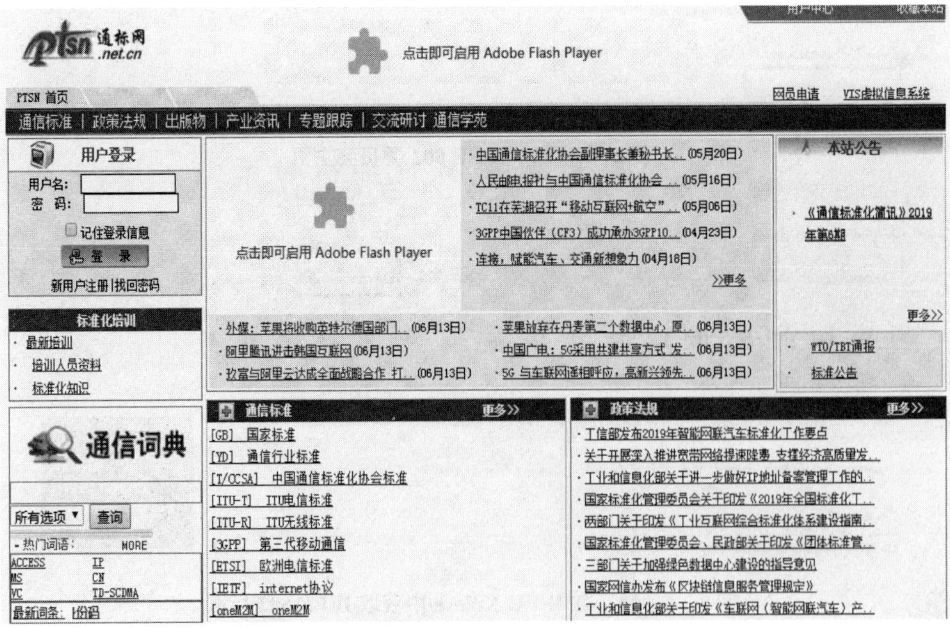

图 2 – 6 – 96　通标网主页

点击通标网首页的“通信标准”可以查看其收录的国内标准和国际标准（参见图2－6－97）。

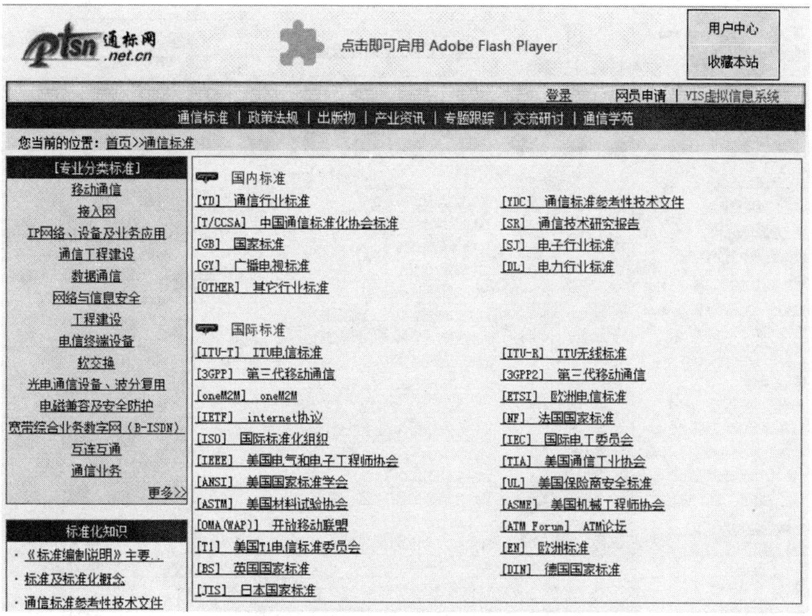

图2－6－97　通标网通信标准页

2.6.3.8.2　通标网常用功能

进入通标网首页，选择首页左上方的“通信标准”选项，进入标准资源列表页面，该页面列出了网站所含标准资源列表。例如需要浏览3GPP标准，可选择3GPP进入3GPP标准页面（参见图2－6－98）。在该页可以查看网站最新发布的20条标准，单击“更多标准”，可浏览网站收录的所有3GPP标准，还可以对标准进行检索。可以以标准号或关键词进行检索，关键词用空格隔开。此处的关键词检索是标准标题内容检索，并不涉及标准全文检索。

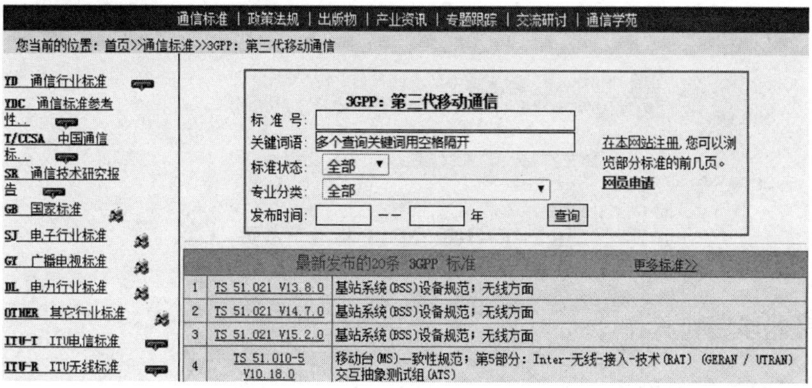

图2－6－98　3GPP标准检索页

例如在关键词语框中输入目前5G热门的技术车联网“V2X”，可获得多篇关于V2X的3GPP标准（参见图2-6-99）。

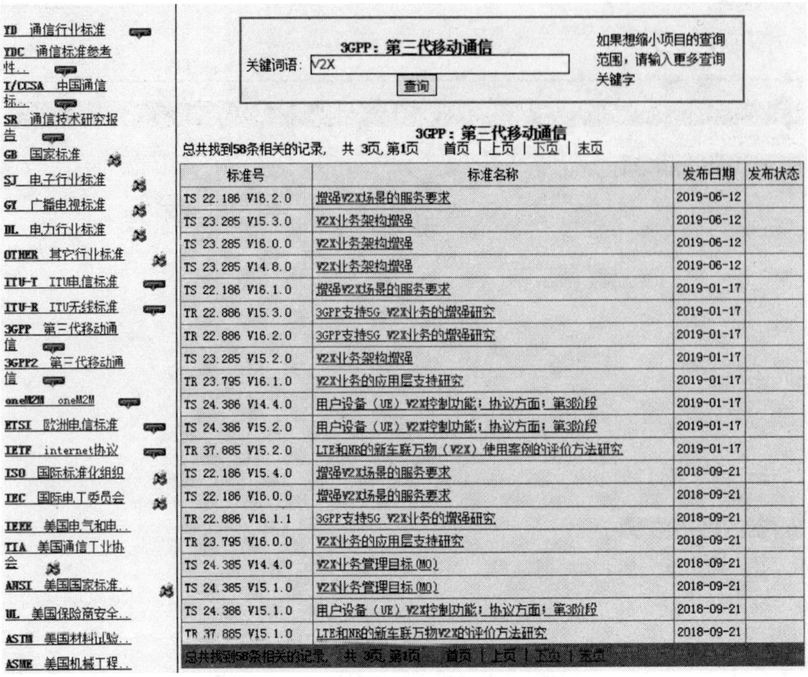

图2-6-99 3GPP标准检索结果

选择其中一个标准，如果网站有收录且具备相应级别会员条件则可以下载全文内容（参见图2-6-100）。

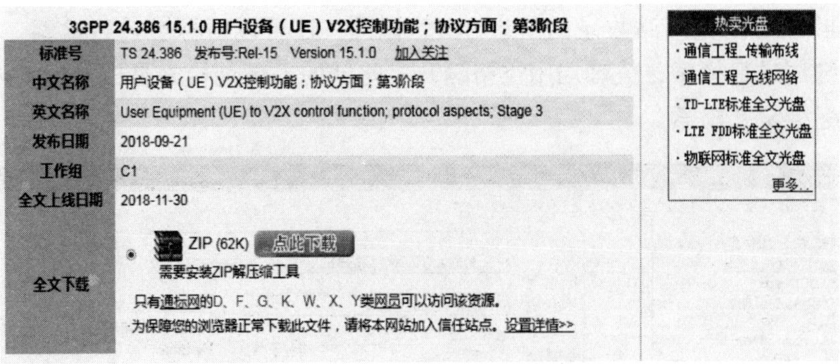

图2-6-100 3GPP标准下载页

2.6.4 其他非专利资源

2.6.4.1 百度、百度学术

百度搜索是全球最大的中文搜索引擎，百度学术搜索是百度旗下的提供海量中英文文献检索的学术资源检索平台。

百度访问入口：https://www.baidu.com。

百度学术访问入口：http://xueshu.baidu.com。

2.6.4.1.1 百度/百度学术简介

百度目前提供网页搜索、图片搜索等主要搜索方式，同时提供多项满足用户更加细分需求的搜索服务，如地图搜索、地区搜索、文档搜索等服务。

百度学术的收录范围如图2-6-101所示。

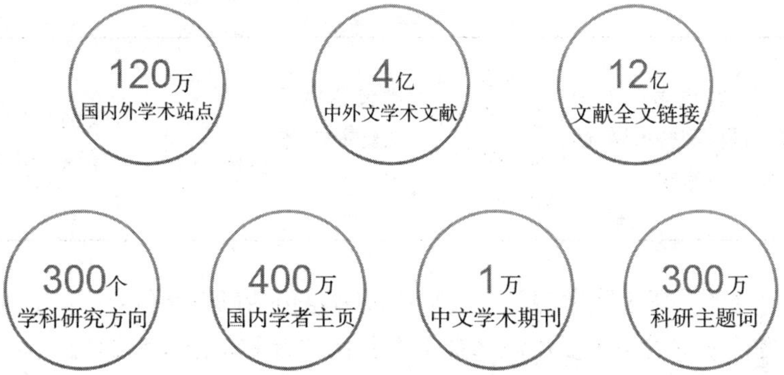

图2-6-101 百度学术数据收录范围

对于通信领域而言，如果需要了解一些技术术语的概念，通常采用百度搜索引擎较为方便；如果需要进行针对性的检索，那么百度学术噪声更小，命中相关文献准确率将更高。

2.6.4.1.2 百度/百度学术常用功能

对于学术型检索来说，采用高级检索较为便捷。这里主要介绍百度高级检索功能，点击百度首页右上角的设置，出现“高级搜索”标签，进入高级检索，页面如图2-6-102所示。

图2-6-102 百度高级检索页面

其中可检索字段如下：关键词、时间、文档格式、关键词位置和站内搜索。这些

命令实际都可以通过普通检索的命令行来实现。如表 2－6－23 所示，例如在“包含以下任意一个关键词”的检索框中输入“响铃 振铃”，等同于在百度普通的一框式检索框中输入“（响铃|振铃）”。

表 2－6－23　百度的高级检索与普通检索算符对应表

普通检索	来电环境	“来电”	(响铃|振铃)	-(来电)	filetype:pdf	title:或inurl:	site:(baidu.com)
高级检索	包含以下全部的关键词：来电环境	包含以下的完整关键词：来电	包含以下任意一个关键词：响铃振铃	不包括以下关键词：来电	文档格式：PDF 文件	仅网页的标题或 URL 中	站内搜索：baidu. com

百度学术也提供高级搜索功能，其高级搜索还包括以下字段：

（1）出现检索词的位置：可以选择文章任何位置和位于文章标题；

（2）作者：可以输入作者姓名；

（3）出版物：可以选择期刊或会议；

（4）发表时间：以年份为界，输入年份范围检索；

（5）语言检索范围：可以是中文或英文。

2.6.4.1.3　*检索示例*

百度检索示例：仍以本章第 2.6.2.1.3 节中的“来电提醒”案例为例介绍百度搜索引擎的检索方法，依据检索要素表，在高级检索的“包括以下全部的关键词”中输入“环境 来电提醒”，然而检索结果如图 2－6－103 中页面所示，噪声过大。

图 2－6－103　百度检索示例

在此种情况下可以考虑通过语义检索、相关性排序、算符限定（例如文件类型限定）等方式来降低噪声。如图2-6-104所示将结果限定在“PDF文件”中，也未获得相关文献。

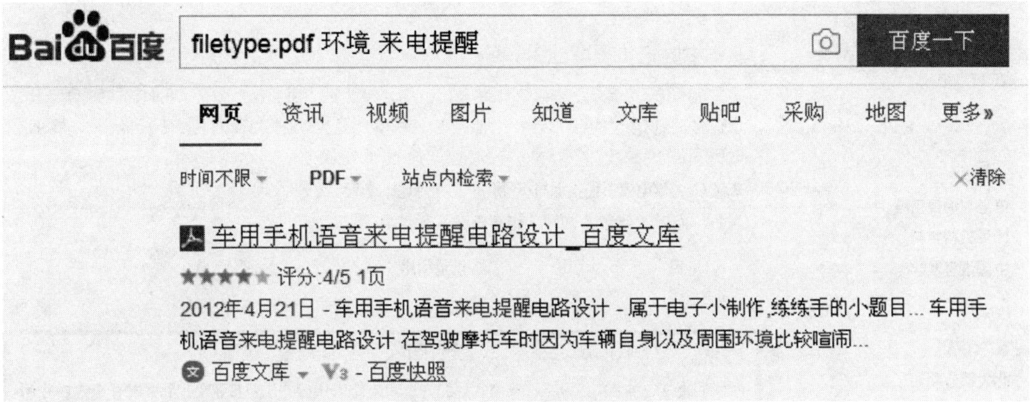

图2-6-104　限定PDF文件的百度检索示例

百度搜索本身能够识别搜索词的语义关系，在搜索框中输入“根据环境设置来电提醒方式”，搜索结果如图2-6-105所示。可以看出，搜索结果中将“方式”扩展到了“方法”，从而命中了相关的专利文献。

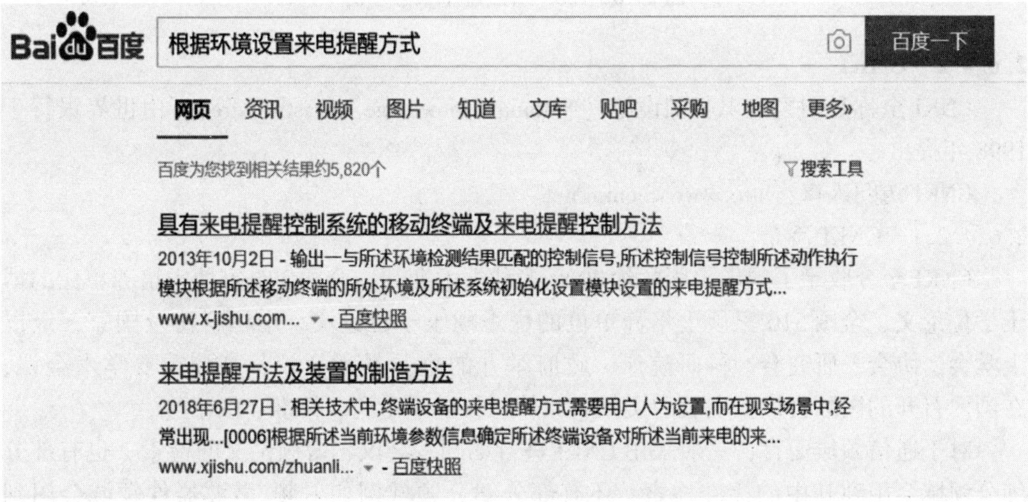

图2-6-105　百度语义检索示例

百度学术检索示例：在百度学术中检索结果将更准确，在“包含全部检索词”一栏中输入“环境 来电提醒”，右侧默认“按相关性”排序，结果如图2-6-106所示。其中得到了专利文献“一种手机以及手机来电提醒的方法和装置”，该专利文献即公开了相关内容。

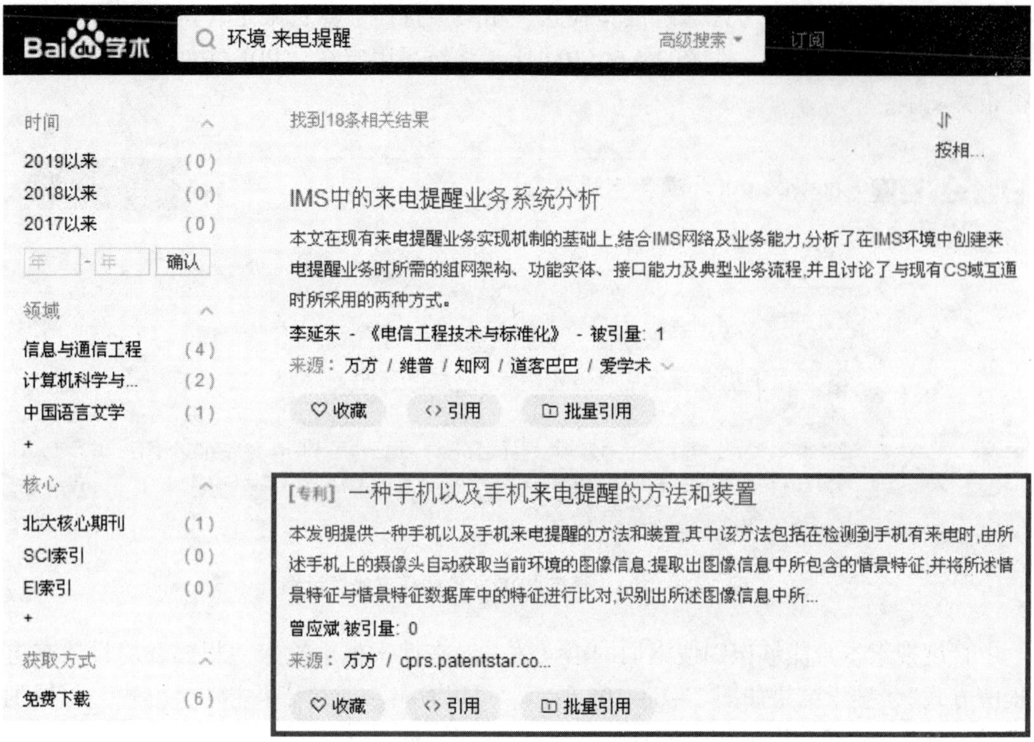

图 2－6－106　百度学术检索示例

2.6.4.2　CNKI

CNKI 全称是国家知识基础设施（National Knowledge Infrastructure），由世界银行于 1998 年提出。

CNKI 访问入口：http://www.cnki.net。

2.6.4.2.1　CNKI 简介

CNKI 至今收录了国内出版的约 7000 多种学术期刊、全国 370 家博士培养单位的博士学位论文、全国 510 家硕士培养单位的优秀硕士学位论文。中国科协及国家二级以上学会、协会、研究会、科研院所、政府举办的重要学术会议，高校重要学术会议，在国内召开的国际会议上发表的文献。此外还收录了专利、标准、图书等。

对于通信领域而言，一般采用 CNKI 进行期刊、会议、博硕论文的检索。也有部分细分领域会用到其中的标准检索，还有部分细分领域例如射频/微波器件领域会用到 CNKI 的图片检索，具体参见本书第 4 章第 4.4 节。

2.6.4.2.2　CNKI 常用功能

如图 2－6－107 所示，CNKI 首页包含文献检索、知识元检索、引文检索三大部分，右侧还提供了高级检索和出版物检索的快速入口。可以由 CNKI 主页右侧的“高级检索”进入高级检索页面。

图 2－6－107　CNKI 首页

高级检索页面如图 2－6－108 所示，其中，上方可以选择检索数据库，如“期刊”“硕博士”“会议”“报纸”“图书”等。一般如果没有针对性的目标数据库，直接选择“文献”即可，点击右侧“跨库选择”，将需要检索的数据库都勾选出来。

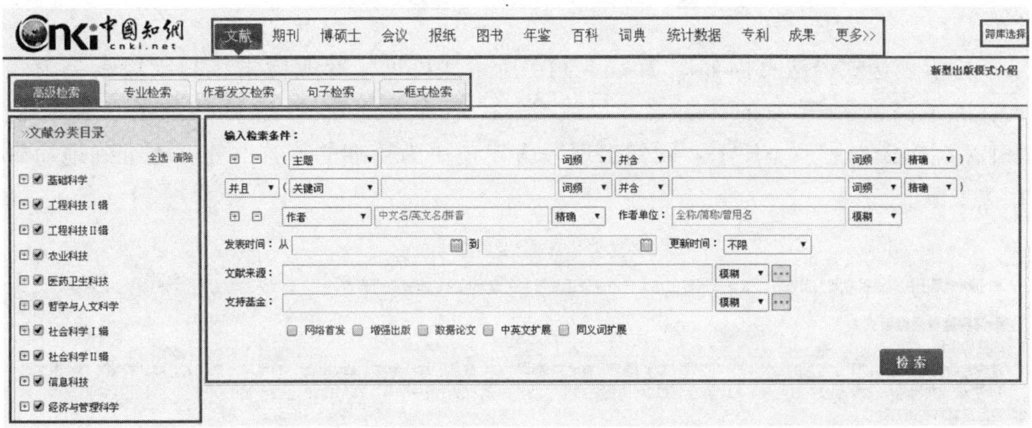

图 2－6－108　CNKI 高级检索页面

选择好数据库后，下方有高级检索、专业检索、作者发文检索、句子检索、一框式检索，其中高级检索、专业检索、句子检索较为常用，下面主要介绍这三种检索方式。

高级检索：左侧文献分类目录可以对文献领域进行初筛，中间的“输入检索条件”部分是检索式构建的核心区域。可以选择在“主题”“关键词”“篇名”“摘要”“全文”“被引文献”“中图分类号”中的任意一项中进行检索。此外，还可对作者、作者单位、发表时间、更新时间等进行限定。下方还提供“中英文扩展”“同义词扩展”的功能。

专业检索：点击“专业检索”进入相应的专业检索界面，如图 2－6－109 所示，除了文献分类目录外，还包括检索框部分和可检索字段说明部分。可检索字段部分提供的是一些常用的检索字段和算符规则，例如“SU＝主题，TI＝题名，KY＝关键词，AB＝摘要，FT＝全文，AU＝作者，RP＝通讯作者，FI＝第一责任人，AF＝机构”，如果需要查看详细的检索字段和算符规则可以点击主检索部分的“检索表达式语法”。

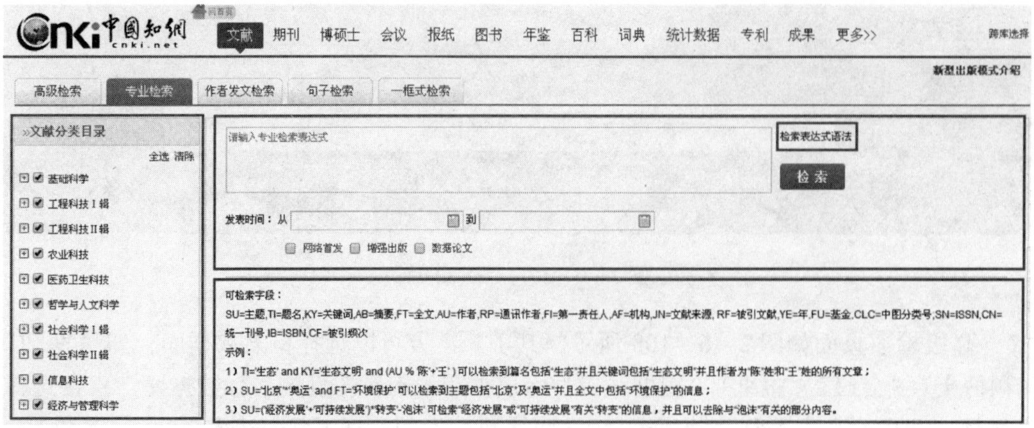

图2－6－109　CNKI专业检索界面

检索表达式语法页面如图2－6－110所示。可见，专业检索较高级检索更为强大，除了高级检索中的"并含""或含""不含"等布尔运算功能外，还提供"SEN：同段出现""NEAR：同句出现"等定位更为精准的算符，能够更准确地命中相关文献。

专业检索表达式语法

专业检索用于图书情报专业人员查新、信息分析等工作，使用逻辑运算符和关键词构造检索式进行检索。

如何构造专业检索式：

1. 选择检索项。
   跨库专业检索支持对以下检索项的检索：SU='主题',TI='题名',KY='关键词',AB='摘要',FT='全文',AU='作者',FI='第一责任人',AF='机构',JN='中文刊名'&'英文刊名', RF='引文',YE='年',FU='基金',CLC='中图分类号',SN='ISSN',CN='统一刊号',IB='ISBN' ,CF='被引频次'
2. 使用运算符构造表达式。
   可使用运算符说明如下：

运算符	检索功能	检索含义	举例	适用检索项
='str1'*'str2'	并且包含	包含str1和str2	TI='转基因'*'水稻'	所有检索项
='str1'+'str2'	或者包含	包含str1或者str2	TI='转基因'+'水稻'	
='str1'-'str2'	不包含	包含str1不包含str2	TI='转基因'-'水稻'	
='str'	精确	精确匹配词串str	AU='袁隆平'	作者、第一责任人、机构、中文刊名&英文刊名
='str /SUB N'	序位包含	第n位包含检索词str	AU='刘强 /SUB 1 '	
%'str'	包含	包含词str或str切分的词	TI%'转基因水稻'	全文、主题、题名、关键词、摘要、中图分类号
='str'	包含	包含检索词str	TI='转基因水稻'	
=' str1 /SEN N str2 '	同段，按次序出现，间隔小于N句		FT='转基因 /SEN 0水稻'	
=' str1 /NEAR N str2 '	同句，间隔小于N个词		AB='转基因 /NEAR 5 水稻'	主题、题名、关键词、摘要、中图分类号
=' str1 /PREV N str2 '	同句，按词序出现，间隔小于N个词		AB='转基因 /PREV 5 水稻'	
=' str1 /AFT N str2 '	同句，按词序出现，间隔大于N个词		AB='转基因 /AFT 5 水稻'	
=' str1 /PRG N str2 '	全文，词间隔小于N段		AB='转基因 /PRG 5 水稻'	
=' str $ N '	检索词出现N次		TI='转基因 $ 2'	
BETWEEN	年度阶段查询		YE BETWEEN ('2000','2013')	年、发表时间、学位年度、更新日期

3. 使用"AND"、"OR"、"NOT"等逻辑运算符，"()"符号将表达式按照检索目标组合起来。

图2－6－110　CNKI专业检索表达式语法

句子检索：在句子检索中，可以检索同一句话或者同一段话中包含某两个词汇的文献（参见图2－6－111）。

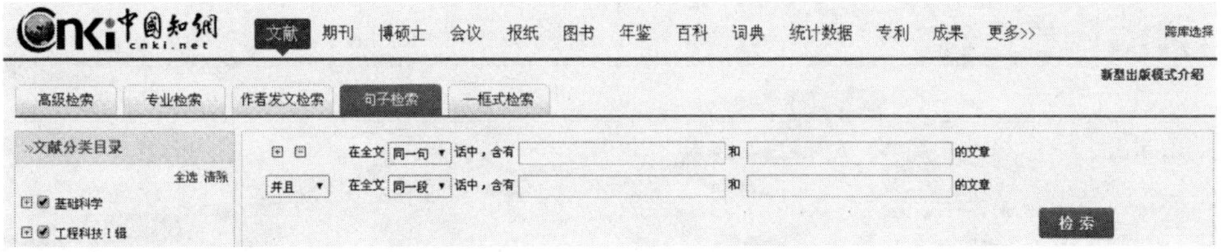

图 2－6－111　CNKI 句子检索界面

2.6.4.2.3　检索示例

（1）高级检索示例

以案例 2－6－1 为例，为了获得更精确的文献检索结果，在左侧的文献分类目录中选中“信息科学”，由于“响铃”“振动”“静音”等词汇会引入较大的噪声，因此仍旧采用“来电提醒”这一更为上位的词汇，并设置为在“主题”中检索，而不是在“全文”中检索，检索界面如图 2－6－112 所示，未获得相关文献。

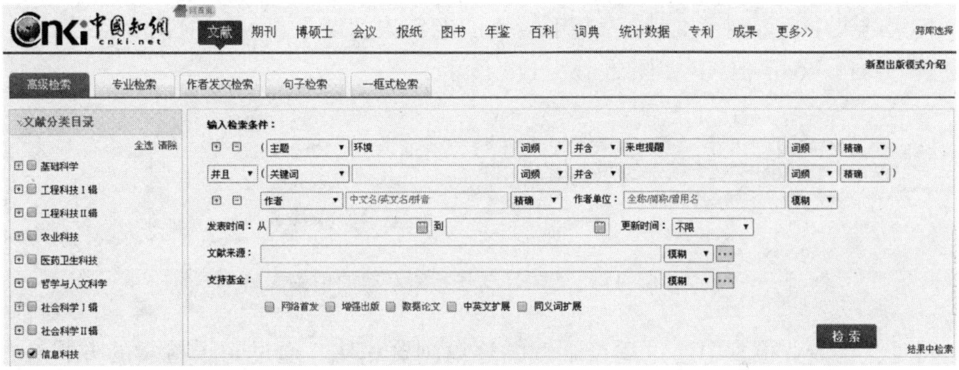

图 2－6－112　CNKI 高级检索示例

（2）专业检索示例

相较于高级检索，专业检索中可以构建更为完整的检索式，例如可以采用“＋”扩展更多近义词，一并检索“来电提醒”“情景模式”“情境模式”“响铃”“振铃”“静音”“无声”等扩展词汇，可以构建检索式：SU＝环境*(来电提醒＋情景模式＋情境模式＋响铃＋振铃＋静音＋无声)，然而得到的结果非常多，不便于浏览。另外，专业检索中可以通过采用“同句”“同段”等算符更为精确地定位相关检索要素，调整 KY、SU、AB、FT 等缩小或扩大检索范围，最终在检索式 FT＝(‘环境 / NEAR 10 来电提醒’)的检索结果中获得相关文献：“基于情境的老年人智能手机 CSP 应用交互设计研究，扈剑颖，2013－04－01”。

（3）句子检索示例

如图 2－6－113 所示构建检索式，限定在同一句中出现“环境”和“来电提醒”，则得到以下结果，检索结果中包含出现检索词汇的“句子”，并且其中高亮显示了具体的检索词。

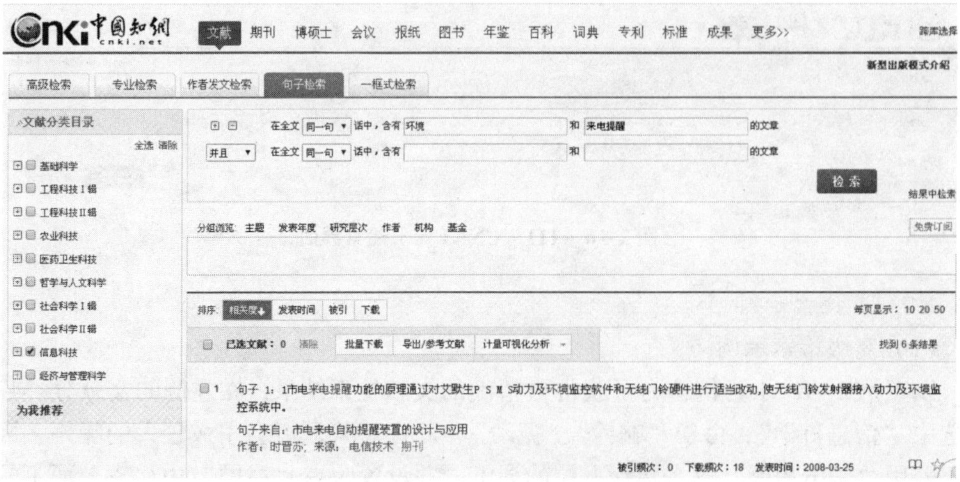

图 2-6-113　CNKI 句子检索示例

检索结果中也得到了文献："基于情境的老年人智能手机 CSP 应用交互设计研究，扈剑颖，2013-04-01"，如图 2-6-114 所示。

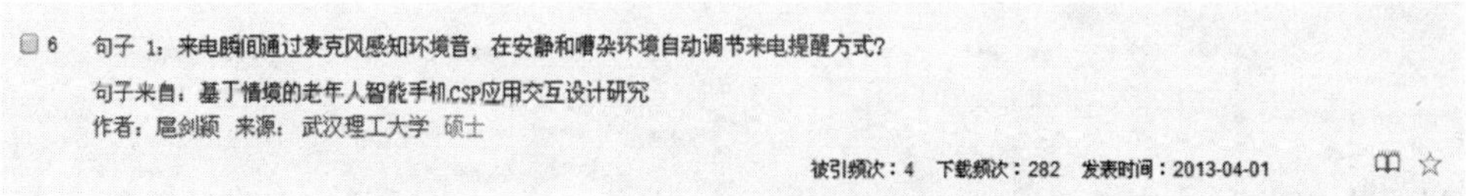

图 2-6-114　CNKI 句子检索获得的相关文献

可见，与专业检索中通过逐篇下载并逐篇浏览相比，通过句子检索的方式，合理地构建检索式，往往能够达到意想不到的效果。

此外，在高级检索、专业检索、句子检索这三种检索方式中都提供"在结果中检索"的标签，需要在第一次构建检索式并点击"检索"标签后，"在结果中检索"的标签才会出现；此时可以第二次构建检索式并点击"在结果中检索"，第二次检索是在第一次检索得到的文献范围内进行进一步筛选。

2.6.4.3　万方

万方全称是"万方数据知识服务平台"，由北京万方数据股份有限公司开发和提供。

万方访问入口：http://www.wanfangdata.com.cn。

2.6.4.3.1　*万方简介*

万方数据知识服务平台整合数亿条全球知识资源，集成期刊、学位、会议、科技报告、专利、标准、科技成果、法规、地方志、视频等十余种知识资源类型。该平台目前包含万方法律法规数据库、万方学术期刊数据库、万方中外标准数据库、万方专题数据库、万方科技成果数据库、万方学术会议数据库、万方学位论文、万方中外专利数据库等。

通信领域中，万方数据库通常被用于检索期刊、会议、学位论文等。通信领域常常需要走在技术的前沿，因此万方数据库中的科技报告、标准、科技成果也往往能够帮助本领域人员了解技术发展趋势。

2.6.4.3.2 万方常用功能

万方首页如图2－6－115所示。

图2－6－115 万方首页

首页上方可以选择对应的检索资源，例如期刊、学位论文、会议文献、专利等。

万方设有一框式检索、高级检索、专业检索、作者发文检索。其中作者发文检索主要针对知晓具体作者或作者单位的情况下检索作者发表的相关文献或申请过的专利。下面主要介绍其他三种常用检索方式。

（1）一框式检索

万方首页出现的检索框即为一框式检索的检索入口，在其中输入“手机”，如图2－6－116所示，可以通过“结果中检索”对检索结果的标题、作者、关键词、年份范围进行进一步限定。左侧可以选择资源类型、年份、学科分类、语种、来源数据库等以缩小检索结果范围。右侧提供“相关热词”，类似PSS系统中的“关联词查询”功能，可以帮助进行关键词扩展。

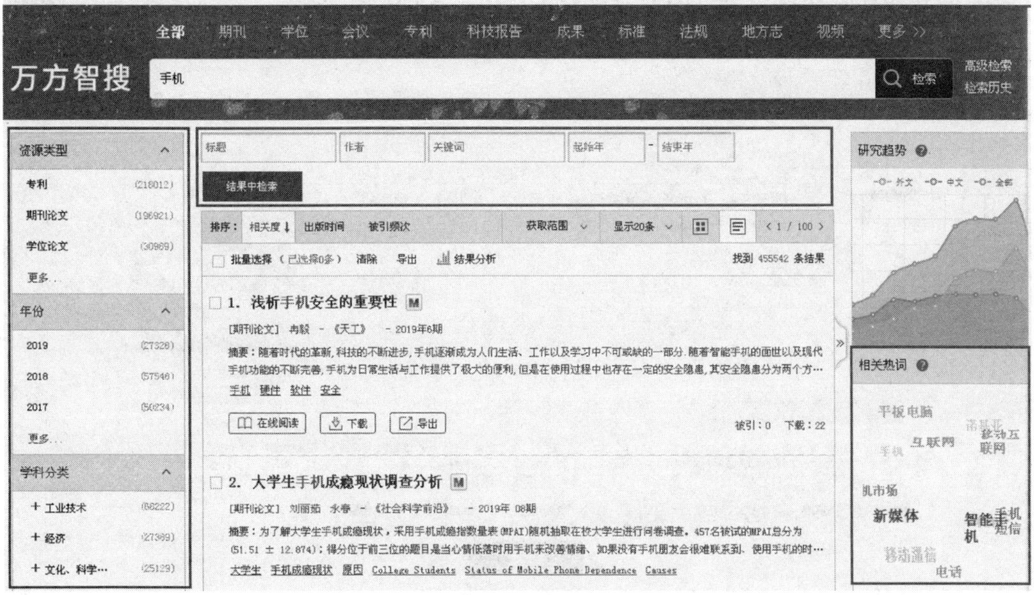

图2－6－116 万方一框式检索界面

（2）高级检索

可以通过首页右侧的“高级检索”标签进入高级检索界面（如图 2－6－117 所示）。高级检索中可以对文献类型、检索信息、发表时间、智能检索进行限定。文献类型默认选择期刊论文、学位论文、会议论文，检索信息中点击“主题”下拉单可以选择在“主题”“摘要”“关键词”“题名”等部分进行检索。与 CNKI 不同的是，万方的高级检索中无法选择全文进行检索。“主题”字段包含标题、关键词、摘要，右侧提供“模糊”或“精确”检索，可以对中英文和主题词进行扩展。

图 2－6－117　万方高级检索界面

（3）专业检索

在“高级检索”标签右侧有“专业检索”标签，点击“专业检索”标签，如图 2－6－118 所示，检索框中提供常用检索字段、运算符优先级、检索举例等。与 CNKI 的专业检索相比，万方的专业检索不提供“NEAR”“SEN”等同在算符，只提供简单的“AND”“OR”“NOT”运算符。

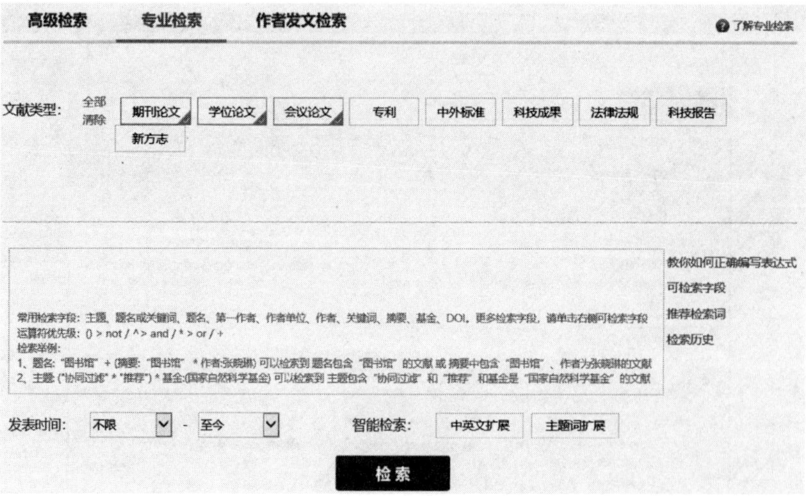

图 2－6－118　万方专业检索界面

2.6.4.3.3 检索示例

高级检索示例：仍以第2.6.2.1.3节中的“来电提醒”案例为例，文献类型默认选择期刊、学位、会议论文，由于在万方中“主题”字段限定的范围最宽，因此首先选择针对主题进行检索，针对主题检索“环境”和“来电提醒”，得到的检索页面如图2-6-119所示。为了缩小范围，可以对左侧的资源类型、年份、学科分类、语种、来源数据库等进行筛选。高级检索框下方设有“检索历史”栏，便于查看之前的检索历史，“检索历史”栏下方可以对文献按照相关度、发表时间、被引量进行排序，设置每页显示条数，右侧可设置对检索结果以详细信息或列表方式进行显示。每篇文献还设置有“导出”“收藏”“在线阅读”“下载”等标签。通过浏览检索结果并未获得相关文献。

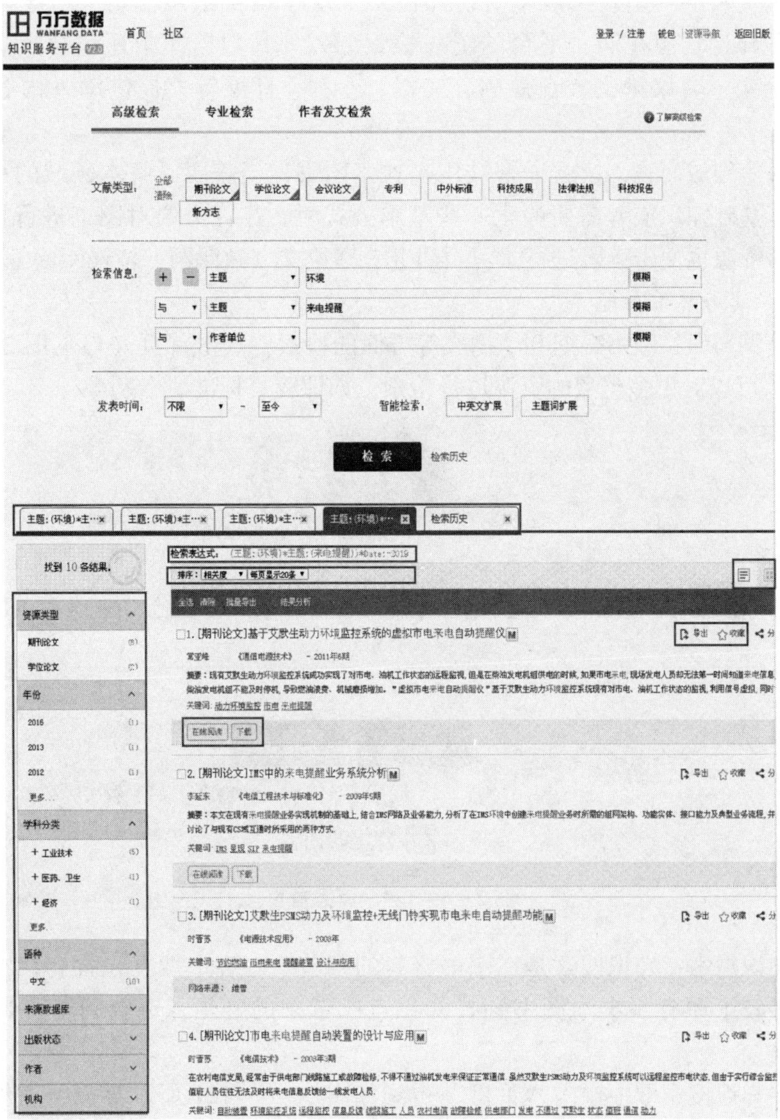

图2-6-119 万方高级检索示例

如果在文献类型中选中“专利”，则可获得公开号为CN103108078A、CN104869254A、CN106572242A、CN107682579A的相关文献。在专业检索界面构建检索式“主题:(环境*来电提醒)”，也能得到同样的结果。

2.6.4.4 读秀

读秀，其后台建构在由北京世纪超星有限责任公司数字化的430多万种中文图书、10亿页全文资料组成的数据库的基础上。

读秀访问入口：http://www.duxiu.com。

2.6.4.4.1 读秀简介

读秀是由全文数据及资料基本信息组成的大型数据库，提供查找、获取各种类型学术文献资料的一站式检索。一站式检索实现了馆藏纸质图书、电子图书、学术文章等各种异构资源在同一平台的统一检索。另外其数据库中还包含大量期刊、报纸、学位论文、会议论文、音视频、文档、专利、标准等，提供深入内容的章节和全文检索。

对于通信领域而言，读秀通常被用来检索图书，当需要了解本领域的一些基本原理、理论等基础知识或者需要检索一些基本公式时，往往需要对图书进行检索；同时读秀提供的资源也便于读者进行学习、研究、写论文、做课题、拓展阅读等。

2.6.4.4.2 读秀常用功能

读秀提供知识、图书、期刊、论文等方面的检索，点击首页（参见图2－6－120）的“更多”可以对更多类型的资源进行检索，如课程、标准、专利等。

图2－6－120　读秀首页

读秀知识检索：知识搜索是在图书资料的章节、内容中搜索包含有检索词内容的知识点，突破了原有一本本图书翻找知识点所带来的麻烦，更有利于资料的收集和查找。

例如在知识搜索框中输入“手机”得到如图2－6－121所示界面，右侧提供关键词扩展功能，与PSS、万方的关键词扩展相比，还提供了外文关键词扩展功能。

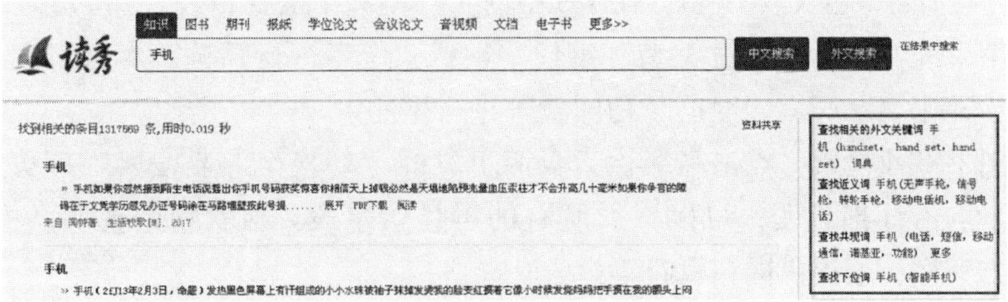

图 2-6-121　读秀知识检索示例

除了知识检索界面以外，读秀在图书、期刊、报纸、学位论文、会议论文、专利、标准等界面提供高级检索方式和专业检索方式。下面以图书检索为例，简要介绍读秀的高级检索和专业检索。

读秀图书高级检索：如图 2-6-122 所示，其中可以通过书名、作者、主题词、出版社、ISBN、分类、中图分类号、年代等对图书进行检索。如果按分类检索，则必须输入书名或作者。

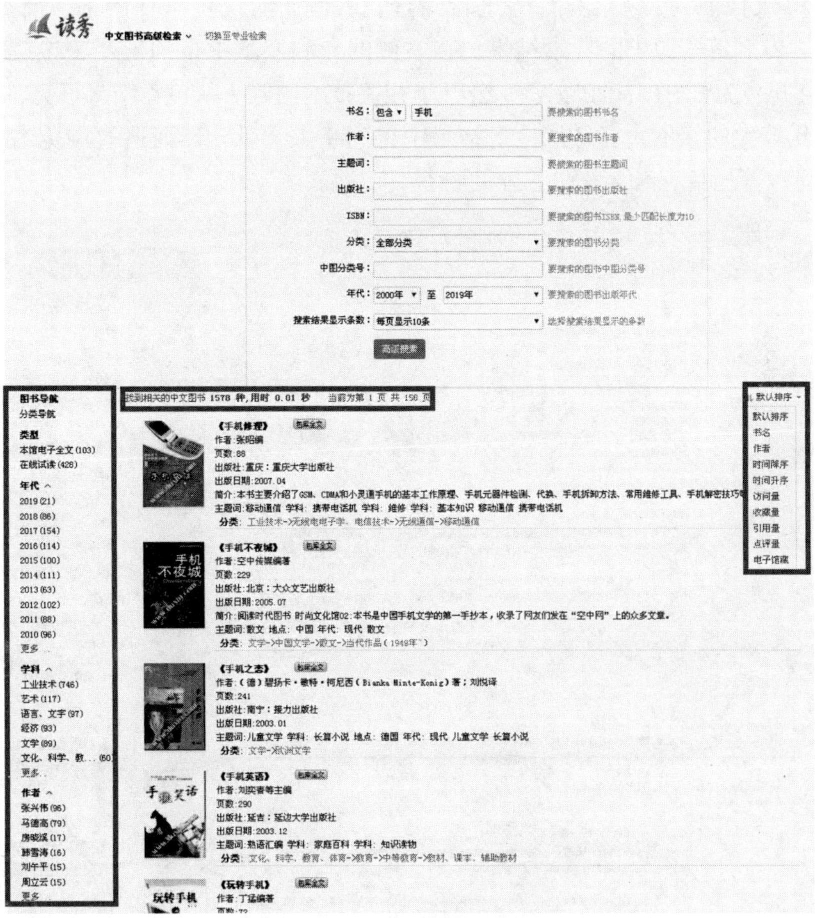

图 2-6-122　读秀高级检索示例

例如，在书名中输入“手机”，在年代中输入“2000 年至 2019 年”，得到图 2－6－122 所示检索结果。左侧可以通过类型、年代、学科、作者进行筛选。点击右侧“默认排序”可以按照书名、作者、时间、访问量等进行排序。

读秀图书专业检索：点击高级检索页面上方的“切换至专业搜索”即可进入专业搜索页面。点击详细说明，可以查看所有的可检索字段、检索规则说明、检索示例。其中与万方一样，不提供同在算符等检索功能。

例如，在专业检索界面输入检索式“(T＝手机)*(2000＜＝Y＜＝2019)”，检索 2000～2019 年书名中包含手机的图书，得到与高级检索同样的结果。其中，与高级检索不同的是，右侧多了“模糊匹配”“精确匹配”的选项，并且对应每本图书右侧都提供了“导出”“收藏”标签。

2.6.4.4.3 检索示例

以 2.6.2.1.3 节中的“来电提醒”案例为例，基于该案例的检索主题可知，该案例在图书库可能难以获得相关文献，故下面采用读秀知识检索的方式对该案例进行检索。

读秀知识检索示例：在检索框中输入“环境 来电提醒”，如图 2－6－123 所示，左侧可以对“年代”“专题聚类”等进行筛选，右侧同时提供了在图书、期刊、报纸、学位论文、专利等资源中的检索结果。在右侧的专利文献中得到了“来电提醒方法及装置”（公开号为 CN104902059A），公开了相关技术内容。从检索结果可见，知识检索噪声还是比较大的，不太容易从检索结果中得到相关文献，然而通过浏览右侧的“期刊”“专利”等栏目有时会获得意外的收获。

图 2－6－123 读秀知识检索及划词检索示例

值得一提的是，读秀提供“划词搜索”功能，图中划词“业务标识”，旁边会出现“读秀搜索”字样，点击“读秀搜索”得到的检索结果相当于在知识检索框中输入“业务标识”的检索结果。

2.6.4.5 ISI Web of Science

科学引文索引（Science Citation Index，SCI）是美国科学信息研究所（Institute for Scientific Information，ISI）创办的引文数据库，Web of Science 是 ISI 基于 Web 开发的产品，可以看作是 SCI 的 WEB 版本。

ISI Web of Science 网站访问入口：http://apps.webofknowledge.com。

2.6.4.5.1 ISI Web of Science 简介

Web of Science 是由多个为科学及学术研究提供支持的文献检索数据库组成的平台，将 Web of Science 核心合集（Web of Science Core Collection）与多个区域性引文索引、专利数据、专业领域的索引以及研究数据引文索引连接起来，总计拥有数万种学术期刊。

通信领域常用的数据库包括 Web of Science 核心合集、Current Contents Connect 以及 Derwent Innovations Index，其可检索内容如表 2-6-24 所示。

表 2-6-24 Web of Science 中通信领域的常用数据库

数据库	可检索内容
Web of Science 核心集合（1985 年至今）	检索科学、社会科学、艺术和人文科学领域的世界一流学术性期刊、书籍和会议录，并浏览完整的引文网络。 • 所有出版物的被引参考文献均完全索引且可检索 • 检索所有作者和作者附属机构 • 使用引文跟踪对引用活动进行跟踪 • 借助引文报告功能以图形方式了解引用活动和趋势 • 使用分析检索结果确定研究趋向和出版物模式
Current Contents Connect（1998 年至今）	包含世界一流学术性期刊的完整目录和题录信息。 • 使用目录跟踪可在相关期刊发布新一期时收到通知
Derwent Innovations Index（1963 年至今）	将 Derwent World Patent Index（DWPI）中超过 50 个专利发布机构索引的高附加值专利信息与 Derwent Patents Citation Index（DPCI）中索引的专利引用信息进行组配。 • 检索清晰编写的专利标题和摘要，其中突出了每项发明的新颖性、用途、优点和声明 • 使用国际专利分类代码或唯一的 Derwent 分类代码进行精确检索 • 将来自多个专利发布机构的专利组配为单个专利家族，以便轻松而全面地揭示每项发明 • 通过浏览专利引用信息监控发明带来的影响力

2.6.4.5.2　ISI Web of Science 常用功能

用户需要进行登录来使用 Web of Science 的相关功能。使用 Web of Science 进行检索时首先需要选择数据库，当用户同时订阅多个数据库时可以直接选择“所有数据库”来进行跨库检索，从而获得最为全面的检索结果，因此通常推荐针对所有数据库进行检索。如图 2-6-124 所示，根据所选择的数据库的不同性质，Web of Science 提供了不同的检索选项。例如，针对所有数据库进行检索时，提供“基本检索”“被引参考文献检索”“高级检索”。

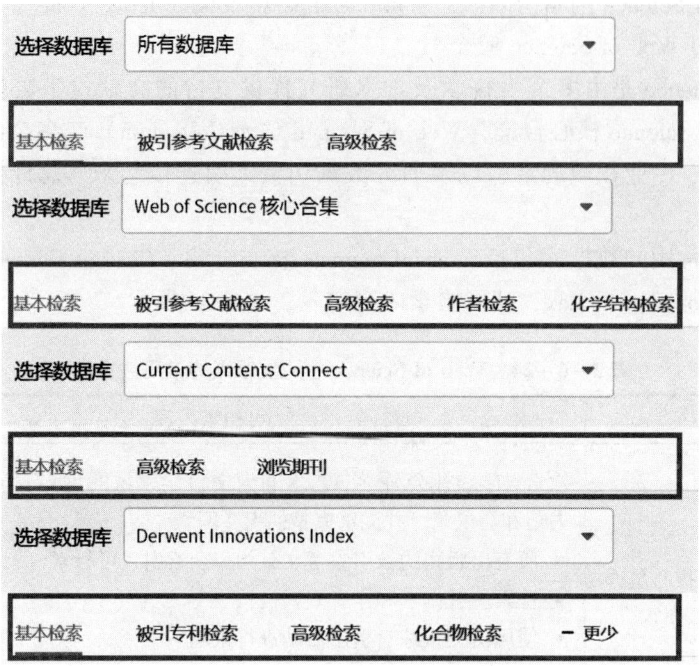

图 2-6-124　针对不同数据库的不同检索选项

下面以选择“所有数据库”为例介绍如何进行检索。

（1）基本检索

基本检索是通过在检索字段中输入关键词来进行的，可以同时检索多个检索字段（参见图 2-6-125）。基本检索所提供的检索字段包括主题、标题、作者、作者标识符、团体作者、编者、出版物名称、DOI、出版年、地址。

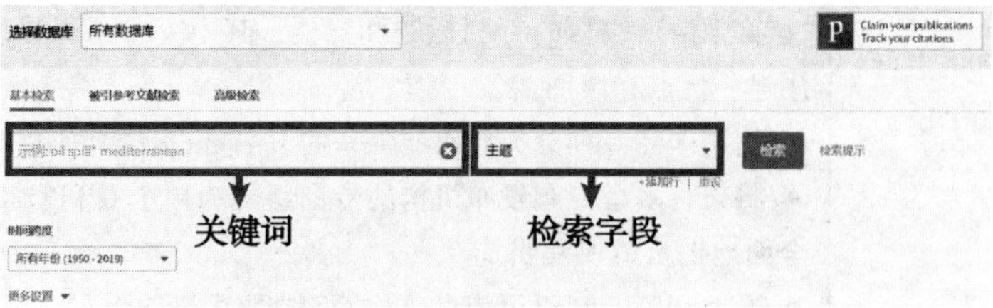

图 2-6-125　基本检索

Web of Science 同样支持通配符的使用，如表 2－6－25 所示。

表 2－6－25　Web of Science 中的通配符含义及示例

通配符	含义	示例
?	任意一个字符	输入 cable?，则检索 cables、cabled 等
*	任意若干个字符	输入 optic* ，则检索 optical、optics 等
$	零或一个字符	输入 colo $r，则检索 color、colour 等

Web of Science 也提供了多种检索运算符，用于组合关键词，除了常见的布尔运算符“AND”“OR”“NOT”以外，还包括位置限定运算符“NEAR”和“SAME”，其含义如表 2－6－26 所示。检索运算符不区分大小写，在单个检索式中最多支持 49 个运算符。

表 2－6－26　Web of Science 中的位置限定运算符用法及示例

运算符	用法	示例
NEAR	X NEAR Y	查找 X 和 Y 之间不超过 15 个词的文献
	X NEAR/n Y	查找 X 和 Y 之间不超过 n 个词的文献
SAME	X SAME Y	检索“地址”字段时，查找 X 和 Y 出现在同一地址中的文献

在图 2－6－126 所示的检索结果页面中，左上角显示了本次检索的检索结果数量；可以通过在左侧的输入框输入关键词来对检索结果进行进一步限定；输入框下方提供对检索结果的各维度聚类，可以用于对检索结果进行筛选；中间部分对应检索结果的概览。此外，Web of Science 还提供了“标记结果列表”以供用户对所选择的文献进行进一步的统计分析，并创建引文报告。

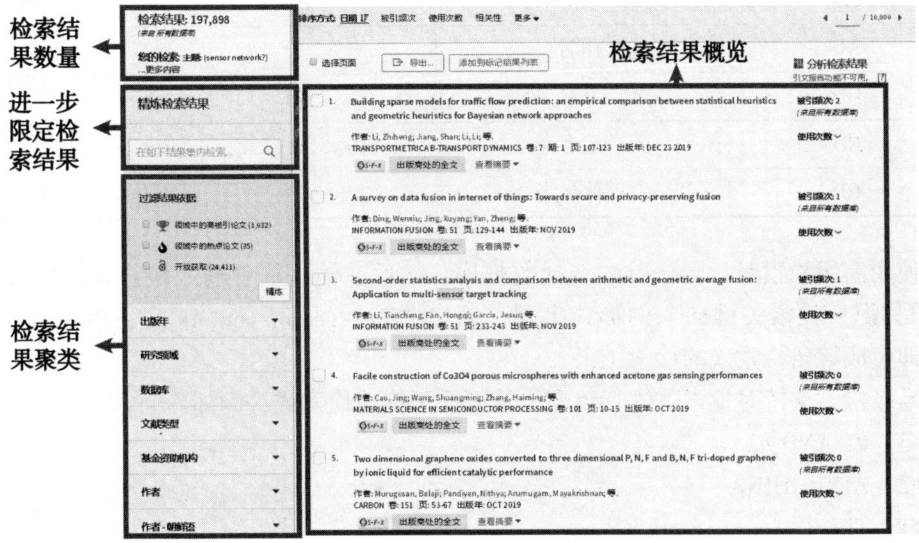

图 2－6－126　检索结果页面

（2）被引参考文献检索

被引参考文献检索用于查找引用个人著作的文献，通常可以用来进行追踪检索（参见图2－6－127）。

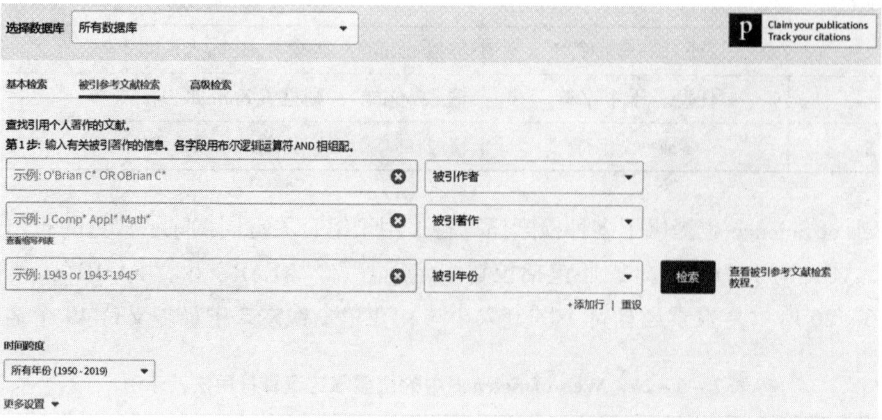

图2－6－127　被引参考文献检索页面

（3）高级检索

高级检索通过创建检索式来进行检索，支持使用字段标识和/或检索式组配，同样支持通配符和检索运算符的使用。

高级检索支持使用的字段标识如表2－6－27所示。

表2－6－27　高级检索支持的字段标识

字段标识	检索字段	字段标识	检索字段
AD	地址	IS	ISSN/ISBN
AI	作者标识符	PY	出版年
AU	作者	SO	出版物名称
DO	DOI	SU	研究方向
ED	编者	TI	标题
GP	团体作者	TS	主题

使用高级检索时，同样首先选择数据库，然后在输入框中输入检索式，检索式以“字段标识＝检索关键词”的形式出现，例如“TS＝sensor network?”，点击“检索”之后即生成该条检索式的检索结果。

高级检索支持对检索式进行组配，从而便于构建检索式，例如：

#3　#1 AND #2

#2　AD＝CHINA

#1　TI＝“sensor network”

则检索式#3将会查找标题出现“sensor network”，并且地址出现“CHINA”的文献。

检索式的组配可以在输入框中直接输入，也可以通过勾选检索历史中的相应检索式，并选择“组配检索式”栏中的“AND”或“NOT”后，点击“组配”来实现。

小提示

Web of Science 检索的是引文数据库，用户可以根据需求选择合适的数据库，构建合适的检索式，可以对某一技术领域的文献从各个维度进行分析，获知领域现状。

Web of Science 提供了详细的帮助文档，其中包含大量示例，通过阅读帮助文档，能够迅速掌握 Web of Science 的使用技巧。

2.7 通信领域检索策略的动态调整

在实际检索过程中，根据检索结果与检索主题的契合程度，通常都会进行检索策略调整，例如，对目标数据库进行调整，重新确定检索要素，对检索要素的表达进行调整，或者进行综合调整。以下以具体案例来说明检索策略的动态调整方式。

2.7.1 数据库的调整

通信领域常用的检索数据库有很多，就专利数据库而言，可分为摘要库和全文库、中文库和外文库；就非专利数据库而言，各个数据库的文献类型、覆盖范围都不同，各有各的特点，因此，在检索过程中，选取合适的数据库进行检索，并适时地调整使用的数据库是非常必要的。

2.7.1.1 数据库选取的一般原则

目标数据库是目标文献可能存在的地方，根据检索类型、检索主题的不同，选择的目标数据库也不尽相同。

从检索类型出发，对于技术主题检索、查新检索，需要至包括专利数据库和非专利数据库的全部信息源中进行检索；对于防侵权检索，则需重点至专利数据库中进行检索。

如图 2－7－1 所示，从检索主题所涉及的技术特点出发，通信领域的技术内容常常涉及标准及协议，对于检索主题明确提及某一标准或协议的，优先至相应的标准或协议数据库获取该标准或协议，并关注是否有该标准或协议的更新版本；对于检索主题提及标准或协议但不能明确具体是哪一标准或协议的，优先至期刊数据库或者搜索引擎中利用检索主题所涉及的技术内容的关键词来获取检索主题所对应的具体的标准或协议，再至相应的标准或协议数据库进行针对性检索；对于检索主题涉及技术原理、理论、算法的，优先至期刊数据库进行检索；对于检索主题涉及新兴技术的，由于期刊数据库更新较快，优先至期刊数据库进行检索以便了解技术发展现状后有针对性地至专利数据库进行检索；对于其他常规的、不涉及上述技术内容的检索主题，优先至专利数据库进行检索。

进一步地，可以根据检索要素可能出现在目标文献中的位置选择检索字段。例如，对于检索主题涉及某些技术细节的，优先至专利数据库检索“说明书”字段。

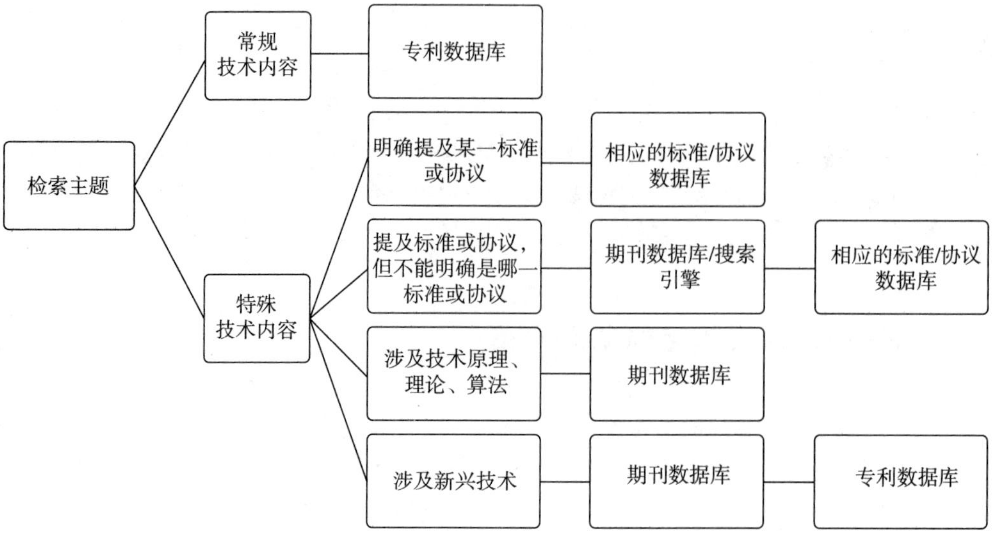

图 2－7－1　考虑检索主题技术特点的数据库选取的一般原则

2.7.1.2　数据库的调整

在实际检索过程中，如果在当前数据库未能获得合适的目标文献，则需要对数据库进行调整并继续进行检索。或者，如果检索时发现了新的技术内容提示需要去另一数据库检索，也应当调整数据库并继续进行检索。

2.7.1.3　检索示例

【案例 2－7－1】

技术背景

SDH（同步数字系列）通信网中采用 SDH 系统时钟实现同步。ITU-T G.783 给出 SDH 系统时钟的基本结构，ITU-T 有关技术规范指出 SDH 系统时钟源选择应当根据定时信号的状态参数进行多级选择，最后选择一个定时信号作为系统时钟源，仅指明了 SDH 系统时钟选择必须或推荐达到的各种标准，但并没有提供相应的技术方案。

检索主题

一种 SDH 系统时钟源自动选择器，包括：

存储器，接收外部的各种控制命令以及各路定时信号的状态参数，向外部输出各种反馈信息，存储所述的各种控制命令、各路定时信号的状态参数以及各种反馈信息；

延时模块，根据来自存储器的延时控制命令，对来自 STM-N 线路/支路、PDH 支路，以及外接定时信号线路的多路定时信号分别进行延时控制，向外输出多路延时后的定时信号，并向存储器输出延时反馈信息；

选择控制中心，根据来自存储器的各种选择控制命令以及各路定时信号的状态参数，输出选定命令，并向存储器输出各种选择反馈信息；

未被连接信号发生器，输出未被连接信号；以及

选定器，接收来自延时模块的定时信号，以及来自未被连接信号发生器的未被连接信号，根据选择控制中心的选定命令，向外输出一路选定的信号作为系统时钟源。

该 SDH 系统时钟源自动选择器示意图如图 2－7－2 所示。

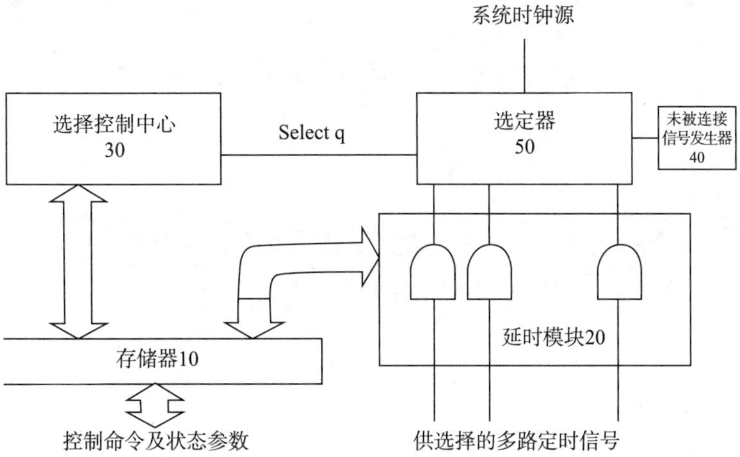

图 2－7－2　SDH 系统时钟源自动选择器示意图

检索策略

从案例所交代的技术背景来看，其与 ITU-T 的有关技术规范密切相关，但并未明确说明相关技术规范的编号等信息，因而首先在非专利数据库进行检索，尤其重点关注相关的技术规范。

首先通过 CNKI 数据库，使用“SDH”和“时钟”作为关键词进行检索，可以得到多篇文献。阅读后发现这些文献中部分涉及相关的技术规范，其中就包括 ITU 的技术规范。此外，SSM、PRC、SSUT、SSUL、SEC 是 SDH 时钟选择领域的常用术语。在这些文献中，《SDH 网同步状态信息（SSM）技术规范》简要介绍了 SDH 网同步状态信息的技术规范，通过阅读发现该规范与 SDH 系统时钟密切相关，该规范的编号为：YDN1 121-1999。然后通过通标网的标准入口，输入上述规范的编号，可以获取该规范。仔细阅读后，可知该规范中涉及一种时钟选择进程，并给出了选择进程的具体结构，案例所涉及的技术内容在该规范中也均有涉及。图 2－7－3 是 YDN1 121-1999 选择进程结构示意图。

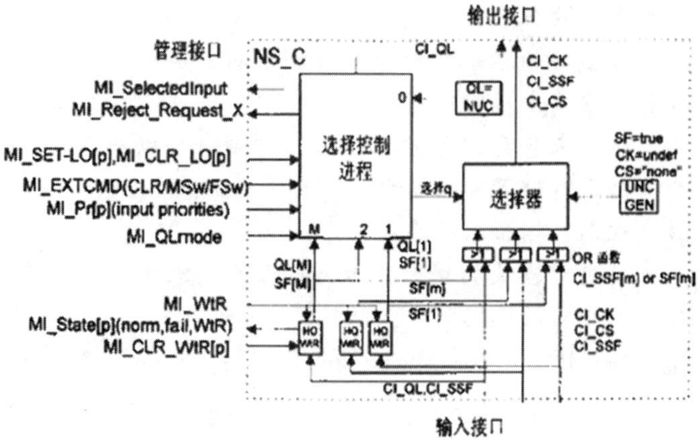

图 2-7-3　YDN1 121-1999 选择进程结构示意图

小提示

基于检索主题所涉及的技术特点选取合适的数据库进行检索，并结合检索结果适时调整检索数据库，有助于提高检索效率。

【案例 2-7-2】

技术背景

在传统的通信系统中，越来越多的通信设备，如个人计算机、笔记本、手机和电视机等都具备了互联互通的能力。对于相同操作系统的设备来说，可以通过有线或无线的方式进行互联，实现资源共享和协同服务，但是对于不同的操作系统来说，由于不同操作系统的接口定义、通信语言等等不同，使得通信设备不能实现跨平台、跨系统的访问和协同，例如 Android 系统和 iOS 系统之间还不能实现资源共享和协同服务。

检索主题

一种设备间协同工作的方法，包括：

在同一局域网内，第一设备接收第二设备通过路由器发送的服务请求消息，所述服务请求消息用于所述第二设备请求与所述第一设备进行同步操作的资源信息；

所述第一设备对所述服务请求消息进行解析，以根据解析结果确定所述第一设备和所述第二设备的操作系统是否相同；

若不同，则所述第一设备将信息设备资源共享协同服务 IGRS 标准协议格式转换为通用即插即用 UPnP 协议格式，并根据所述 UPnP 协议格式通过所述路由器向所述第二设备发送服务响应消息和所述资源信息，使所述第二设备根据所述资源信息与所述第一设备协同工作。

检索策略

上述检索主题为了解决信息设备之间不能实现跨平台、跨操作系统进行资源共享和协同服务的问题，提出通过协议转换实现 UPnP 和 IGRS 之间信息互通，从而实现不同平台/不同操作系统之间的协同工作。其关键在于设置具备双协议栈的 IGRS 设备通过协议转换与 UPnP 设备互操作。

基于本章第 2.7.1.1 节所介绍的数据库选取的一般原则，首先选取专利数据库进行检索。针对中文专利文献使用 IGRS 和 UPnP 作为关键词进行试探性检索，同时涉及 IGRS 和 UPnP 的专利文献较少，且大多不涉及双协议栈 IGRS 设备转换的方案。针对英文专利文献的检索结果同样如此。

此时想到，由于通信领域技术发展快的特点，可能不仅仅会将新技术布局在专利文献上，很有可能也会以论文或其他形式进行布局，因而在专利数据库中的检索结果不理想时，转而去非专利数据库检索。在 CNKI 数据库中以 IGRS 和 UPnP 作为关键词进行检索，命中一篇文献《IGRS 和 UPnP 协议转换引擎的设计方法》（参见图 2-7-4）。其公开了不同操作系统的 IGRS 与 UPnP 设备之间协议转换互操作，并且在其背景技术部分还引用了另一篇文献"Design and Implementaton of Interoperable Module between UPnP and IGRS"。该文献公开了将转换模块安装在 IGRS 设备上（即双协议栈设备）与 UPnP 进行通信。上述两篇文献与检索主题较为相关。

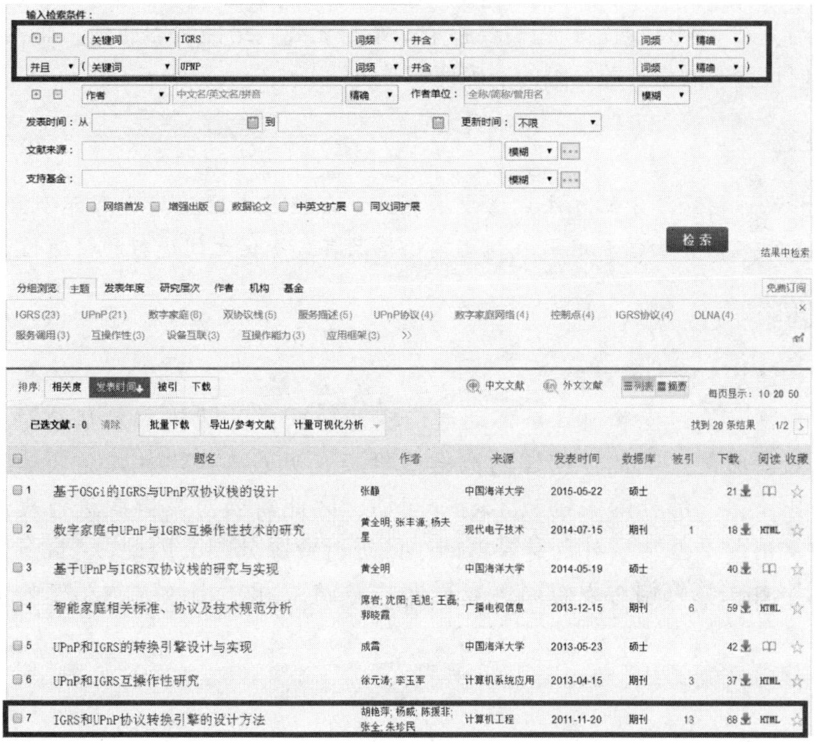

图 2-7-4　以 IGRS 和 UPnP 为关键词在 CNKI 数据库中的检索

小提示

根据数据库选取的一般原则确定数据库并进行检索后未能获得较好的检索结果时，需及时调整检索思路，转换数据库进行检索，以避免遗漏。

2.7.2 关键词的调整

由于通信领域不断演进，各技术间交织紧密，因此关键词扩展较为困难，如单“资源”一词中文内容就可以涉及“频段”“频率”“频带”“频谱”“载波”“频域”“时域”“时间”“子帧”“空间”“波束”“功率”等。并且如果只依赖扩展关键词检索，对于通信领域检索来说是远远不够的，而是需要在检索工作深入的同时，判断是否需重新确定检索要素和调整检索要素的表达。

【案例2-7-3】

技术背景

移动通信系统的现有技术中，在移动终端用户（UE）切换时由无线电网络控制器（RNC）进行小区的移动通信资源分配，因此在终端用户进行小区间切换时，不仅需要终端用户与基站（NB）通信，还需要各个基站与无线网络控制器通信。而各通信的准确性和及时性会对通信资源分配的准确性和及时性产生较大影响。

检索主题

一种移动通信资源分配方法，该方法包括：在当前小区及其所有邻小区归同一个基站 NodeB 管辖时，由该 NodeB 在该当前小区及其邻小区之间进行移动通信资源分配。

检索策略

（1）构建基本检索要素表

检索主题涉及的技术领域是移动通信资源分配，关键技术是基站对自身管辖小区进行资源分配。因此，构建的检索要素表（见表2-7-1）主要体现这两部分内容。由于第二部分的关键技术是一句话，因此需要对其再次进行提炼以便于检索。通常情况下基站只对自身管辖的小区进行资源分配，因此，“自身管辖”等的“小区”相关修饰语可以忽略，只提取“基站”和“小区”为第二块关键技术的检索要素。

表 2-7-1 检索要素表达

检索要素		检索要素 1 “移动通信资源分配”	检索要素 2 “基站”	检索要素 3 “小区”
关键词	中文	通信、资源、信道、频域、频率、时间、时域、子帧、符号、时域；分配	基站、节点、Nodeb、NB	小区

(2) 简单检索

首先可以从确定的检索要素表中选取较常用的关键词进行全要素检索：“移动通信资源分配”选取“资源”和“分配”，“基站”选取“基站”和“节点”，“小区”选取“小区”。在 PSS 系统高级检索中输入“摘要 =((资源 5D 分配) AND (基站 OR 节点) AND (小区))”，检索结果有 2355 条。浏览一部分文献后，发现大部分文献描述的是基站对自身管辖的小区分配资源，没有提及“前小区”和“邻小区”。而这些文献没有解决技术背景中提到的问题，也不贴近检索主题。

(3) 基本检索要素调整

1) 对检索主题的调整

由检索主题提到的“当前小区”和“邻小区”，以及技术背景中提到的引起与无线网络控制器通信的原因是终端用户在两小区间发生了切换，在此基础上可以增加“切换”作为检索要素，并根据切换的实际应用场景或切换动作将“切换”表达为“移动”“重选”和“迁移”。并且由于终端用户切换通常情况下是在小区间切换，因此，当“切换”和“小区”同时作为检索要素时意义重复。将检索要素表中的检索要素 3“小区”删除，另外新增“切换”为检索要素构建新的检索要素表（见表 2-7-2）。

表 2-7-2 调整后的检索要素表达

检索要素		检索要素 1 “移动通信资源分配”	检索要素 2 “切换”	检索要素 3 “基站”
关键词	中文	通信、资源、信道、频域、时间、时域、子帧、符号、频率、时域；分配	重选、移动、迁移	基站、节点、Nodeb、NB

采用检索要素对应的常见表述在 PSS 系统中检索得到 320 条结果（参见图 2-7-5），浏览后发现仍没有与检索主题较相关的文献。将关键词扩展构造成检索式后输入到 PSS 系统中，共有 1000 多条，也未发现较相关的文献。

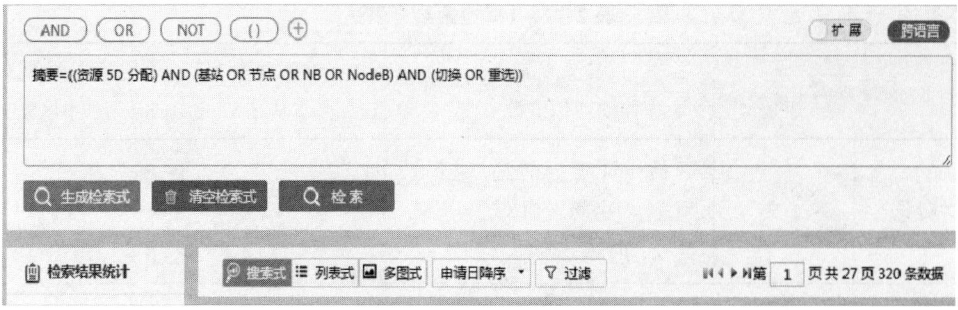

图 2－7－5　检索要素调整

2）了解相关技术脉络后调整关键词

在检索过程中，浏览的一些文献给出了 3G 接入网络架构及其演进接入网络架构如图 2－7－6 所示。可见 3G 接入网络架构与案例技术背景中的接入网络架构一致，均是由无线网络控制器 RNC 和基站 NodeB 组成接入网。由于在网络演进过程中，会逐步优化之前网络的缺陷，因此 3G 接入网的问题极有可能在其后续演进的过程中被解决。

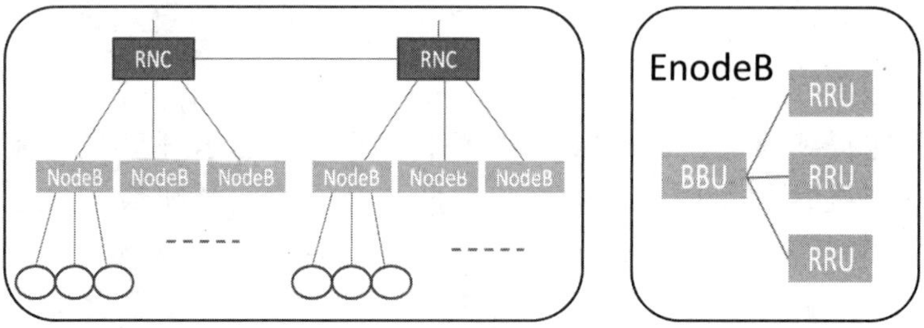

图 2－7－6　3G 接入网网络架构与分布式无线接入网

通过查找 3G 网络演进的相关资料，了解到 3G 演进的接入网络是分布式无线接入网络，具体是基站 NodeB 演进为 eNodeB，eNodeB 由一个 BBU 和多个 RRU 组成，BBU 对基站内终端用户进行资源分配。由此可见，3G 网络演进的接入网可解决本案例中 3G 接入网中存在的问题。因此，可以将"基站"检索要素的关键词进一步扩展到"分布式""ENodeB""ENB""BBU""RRU"（参见表 2－7－3）。

表 2－7－3　调整后的检索要素表达

检索要素		检索要素 1 "移动通信资源分配"	检索要素 2 "切换"	检索要素 3 "基站"
关键词	中文	通信、资源、信道、频域、时间、时域、子帧、符号、频率、时域；分配	重选、移动、迁移	分布式；基站、节点、NodeB、NB、BBU、RRU、ENodeB

在 PSS 高级检索选项中输入扩展后的全要素进行组合检索，仍没有检索到相关文献。

3）部分检索要素组合检索

在全要素组合检索没有检索到合适的文献时，一般应当考虑部分要素组合检索。并且部分要素组合时，需要考虑不同检索要素之间技术结合的可能性。

基于前期检索及浏览的内容，了解到3G演进网络中的分布式基站可解决本案例中终端用户切换引发与无线网络控制器的通信的缺陷。可见“切换”和“分布式基站”这两个检索要素分别体现了所要解决的问题与其解决问题的关键技术，所以先将两者作为组合进行检索。

输入检索式“摘要=((切换 OR 重选 OR 移动 OR 迁移) AND (分布式 2W (基站 OR 节点 OR ?NB OR ?NodeB)))”，得到127条检索结果，其中有1条检索结果CN101198175A与检索主题非常相关。CN101198175A描述了分布式基站系统的切换方法，终端用户切换时资源分配由基站完成，不涉及基站上层设备，实现了快速切换，使得在切换时不会影响通话质量，并且可以保证业务不中断的效果。

小提示

某些情形下，如果只基于给出的检索主题进行关键词扩展检索，即使关键词扩展完整，也较难检索到相关文献。推荐的做法是在检索过程中，通过比对现有检索结果与检索主题之间的区别，不断调整检索要素以进一步接近检索主题。同时也可通过阅读相关文献进而深入了解技术脉络，从而进一步将涉及关键技术的关键词扩展得更加精确。

2.7.3　分类号的调整

在检索时通常首先选择**最准确、最下位的分类号**进行检索，但如果没有检索到合适的结果，就要考虑**扩展分类号**。也就是说，需要根据检索结果随时调整检索要素的分类号表达。

首先应该**在被检索的主题所属的技术领域进行扩展检索**，例如将分类号扩展到其他相关的分类号或上一级分类号，甚至扩展到大组或小类，或者根据检索结果发现新的更合适的分类号或者扩展的分类号。当在所属技术领域没有检索到合适的结果时，通常还需要**扩展到具有其他类似的功能或应用技术领域的分类号**。

此外，还需要根据待检索的技术内容的特点和**IPC、CPC分类体系**的特点，**选择使用合适的分类体系**。

下面，通过具体的案例来说明如何进行分类号的调整。

【案例2-7-4】

技术背景

现有的深度相机可获取RGB三通道彩色信息和深度（Depth）图像，进而将获取的 RGB 彩色信息和 Depth 图像相结合以获得 3D 图像。现有的方案是使用两个图像传感器，一个图像传感器采集红外光的强度信息，经处理后获取深度图像，另一个图像传感器获取 RGB 彩色信息。这样一方面增加了成本，另一方面，要将深度信息与彩色信息进行匹配才能获得 3D 图像，这又会增加计算量，从而降低效率。

检索主题

一种 3D 图像捕获装置，所述 3D 图像捕获装置包括：图像传感器，用于同步采集场景空间中的每个像素的 R、G 以及 B 彩色信息和红外光信息；处理器，用于将所述图像传感器采集到的所述红外光信息进行处理，以得到所述红外光信息对应的深度信息，进而将所述深度信息与所述 R、G 以及 B 彩色信息结合得到 3D 图像。

检索策略

该检索主题的关键技术是利用单个图像传感器获取 RGB 彩色信息和红外光深度信息以得到 3D 图像。可提取两个检索要素，检索要素 1 为“利用单个图像传感器得到 3D 图像”，检索要素 2 为“利用红外光获取深度信息”。需要针对这两个检索要素分别确定分类号。

对于检索要素 1，首先需要确定与 3D 相关的分类号，通过在 PSS 导航检索中浏览分类号，或是按照中英文含义查询，例如输入“立体”“三维”或“3D”，可以发现与 3D 相关的分类号分布在 H04N 13/00 下。依次浏览各下位分类号的含义，可以确定与该检索要素相关的 IPC 分类号如下：

H04N 13/20　·图像信号发生器［2018.01］

H04N 13/204　··使用立体图像照相机的［2018.01］

H04N 13/207　···使用单个 2D 图像传感器［2018.01］

由上述内容可以发现，三点组 H04N 13/207 的类名限定了涉及单个 2D 图像传感器的立体图像照相机的图像信号发生器，与上述关键技术最为接近，因此将 H04N 13/207 选定为最准确的分类号。

对于检索要素 2，在 PSS 导航检索中利用前文相似的方法可以确定相关的 IPC 分类号为：

G06T 7/00　图像分析［6，2006.01，2017.01］

G06T 7/50　·深度或形状恢复［2017.01］

G06T 7/521　··从激光测距，例如使用干涉测量；从结构化图像的投影图［2017.01］

由上述内容可以发现，两点组 G06T 7/521 的类名限定了从激光测距的深度或形状恢复，反映出检索要素 2 的“利用红外光获取深度信息”，因此也将该分类号选定为合适的分类号。此外，该两点组的上位点组 G06T 7/50 的类名涉及深度恢复，也可考虑用于检索。

由上面的分析可知，H04N 13/207 和 G06T 7/521 这两个分类号结合可以很好地表达该关键技术，H04N 13/207 和 G06T 7/50 结合也能较好地表达该技术。在确定分类号后，就可以在 PSS 高级检索中进行检索。

首先，在高级检索的“IPC 分类号”字段中输入“H04N13/207 and G06T7/521”，检索结果如图2－7－7 所示，仅命中2 篇文献，未得到相关文献。接着，选择表示深度恢复的上位点组 G06T 7/50 与 H04N 13/207 相“与”，仅命中3 篇文献，仍然无果。下面，尝试用表示“红外”的关键词来替代分类号进行表达，即在“IPC 分类号”字段输入“H04N 13/207”，在“权利要求”字段输入“红外”，相“与”后命中7 篇文献，仍然无果。

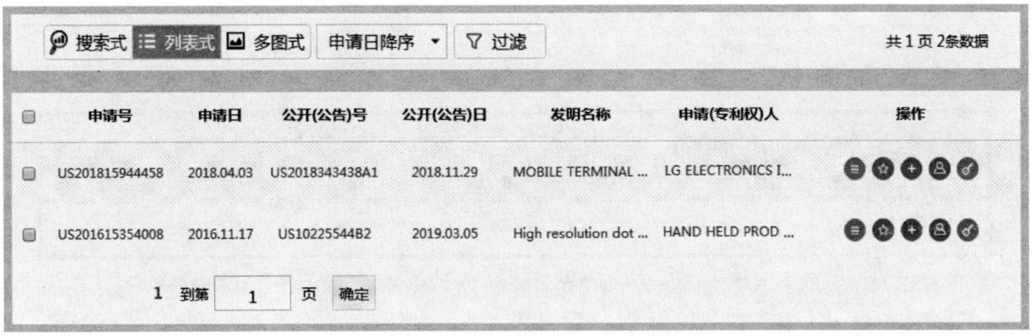

图2－7－7 PSS 系统检索结果页面

在 PSS 系统的三次检索均没有结果，并且可以发现命中文献的公开日期基本都在 2018 年。这是什么原因呢？再次查看上面确定的 IPC，例如 H04N 13/207 的修订日期是 2018 年 1 月，G06T 7/521 的修订日期是 2017 年 1 月，那么有可能早期的专利文献分类时上述分类号还未公布，那么就不适合采用上述 IPC 分类号检索该关键技术了。

考虑到 CPC 分类体系的特点，可以考虑采用相关的 CPC 分类号进行检索。在 EPO 网站的 CPC 查询界面，在输入框中分别输入“H04N13/207”和“G06T7/521”进行查询，两个分类号并未有变化，同时也没有合适的下位点组，因此采用 H04N 13/207 和 G06T 7/521 作为 CPC 分类号在 EPO 网站进行检索。

进入 EPO 网站的高级检索界面，在 CPC 框输入“H04N13/207 AND G06T7/521”，检索得到60 篇文献，但未找到相关文献。接着尝试扩展分类号，将 G06T 7/521 替换为其上位点组 G06T 7/50，检索结果如图 2－7－8 所示。得到的 8 篇文献中的 US2015312556A1 公开了相关技术内容。

进一步尝试用表示“红外”的关键词来替代分类号，即在 CPC 框输入“H04N13/207”，在“Title or abstract”框输入“IR OR infrared”，检索结果如图 2－7－9 所示（选择“紧凑”显示）。其中除了上文命中的 US2015312556A1 外，还命中了 2 篇公开了相近内容的文献。

8 results found in the Worldwide database for:
H04N13/207 and G06T7/50 as the Cooperative Patent Classification

Sort by: Publication date | Sort order: Ascending | Sort

1. Method and apparatus for subject physical position and security determination

Inventor:	Applicant:	CPC:	IPC:	Publication info:	Priority date:
WEIL JOSEF OSTER [US] WINSOR NIELS K [US]	WEIL JOSEF OSTER, WINSOR NIELS K, (+1)	G06T7/50 G06T7/55 G06T7/593 (+7)	G06T7/00 G08B21/04 G08B21/22 (+3)	US2002044682 (A1) 2002-04-18 US7106885 (B2) 2006-09-12	2000-09-08

2. METHOD AND SYSTEM FOR RECORDING AND REPRESENTING THREE-DIMENSIONAL OBJECTS

Inventor:	Applicant:	CPC:	IPC:	Publication info:	Priority date:
SETZER STEFFEN [DE] WRIGHT DITTMAR [DE]	SCANNOVA GMBH [DE] SETZER STEFFEN [DE] (+1)	G06T15/10 G06T17/10 G06T2207/10012 (+14)	G06T15/10 G06T17/10 G06T7/00 (+4)	WO02075656 (A1) 2002-09-26	2001-03-20

3. RGB-IR SENSOR, AND METHOD AND APPARATUS FOR OBTAINING 3D IMAGE BY USING SAME

Inventor:	Applicant:	CPC:	IPC:	Publication info:	Priority date:
CHO AYOUNG [KR] YANG SUNHO [KR] (+6)	LG ELECTRONICS INC [KR]	G01B11/2513 G01S17/89 G06T7/50 (+12)	H04N13/00 H04N13/02 H04N5/33	US2015312556 (A1) 2015-10-29 US10085002 (B2) 2018-09-25	2012-11-23

4. SINGLE-LENS, SINGLE-SENSOR 3-D IMAGING DEVICE WITH A CENTRAL APERTURE FOR OBTAINING CAMERA POSITION

Inventor:	Applicant:	CPC:	IPC:	Publication info:	Priority date:
GHARIB MORTEZA [US] LU JIAN [US] (+2)	CALIFORNIA INST OF TECHN [US]	G01B11/2509 G02B2207/129 G02B5/005 (+6)	G06T7/00 H04N13/02	US2015312555 (A1) 2015-10-29 US9736463 (B2) 2017-08-15	2007-04-23

图 2-7-8　EPO 网站检索结果页面

22 results found in the Worldwide database for:
IR or infrared in the title or abstract AND **H04N13/207** as the Cooperative Patent Classification

Sort by: Publication date | Sort order: Ascending | Sort

Title	Publication info:	Date
1. Sub-sampled infrared sensor for use in a digital image capture device	US2004169748 (A1)	2004-09-02
2. System and method for inputting contours of a three-dimensional subject to a computer	US2005110868 (A1)	2005-05-26
3. CAMERA	KR20130024631 (A)	2013-03-08
4. CAMERA MODULE AND 3D CAMERA MODULE	KR20130077367 (A)	2013-07-09
5. Broadband imager	CN103236433 (A)	2013-08-07
6. FILTER FOR SELECTIVE TRANSMISSION OF VISIBLE RAYS AND INFRARED RAYS USING AN ELECTRICAL SIGNAL	US2014078459 (A1)	2014-03-20
7. Multi-band image sensor for providing three-dimensional color images	TW201508339 (A)	2015-03-01

图 2-7-9　EPO 网站检索结果页面

小提示

在利用最准确的分类号检索无果时，需考虑扩展分类号。另外，需根据 IPC、CPC 的特点选择合适的分类体系进行检索。

考虑到检索的全面性，当检索要素利用关键词和分类号都能较好地表达时，在检索时这两种表达方式都须采用。

2.7.4 综合调整

前面分别用案例说明了如何进行数据库调整、关键词调整、分类号调整，然而实际应用场景往往会更为复杂，通常需要同时采用以上两种或三种调整方式进行综合性调整。下面主要以案例说明如何进行综合调整。

【案例 2 -7 -5】

技术背景

现有技术中，LTE 通信系统引入了传输时间间隔（Transmission Time Interval，TTI）捆绑（Bundling）技术来改善 LTE 通信系统的覆盖性能。在终端数据业务（包括 VoIP 业务或 Data 业务）的传输过程中，终端所利用的 TTI Bundling 的长度必须是固定值，即使接收端需要小于 TTI Bundling 长度的冗余版本就可以正确解码，终端仍然需要发送固定的与 TTI Bundling 长度相同数目的冗余版本，从而导致对资源调度的限制较大，降低了资源调度的灵活性。

检索主题

一种数据传输方法，包括：发送端利用跨越 N 个传输时间间隔 TTI 的传输时间间隔捆绑 TTI Bundling 方式向接收端发送数据；发送端在接收到接收端返回的数据解码失败响应后，向接收端重传所述数据，直至重传次数达到设定值或接收到数据解码成功响应，其中，在至少一次重传过程中，发送端利用跨越 M 个 TTI 的 TTI Bundling 方式向接收端重传所述数据，所述 M、N 为正整数，M 不等于 N。

检索策略

如检索主题中所示，由于发送端在至少一次重传中所利用的 TTI 个数不等于前一次发送过程中所利用的 TTI 个数，即发送端在向接收端发送数据时，可以灵活利用数目不固定的 TTI，因而可以降低对资源调度的限制，在一定程度上提高资源调度的灵活性。

由于该检索主题是为了“改善 LTE 通信系统的覆盖性能”，因此首先想到在 3GPP

中进行检索，检索界面如图 2-7-10 所示，输入“TTI Bundling”，并选择在 WG1 RL1 中进行检索。

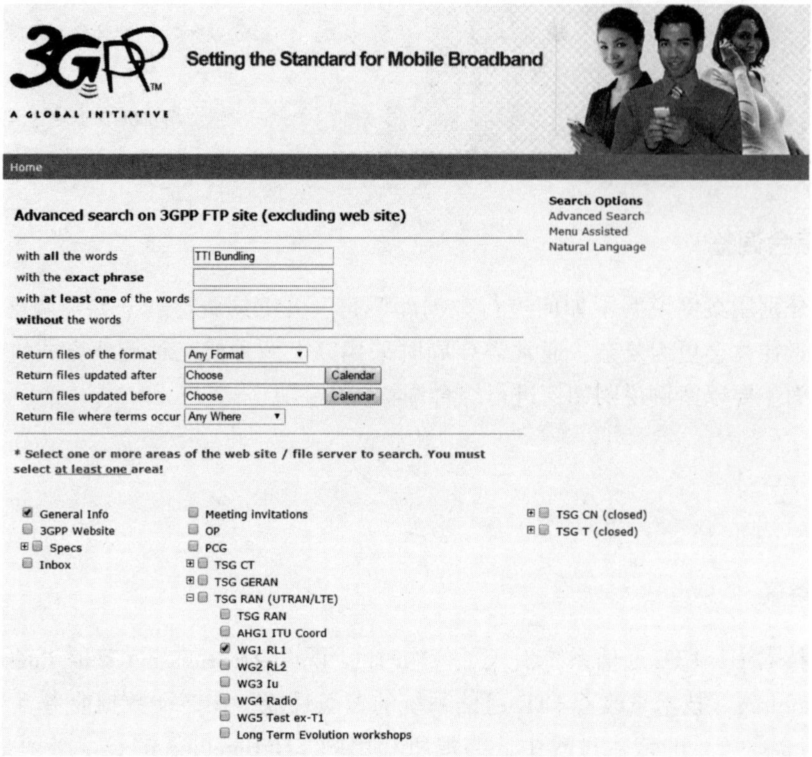

图 2-7-10　3GPP 检索式输入界面

检索结果如图 2-7-11 所示，共检索得到 1006 篇文件。点击“Best Match”进行排序。

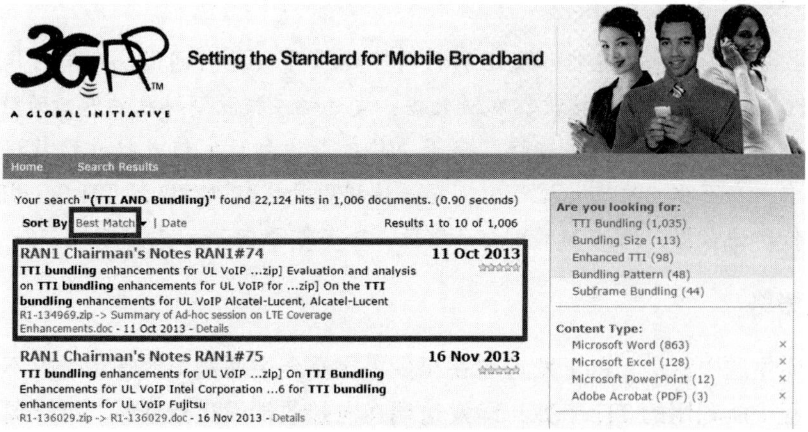

图 2-7-11　3GPP 检索结果界面

下载第一篇文献 R1-134969，打开文献，第一页如图 2-7-12 所示。

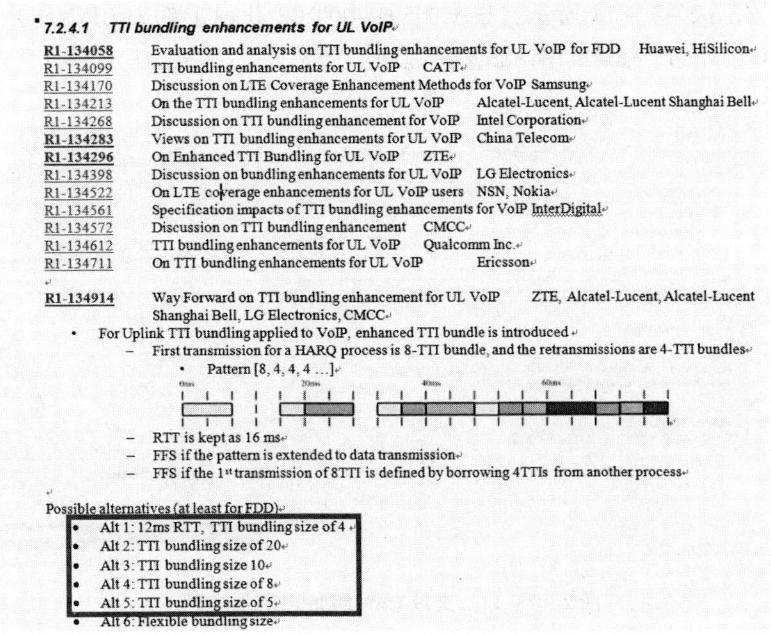

7.2.4.1 TTI bundling enhancements for UL VoIP

R1-134058 Evaluation and analysis on TTI bundling enhancements for UL VoIP for FDD Huawei, HiSilicon
R1-134099 TTI bundling enhancements for UL VoIP CATT
R1-134170 Discussion on LTE Coverage Enhancement Methods for VoIP Samsung
R1-134213 On the TTI bundling enhancements for UL VoIP Alcatel-Lucent, Alcatel-Lucent Shanghai Bell
R1-134268 Discussion on TTI bundling enhancement for VoIP Intel Corporation
R1-134283 Views on TTI bundling enhancements for UL VoIP China Telecom
R1-134296 On Enhanced TTI Bundling for UL VoIP ZTE
R1-134398 Discussion on bundling enhancements for UL VoIP LG Electronics
R1-134522 On LTE coverage enhancements for UL VoIP users NSN, Nokia
R1-134561 Specification impacts of TTI bundling enhancements for VoIP InterDigital
R1-134572 Discussion on TTI bundling enhancement CMCC
R1-134612 TTI bundling enhancements for UL VoIP Qualcomm Inc.
R1-134711 On TTI bundling enhancements for UL VoIP Ericsson

R1-134914 Way Forward on TTI bundling enhancement for UL VoIP ZTE, Alcatel-Lucent, Alcatel-Lucent Shanghai Bell, LG Electronics, CMCC

- For Uplink TTI bundling applied to VoIP, enhanced TTI bundle is introduced
  - First transmission for a HARQ process is 8-TTI bundle, and the retransmissions are 4-TTI bundles
    - Pattern [8, 4, 4, 4 ...]
  - RTT is kept as 16 ms
  - FFS if the pattern is extended to data transmission
  - FFS if the 1st transmission of 8TTI is defined by borrowing 4TTIs from another process

Possible alternatives (at least for FDD)

- Alt 1: 12ms RTT, TTI bundling size of 4
- Alt 2: TTI bundling size of 20
- Alt 3: TTI bundling size 10
- Alt 4: TTI bundling size of 8
- Alt 5: TTI bundling size of 5
- Alt 6: Flexible bundling size

图 2-7-12　文献 R1-134969 内容页

虽然该文献公开了相关技术内容，然而其公开较晚，笔者希望找到公开日更靠前的现有技术文献，从文献 R1-134914 中获取到了可能会比较有用的关键词 TTI bundling size。

考虑到美国在3G、4G时代都走在世界前列，因此决定到美国专利商标局网站检索相关文献。在其检索系统中输入"ABST/tti AND ABST/bundl$ AND ABST/size"，得到11篇美国专利文献（参见图2-7-13）。其中US9184880B2公开了相关方案，然而时间仍旧较新。

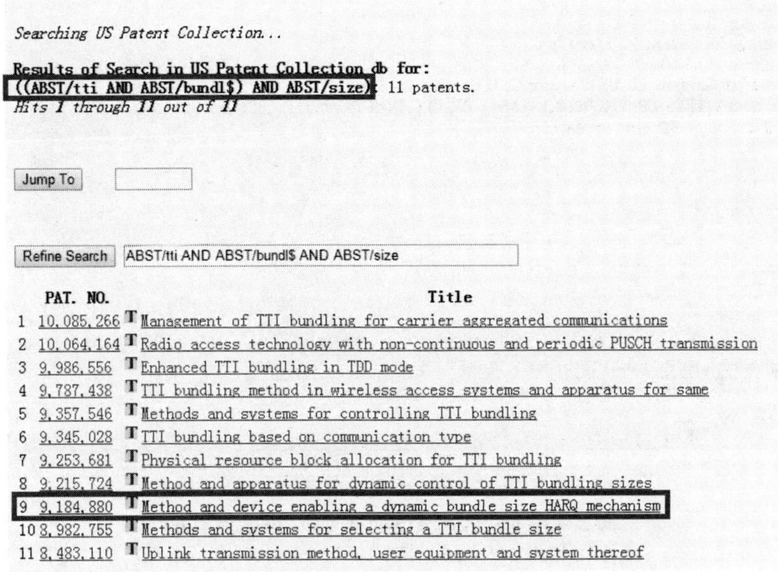

Searching US Patent Collection...

Results of Search in US Patent Collection db for:
((ABST/tti AND ABST/bundl$) AND ABST/size): 11 patents.
Hits 1 through 11 out of 11

Jump To

Refine Search　ABST/tti AND ABST/bundl$ AND ABST/size

	PAT. NO.	Title
1	10,085,266	Management of TTI bundling for carrier aggregated communications
2	10,064,164	Radio access technology with non-continuous and periodic PUSCH transmission
3	9,986,556	Enhanced TTI bundling in TDD mode
4	9,787,438	TTI bundling method in wireless access systems and apparatus for same
5	9,357,546	Methods and systems for controlling TTI bundling
6	9,345,028	TTI bundling based on communication type
7	9,253,681	Physical resource block allocation for TTI bundling
8	9,215,724	Method and apparatus for dynamic control of TTI bundling sizes
9	9,184,880	Method and device enabling a dynamic bundle size HARQ mechanism
10	8,982,755	Methods and systems for selecting a TTI bundle size
11	8,483,110	Uplink transmission method, user equipment and system thereof

图 2-7-13　美国专利商标局网站关键词检索结果页

其中，如图 2-7-14 所示，根据 US9184880B2 获得了相关 CPC 分类号 H04L 1/1819、H04L 1/1864、H04L 1/1825，通过在"PSS 系统—热门工具—CPC 查询"中得到相关分类号含义。

United States Patent 9,184,880
Vos November 10, 2015

**Please see images for: (Certificate of Correction) **

Method and device enabling a dynamic bundle size HARQ mechanism

Abstract

A method, device and computer program product for transmitting data blocks in an LTE or similar wireless communication system supporting HARQ and ***TTI bundling***, with dynamic ***TTI bundle*** sizing is provided. Each ***TTI bundle*** includes a number of redundancy versions of a data block, for example differently encoded versions of the data block which can be combined together in accordance with Type-II HARQ. Plural ***TTI bundles*** can be transmitted as necessary in accordance with HARQ, for example in response to a NACK. The present technology involves adjusting the ***TTI bundle size*** for a given HARQ process, wherein at least two ***TTI bundles*** have different sizes. In various embodiments, the ***TTI bundle size*** progressively decreases with retransmissions so that the last ***TTI bundle*** is not excessively large, thereby reducing resource waste. ***TTI bundle size*** adjustment may be implemented in the uplink, downlink, or both.

Inventors: Vos; Gustav Gerald (Surrey, CA)
Applicant: Name City State Country Type

Sierra Wireless, Inc. Richmond, British Columbia N/A CA

Assignee: Sierra Wireless, Inc. (Richmond, British Columbia, CA)
Family ID: 52428825
Appl. No.: 13/957,009
Filed: August 1, 2013

Prior Publication Data

Document Identifier	Publication Date
US 20150039958 A1	Feb 5, 2015

Current U.S. Class: 1/1
Current CPC Class: H04L 1/1819 (20130101); H04L 1/1864 (20130101); H04L 1/1825 (20130101)
Current International Class: G08C 25/02 (20060101); H04L 1/18 (20060101)

图 2-7-14　文献 US9184880B2 的内容页

CPC 分类号含义：

H04L 1/1819 ｛有附加或不同冗余的重传｝

H04L 1/1825 ｛依据传输条件的特有 ARQ 协议参数的适配｝

H04L 1/1864 ｛ARQ 相关信令｝

上述 CPC 分类号含义与技术内容非常接近，而由于在美国专利商标局仅仅采用关键词检索得到的检索结果才 11 篇，加上分类号后必然会更少，而仅仅采用分类号检索得到的文献量又太大，如图 2-7-15 所示，得到 1831 篇专利文献，不方便阅读。

Searching US Patent Collection...

Results of Search in US Patent Collection db for:
((CPC/H04L1/1819 OR CPC/H04L1/1864) OR CPC/H04L1/1825): 1831 patents.
*Hits **1** through **50** out of **1831***

Next 50 Hits

Jump To

Refine Search (CPC/H04L1/1819 OR CPC/H04L1/1864 OR CPC/H04L1/1825)

	PAT. NO.	
1	10,327,132	T Wireless communications system, base station, terminal, and process method
2	10,326,579	T Method and apparatus for receiving ACK/NACK in wireless communication system

图 2-7-15　USPTO 网站 CPC 检索结果页

因此接下来采用 PSS 系统检索。如图 2-7-16 所示，采用 PSS 系统命令行检索，其中第二条检索式含义为将第一条检索式对 CPC 检索的结果与第二条检索式中对 ZY

（摘要）的检索结果相“与”。在得到的15条结果中获得文献WO2013166883A1。

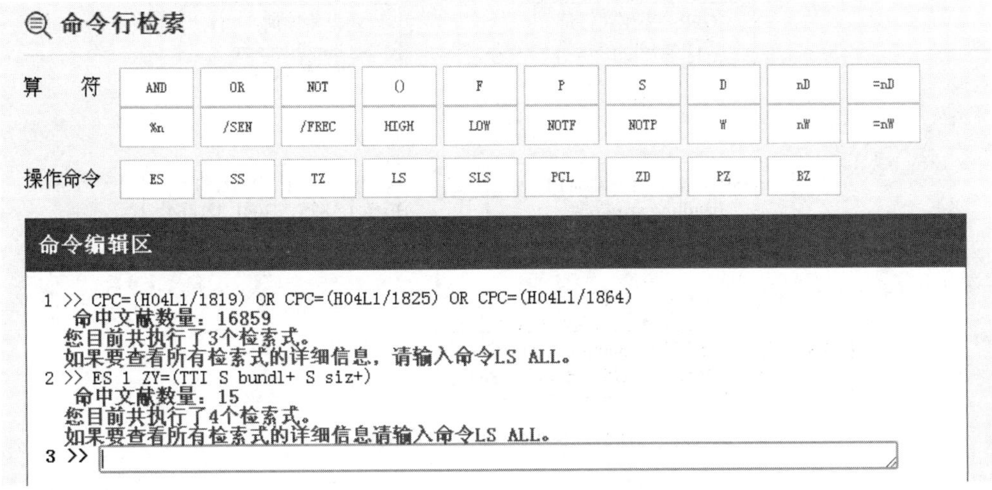

图2-7-16　PSS系统命令行检索结果页

打开文献WO2013166883A1的详览页面，如图2-7-17所示，通过阅读得知该文献公开了相关技术内容，其公开年份为2013年。继续阅读引证文献，发现其中引证文献CN101682488A也公开了相关内容，然而其公开年份更早，为2010年；该引证文献还具有2008年就公开的同族WO2008156414A2。检索至此，至少可以得知相关技术早在2008年就已公开。如果读者有兴趣，还可以继续检索往前追溯。

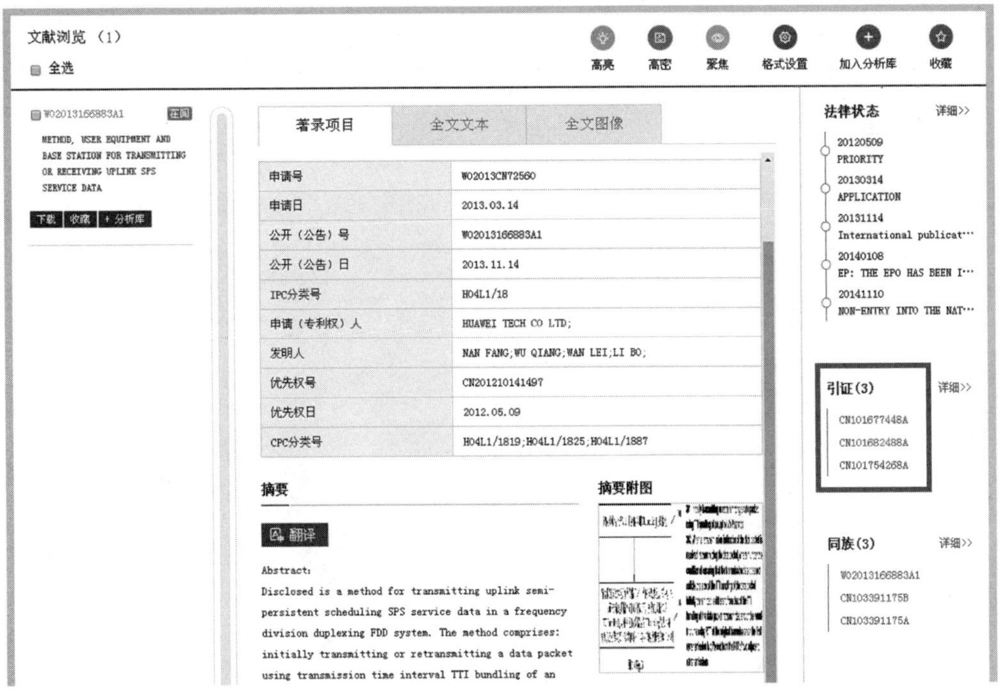

图2-7-17　PSS系统文献WO2013166883A1的详览页

本案例的检索流程总结如图 2－7－18 所示。

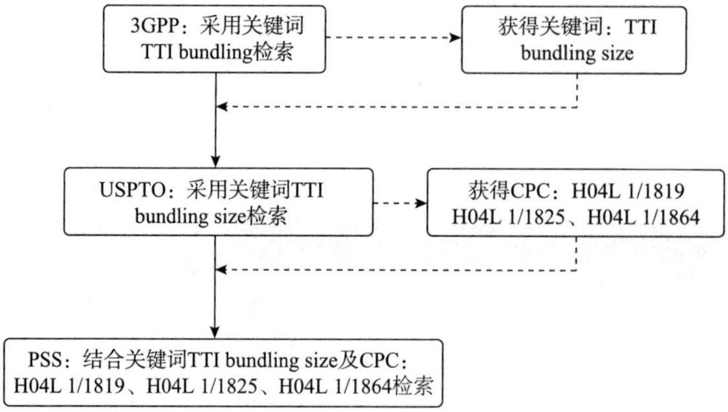

图 2－7－18　案例检索流程

小提示

检索过程中可以根据检索结果得到的相关信息对检索策略进行全面调整。

在欧洲专利局、美国专利商标局的官方网站上检索时，可以对 CPC 分类号稍加留意，可能对后续检索有所帮助。

检索时需注意对引证文献的追踪检索。

第3章　检索实战篇

检索都是具有目的性的，在了解了检索基础知识后，最重要的是能够根据需求场景，灵活运用各种检索手段，高质高效地完成检索目标。在实际检索中，对检索目标的精确程度可能有不同的需求，其检索方法也各有差别。本章针对技术现状检索、竞争对手检索和查新检索这三种不同需求的检索，进行实战案例的讲解。

3.1　技术现状检索

3.1.1　技术现状检索的主要特点

（1）技术现状检索的目的

技术现状检索是一种常用的检索类型，用于了解目标领域的现有技术状况，检索目标较为宽泛。一般而言，在科研立项或产品开发之前，均会进行技术现状检索，以对目标领域进行全面了解，为创新决策提供支持。

（2）技术现状检索的检索范围

在技术现状检索中，对所有可获得的专利和非专利文献进行检索。检索人员不关注单一的发明，而是要关注与目标领域有关的所有能反映当前现有技术状况的参考文献。

（3）技术现状检索的一般方法

在技术现状检索中，可根据需求来确定检索的深入程度。通常来说，技术现状主要包括目标领域的技术发展现状、发展趋势、主要的技术分支，各主要技术分支的技术发展现状、发展趋势、进一步的细分技术分支，以及基本的专利概况等。根据技术主题的不同，技术现状中包括的具体内容也不同。

为了解这些内容，通常采用总分式的检索方法，即先检索目标领域整体的技术信息，并通过检索获取目标领域的主要技术分支，再对主要技术分支逐一进行针对性检索，以形成完整的技术现状信息。

为了提高检索的质量和效率，在实际检索中，对于技术现状的不同内容，考虑的侧重点有所区别。对于技术发展现状、发展趋势、包括的技术分支等信息，由于数据来源以及涉及相似内容的文献都比较多，因此如何提高检索效率是关注的重点。对于专利信息，由于要以整体数据为基础进行一定的分析，因此要重点关注检索结果的查全和查准。

3.1.2 检索实战案例

下面以了解智能电视领域的技术现状为例介绍检索方法。智能电视领域的技术现状主要包括：智能电视的技术发展现状、发展趋势、主要技术分支，以及各主要技术分支的技术发展现状、发展趋势、细分技术分支、专利申请量趋势、重要专利申请人等信息。

3.1.2.1 检索准备

（1）从需求分析入手确定检索类型和检索主题

在检索前，从需求分析入手确定检索的类型和主题非常重要。不同类型和主题的检索要获取的检索结果是不同的，检索范围和检索策略也会差别很大。从本例对智能电视领域进行了解的需求来看，其属于技术现状检索，检索的主题为智能电视领域的技术现状。

（2）根据技术主题初步选取数据库

检索数据库众多，各数据库的特点不同，包含的文献内容也不同，要根据不同的检索类型和检索主题初步选取合适的数据库。

对于非专利文献来说，虽然说技术现状检索的范围包括了所有可获得的非专利文献，但考虑到检索的效率问题，不可能穷尽所有资源，而是要有所选择。例如，从效率最高的数据库入手，从这些数据库获取基本资料，在遇到特定需求时再选择特定数据库。智能电视属于通信领域的热门产业，技术发展更新速度快，对目标文献的时效性要求较高，因此，可重点考虑搜索引擎、CNKI 期刊论文数据库等更新较快的检索数据库；标准检索是通信领域技术现状检索中需要考虑的一部分，可以利用通标网实现标准的检索；对于专利文献，考虑到要全面准确便捷地获取信息，可使用国家知识产权局提供的 PSS 系统进行检索。

（3）确定检索步骤

首先，对智能电视领域的整体状况进行检索，包括智能电视的技术发展现状、发展趋势、主要的技术分支。

然后，根据第一步获取的技术分支信息，对各主要技术分支逐一进行针对性检索，了解各技术分支的发展现状、发展趋势、细分技术分支、专利申请量趋势、重要专利申请人等信息。

3.1.2.2 智能电视领域整体状况的检索

根据确定的检索步骤，首先对智能电视领域的整体状况进行检索，包括技术发展现状、发展趋势、主要技术分支等信息。

这一阶段的检索主要是非专利文献的检索，其目标文献的数据来源广泛，包含相似信息的文献可能有很多，检索噪声也较大，因此，如何降低检索噪声、提高检索效率、快速检索并筛选出目标文献是检索的重点。

> 检索目标：获取智能电视领域的整体状况。
>
> 检索策略：搜索引擎、通标网、CNKI 的灵活运用。

通常，按照图3－1－1所示步骤进行这一阶段的检索。

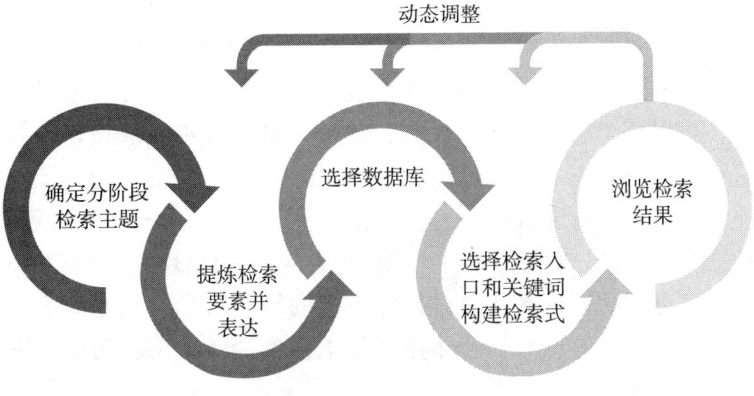

图3－1－1 检索步骤

整个流程主要包括确定分阶段检索主题、提炼检索要素并表达、选择数据库、选择检索入口和关键词构建检索式、浏览检索结果以及根据检索结果动态调整检索策略六个部分。但对于检索来说，真正重要的并不是机械执行这些固定的步骤，而是要根据实际检索需求灵活地做好每一步骤，以达到高效检索的目的。

（1）基于阶段目标确定分阶段检索主题

检索主题，就是指当前要“检什么”。对于技术现状检索来说，其在检索目标下会有分阶段的检索目标，本阶段的检索目标是智能电视的整体状况，这也是本阶段的检索主题。

（2）提炼检索要素并精准表达

明确了检索主题后，要对检索主题进行分析，从检索的角度来确定检索要素，为每个检索要素选取合适的表达方式，并通过具体的表达来进行检索，即初步确定“用什么词检”。

那么，表达检索要素的关键词是不是扩展得越多越好呢？其实并不是这样。本阶段要检索的内容大体上属于综述信息，可以预期，会有很多内容相似的文献包括上述信息，因此检索并不需要查全，而是要更关注检索的效率，也即快速找到内容相关度高的目标文献。所以**在检索要素的表达上先不需扩展太多，而是从最精准的关键词开始**。

根据检索的主题，“智能电视”构成了第一个检索要素，“智能电视”是最常用的中文关键词表达，表述较准确，可以不再进行扩展；“技术状况”构成了第二个检索要素，根据其包括的不同方面以及常用的表达习惯，可以扩展为“综述”“技术现状”“发展现状”“发展趋势”“热点”“标准”“分支”“关键技术”等。

（3）基于目标导向选择数据库

根据前面的分析，智能电视属于通信领域的热门产业，技术更新发展快，对目标文献的时效性要求较高，还需要检索标准相关内容。因此，可以重点考虑搜索引擎、通标网、CNKI等期刊论文数据库。

那么，是不是每个检索式，都要到这些数据库里轮流检索一遍呢？也不是这样。为了提高检索的效率，对于每一步的检索，应以目标为导向选择预期效率最高的数据库。也就是说，对于每一步的检索，**预计检索的目标会在哪里出现，就先去哪里检索**。

例如，在检索初期，对智能电视的概念尚缺乏大体了解，对其涉及的技术内容也不明确，此时，可以基于由浅入深的原则，**从搜索引擎入手获取技术主题的一些基本信息**，百度百科和产业白皮书都是比较好的选择。

对于专业技术术语，百度百科中通常会有一些经过加工、较容易理解的术语定义，可以作为检索的初始选择。对于“智能电视”，直接选择百度百科进行检索。在百度百科里，给出了智能电视的基本概念，对智能电视的行业市场、崛起主因、发展趋势都进行了简要的描述。这些信息对初步了解智能电视的涵盖范围、明确接下来的检索目标有所帮助。

接下来，在百度中搜索“智能电视 白皮书”，检索到《智能电视行业发展白皮书》，其对智能电视市场、产品和运营进行了介绍。

搜索引擎的优点是数据信息丰富、更新及时而且简单易用，但其对于了解技术信息也存在不足之处，例如数据冗杂、深入性欠缺、文献质量良莠不齐，这些都影响了检索的效率。因此，如果要进一步检索详细的技术信息，应该及时转入更专业的数据库。

对于智能电视的相关标准，利用通标网进行检索。输入关键词“智能电视”检索（参见图 3－1－2），得到了13条智能电视方面的中国通信标准化协会标准、电子行业标准或ITU电信标准。

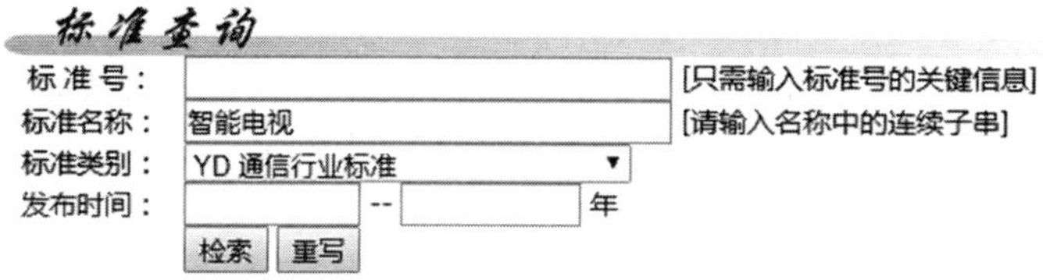

图 3－1－2　通标网检索界面

对于其他技术状况信息，及时转入技术文献和检索手段都比较丰富的期刊论文数据库，例如CNKI。

（4）选择检索入口和关键词分层次构建检索式

通过数据库的选择确定了“去哪里检”，接下来就要解决“怎么检”的问题。

检索数据库通常设置有多种检索入口，之前也确定了多个关键词，那么在实际检索时该如何通过它们构建检索式呢？答案还是以目标为导向，**即根据检索的目标针对性地构造检索式**。

由于在搜索引擎和通标网中的检索相对较简单，因此以CNKI中的检索为例来重点介绍检索式的构建。

为提高检索效率，应分层次构建检索式，先从最想获得的目标开始搜寻，再逐步向外围扩展。要对智能电视的整体状况进行检索，初步预计，需要的目标文献是针对智能电视的综述、技术现状和发展趋势方面的文献，进一步分析，在标题中出现这些关键词的文献的相关度相对较高，因此，为高效命中目标，首先要检索标题中包括这些关键词的文献。

CNKI 提供多种检索模式，较常用的有高级检索、专业检索和句子检索。高级检索和句子检索的界面较为友好，易于掌握，但一次检索中可应用的检索词受限。专业检索的功能更强，但需要使用算符来构建检索式，操作难度较大。可以根据实际情况和个人偏好进行选择。由于本次检索中表示同一检索要素的并列关键词较多，所以采用专业检索模式构建图 3 - 1 - 3 中所示的检索式，即要检索篇名中同时含有综述、发展现状、技术现状、发展趋势中任一个以及智能电视的文献。经过检索获得 17 篇文献。其中大部分涉及智能电视整体发展现状及趋势，相关度非常高。

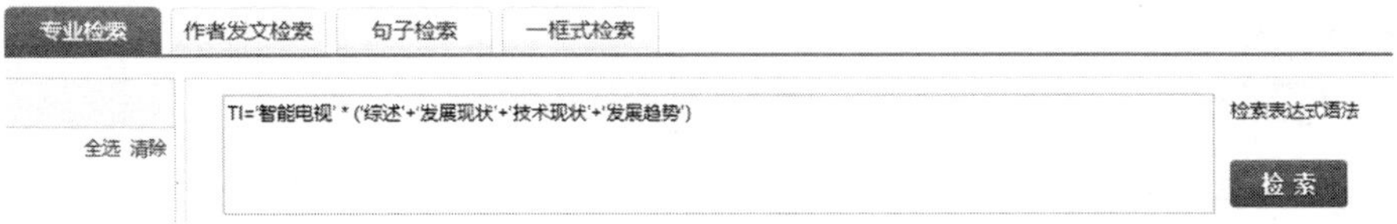

图 3 - 1 - 3 CNKI 专业检索

为了获取准确的技术现状信息，应该综合考虑多篇文献的观点进行分析。目前的检索结果虽然相关度非常高，但数量偏少，应调整检索手段获取更多的文献量。此时，可以**通过检索入口的选择来扩大目标文献的范围**。摘要通常包括文献的主要内容，因此可以通过摘要入口进行检索，构建检索式：

AB = '智能电视' * ('综述' + '发展现状' + '技术现状' + '发展趋势')

检索结果扩大到 139 篇。可以对这些文献进行浏览筛选以获取更全面的智能电视整体状况信息。

通过对检索结果的浏览，发现这些文献对于智能电视的发展脉络、现状、趋势和热点介绍得比较详细，但未提及智能电视的技术分支信息。**对于检索结果中还欠缺的内容，可以通过调整关键词进行更有针对性的检索**。例如，针对技术分支信息再进行检索。同样，先以预期检索噪声最小的篇名为检索入口，构造检索式：

TI = '智能电视' * ('分支' + '关键技术')

检索得到包括“智能电视关键技术发展研究”以及“智能电视关键技术分析”在内的 9 篇检索结果，从中获取到智能电视的关键技术包括芯片技术、显示技术、操作系统、软件与应用、联网技术、人机交互技术，其中人机交互技术是制约电视智能化发展和普及的重要瓶颈，成为国际国内智能电视相关企业、研发机构创新竞争的重点，以及智能电视专利布局的重要方向。

(5) 利用辅助手段提高检索结果的浏览效率

构造一条检索式，可能只需要几分钟甚至几秒钟的时间，但对检索结果进行浏览却要花费较多的时间。因此，如何提高检索结果的浏览效率是高效检索的一个重要环节。对此，可以利用检索数据库提供的一些辅助手段。

例如，在步骤（4）中，通过检索式：

AB＝‘智能电视’*（‘综述’＋‘发展现状’＋‘技术现状’＋‘发展趋势’）

获取了139篇检索结果，如果要逐一浏览，势必要花费大量时间，怎么才能快速筛选出更契合目标的文献呢？

首先，CNKI提供了检索结果的分组浏览功能。在分组浏览选项中，可以根据主题、发表年度、研究层次、作者、机构、基金进行分组浏览。例如，选择根据主题浏览时，网站会自动列出检索结果所涉及的主题类型以及每种类型下包括的文献数量。如果对某一主题感兴趣，可以直接点击该主题名称。

将这139篇检索结果选择根据主题浏览，如图3－1－4所示，系统筛选出主题为“智能电视”的有76篇。可以对这76篇重点浏览，大大缩小了浏览范围。

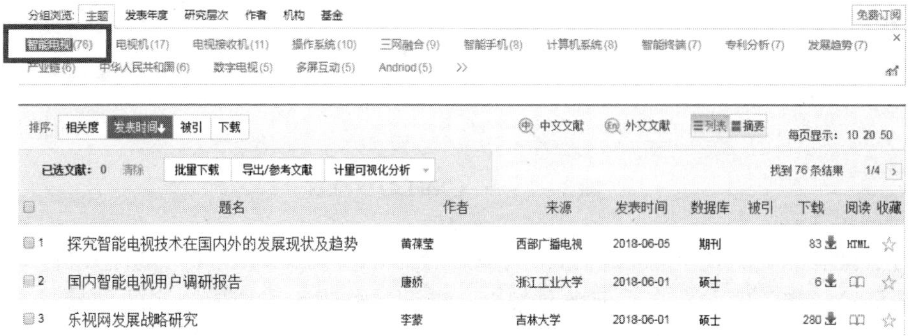

图3－1－4 CNKI检索结果

在对这76篇浏览的过程中，还可以利用发表时间、被引和下载次数等来进一步选择浏览的顺序和重点。一般来说，最新发表的文献，更能体现目前的技术现状；被引次数和下载次数越多的文献，往往含金量越高。

（6）动态调整检索策略

检索策略并非一成不变，应当根据获取的检索结果离检索目标的距离而不断动态调整，通过调整来更快地获取目标文件，有效的调整策略能提高检索的质量和效率。

动态调整可能涉及检索的各个环节。在上述步骤（4）中已经体现了根据检索结果来对检索式的构建进行调整，还可以对检索要素的确定与表达、数据库的选择进行调整。特别是，**技术现状检索是检索目标较为宽泛的检索，在检索之初，难以预计到所有要检索的内容，需要通过对检索结果的浏览来动态调整目标文献范围**。

例如，仔细阅读步骤（4）获取的文献“智能电视关键技术发展研究”，发现其中提到“根据中国电子视像行业协会标准（CVIA/ZNDS01－2014），智能电视是指具有操作系统、支持第三方应用资源实现功能扩展、支持多网络接入功能、具备智能人机交互、与其他智能设备进行交互的电视机”以及“CVIA/ZNDS01－2014，智能电视机总规范”，从中可以获知还存在这样一个规范性文件，但其在通标网和CNKI中都未被收录。

因此，需要进行数据库的调整，尝试通过数据资源最为丰富的搜索引擎进行检索。

同时，进行检索要素和检索式的调整，输入“智能电视机总规范”进行检索，从而通过搜索引擎获取到该文献。

通过上述检索步骤，获取到较多与智能电视整体状况相关的文献。通过综合分析这些文献，能够得到有效的智能电视领域的整体状况信息。

3.1.2.3 具体技术分支的针对性检索

根据检索准备阶段确定的检索步骤，在获取了智能电视领域的整体状况信息后，要对各主要技术分支逐一进行针对性检索，获取各分支的技术现状信息。根据整体状况检索阶段获取的信息，智能电视的关键技术包括：芯片技术、显示技术、操作系统、软件与应用、联网技术、人机交互技术，其中人机交互技术是目前较为重要的一个分支，下面以人机交互技术为例进行进一步的检索，进一步检索的内容为智能电视人机交互技术的技术发展现状、发展趋势、细分技术分支、专利申请量趋势、重要专利申请人等信息。

> 检索目标：对智能电视人机交互技术进行进一步的检索，提供专利基本状况的分析数据。
>
> 检索策略：搜索引擎、CNKI、PSS系统的灵活运用。

（1）技术发展现状、发展趋势、细分技术分支信息的获取

可以通过与获取智能电视整体状况相同的手段进行人机交互技术分支的技术发展现状、发展趋势、细分技术分支信息的获取，只是分阶段检索主题由智能电视的整体状况转变为智能电视人机交互的技术状况，检索要素中也相应地加入“人机交互”这一检索要素。仍旧利用搜索引擎、CNKI按照确定检索主题、提炼检索要素并表达、选择数据库、选择检索入口和关键词构建检索式、浏览检索结果、根据检索结果动态调整检索策略这六个步骤进行检索。对于具体的检索过程，此处不再赘述。

通过检索，获取到智能电视人机交互技术的技术状况，同时，获取到智能电视人机交互技术主要包括语音控制技术和体感遥控技术，体感遥控技术又包括手势识别、肢体识别、面部识别、眼动追踪。

（2）PSS系统获取专利信息

利用PSS系统检索智能电视人机交互领域的专利文献，并利用检索得到的专利文献获取大致的专利申请量趋势、重要专利申请人信息。

1）智能电视人机交互领域专利检索

首先要检索出智能电视人机交互领域的专利文献。

专利数据库的检索步骤与在非专利数据库技术状况的检索步骤基本相同：确定分阶段检索主题，提炼检索要素并表达、选择数据库，选择检索入口和关键词或分类号构建检索式，浏览检索结果，根据检索结果动态调整检索策略。

虽然检索步骤基本相同，但与期刊论文检索时高效检出相关度最高的文献的要求不同，**由于要对专利数据进行一定的分析，因此专利数据应尽量查全查准**。

① 基于阶段目标确定分阶段检索主题

本阶段检索的主题为“智能电视人机交互技术”。

② 提炼检索要素并合理表达

当前要检索的是智能电视中的人机交互技术，因此，检索要素确定为“智能电视”和“人机交互”。

为了尽可能查全查准，需要对检索要素的表达进行相应的扩展。检索要素的表达分为关键词表达和分类号表达。

➢ 关键词表达

这一阶段关键词的获取主要有两种途径：**一是通过在非专利数据库中检索技术状况时获取的关于人机交互的具体含义、常用表述、下位概念来获取，二是通过对专利数据库检索结果的浏览和分析而动态增减。**

通过之前对技术状况的检索，可知人机交互技术主要包括语音控制技术和体感遥控技术，体感遥控技术又包括手势识别、肢体识别、面部识别、眼动追踪。这些信息构成了关键词扩展的基础。

对于检索要素的关键词表达，通常可以从三个方面来扩展：形式、意义、角度。形式上的扩展主要是考虑关键词表达的不同形式，可以采用算符和通配符来帮助实现关键词表达形式上的完整；意义上的扩展主要是考虑每个技术特征的不同术语表达，其中最常用的有同义词、近义词、上位概念、下位概念；角度上的扩展主要是考虑技术方案所涉及的各个方面，例如技术问题、技术特征的功能和作用、技术效果等。

基于这一原则进行关键词的扩展。**为了检索结果查全，关键词的扩展应尽量全面；为了检索结果查准，关键词的扩展应尽量准确，可以使用例如“S”“W”“D”等合适的算符限定关键词间的位置关系。结合查全查准两方面的需求进行关键词的选取。**

智能电视较常用的表达方式还有交互式电视，考虑到其在文献中的出现形式，为了避免遗漏，可以利用算符表示为“智能 3W 电视”和“交互式 3W 电视”，还可以扩展为上位概念“电视”。

对人机交互的表达进行扩展，可以扩展到下位概念语音控制和体感遥控。

进一步对语音控制的表达进行扩展。考虑到其常见表达形式，可以扩展为“(语音 OR 声音 OR 人声) 10D (遥控 OR 控制 OR 操作 OR 切换)”。

体感遥控也是一个上位的表达方式。根据先前检索的结果，体感遥控技术包括面部识别、肢体识别、手势识别及眼动追踪等。因此，对体感遥控进行下位扩展，在面部方面，面部还有如脸等表达方式，而且通常是通过面部的表情进行控制，因此，还可以扩展至“情绪”“神态”“神情”“表情”等；在肢体方面，肢体还有如身体等表达方式，而且通常是通过肢体动作进行控制，因此，还可以扩展至“姿势”“姿态”“手臂”等；在手势方面，通常是通过手指、手掌、手臂进行控制，因此，还可以扩展至“手指”“手掌”“双手”“单手”“手部”等；在眼动方面，眼睛还有如眼球、人眼等表达方式，而且，通常是通过眼睛的动作或视线进行控制，因此，还可以扩展至“眨眼”“闭眼”“睁眼”“视线”等。

➢ 分类号表达

在PSS系统中可以利用分类号进行检索，因此对检索要素可以有相应的分类号表达。通过查询IPC分类表可以获取相应的分类号。对于智能电视，获得了H04N 21/00和H04N 5/44，H04N 21/00的定义为“可选的内容分发，例如交互式电视，或视频点播〔VOD〕”，其下包括的多个分类号均涉及智能电视，因此可将分类号表示为H04N 21/；H04N 5/44的定义为“接收机电路”。对于人机交互，未获取到特别准确的分类号。

对H04N 21/和H04N 5/44进一步分析，一方面，这些分类号都是定义较为宽泛的分类号，不宜单纯采用其进行检索，这样可能会引入过大的噪声；另一方面，涉及智能电视人机交互技术的专利文献一般都会包含这些分类号，因此**可以采用这些分类号对关键词检索的检索结果进行限定以去噪，提高检索结果的查准率**。

根据上述分析结果，构建如表3－1－1所示检索要素表达。

表3－1－1 检索要素表达

检索要素	检索要素1 “智能电视”	检索要素2 “人机交互”
分类号	H04N 21/、H04N 5/44	
中文关键词	智能3W电视、交互式3W电视、电视	((语音 OR 声音 OR 人声 OR 体感 OR 面部 OR 脸 OR 情绪 OR 神态 OR 神情 OR 表情 OR 身体 OR 姿势 OR 肢体 OR 姿态 OR 手臂 OR 手势 OR 双手 OR 单手 OR 手部 OR 手掌 OR 手指 OR 眼睛 OR 眼球 OR 人眼 OR 眨眼 OR 闭眼 OR 睁眼 OR 视线) 10D (遥控 OR 控制 OR 操作 OR 切换)) OR 人机交互

③ 选择数据库

选择PSS系统的中国发明专利数据库来进行专利文献的检索，以获取人机交互技术在中国的专利情况。

④ 合理选择检索入口和关键词构建检索式

一般来说，专利文献的摘要里都会描述到所涉及的技术领域，即智能电视，因此，对于这一检索要素，可以选择“摘要”为检索入口。在专利文献中，不一定会采用“智能电视”或“交互式电视”这样的描述，很可能只描述为电视，并通过具体的技术手段来体现出其智能的特点，如仅采用“智能电视”或“交互式电视”作为关键词可能会导致漏检大量文献。因此，对于检索要素1（智能电视），选择摘要入口，并选择“电视”这一关键词。

发明的技术内容通常会被详细地记载在说明书中，因此，对于检索要素2（人机交互），选择“说明书”入口，并采用检索要素表达里的相应表达方式。

需要注意的是，检索要素之间并不是割裂的关系，它们在一定情况下也会相互配合。例如，在当前检索中，实际上检索要素 2 已经隐含了“智能”这一特点，所以，在检索要素 1 的表达中省略“智能”二字是合适的。

可以采用 PSS 系统的命令行检索模式。

构建以下检索式：

1 >> 摘要 =(电视) AND 说明书 =(((语音 OR 声音 OR 人声 OR 体感 OR 面部 OR 脸 OR 情绪 OR 神态 OR 神情 OR 表情 OR 身体 OR 姿势 OR 肢体 OR 姿态 OR 手臂 OR 手势 OR 双手 OR 单手 OR 手部 OR 手掌 OR 手指 OR 眼睛 OR 眼球 OR 人眼 OR 眨眼 OR 闭眼 OR 睁眼 OR 视线) 10D (遥控 OR 控制 OR 操作 OR 切换)) OR 人机交互)

检索得到 4830 篇专利文献。

根据步骤②的分析，利用分类号对结果进行一定的去噪处理，构建以下检索式：

2 >> IPC = H04N21 + OR H04N5/44

3 >>1 AND 2

经过检索，获得 2700 篇智能电视人机交互领域的专利文献。

⑤ 浏览检索结果并基于检索结果修正完善检索式

可以对检索结果进行选择性地浏览，以获取需要的信息。通过对检索结果的浏览，还可以对智能电视人机交互领域专利文献中使用的关键词、分类号进一步加深了解，**一方面分析出引入噪声较大的关键词和分类号，另一方面获取初始时遗漏使用的关键词和分类号，以修正完善检索式，使检索结果的查全查准情况得到进一步改善。**[1]

例如，通过浏览，发现表示“遥控”的关键词不只可以扩展到“控制”“操作”“切换”，有些文献中也会使用“操控”，因此，对检索式进行完善，构建以下检索式重新进行检索：

4 >> 摘要 =(电视) AND 说明书 =(((语音 OR 声音 OR 人声 OR 体感 OR 面部 OR 脸 OR 情绪 OR 神态 OR 神情 OR 表情 OR 身体 OR 姿势 OR 肢体 OR 姿态 OR 手臂 OR 手势 OR 双手 OR 单手 OR 手部 OR 手掌 OR 手指 OR 眼睛 OR 眼球 OR 人眼 OR 眨眼 OR 闭眼 OR 睁眼 OR 视线) 10D (遥控 OR 控制 OR 操作 OR 切换 OR 操控)) OR 人机交互)

5 >>4 AND 2

经过检索，获得 2713 篇专利文献。经浏览，发现其多检索出来的 13 篇专利文献基本都为智能电视人机交互技术的相关文献，说明了动态调整的有效性。

2）根据检索结果获取专利申请量趋势、重要专利申请人信息

对上述步骤 1）中获取的检索结果，可以利用 PSS 系统提供的检索结果统计功能进行初步统计，以获取专利申请量趋势、重要专利申请人信息。

要注意对检索到的专利文献的类型过滤，上面检索到的数据中既包括公开文献，也包括授权公告文献，也就是说，同一申请的公开文本和授权公告文本会计算为 2 次，因此，需要进行过滤。勾选文献类型中的公开文献（参见图 3 - 1 - 5），以去除重复统计量，得到 2126 篇相关文献。

---

[1] 杨铁军. 专利分析实务手册 [M]. 北京：知识产权出版社，2012：59 - 64.

图3－1－5　PSS系统结果过滤功能

利用PSS系统提供的申请日统计功能，统计出上述专利文献的申请日如图3－1－6所示。

图3－1－6　PSS系统申请日统计功能

由此得到智能电视人机交互技术年度专利申请量的变化趋势图如图3－1－7所示。

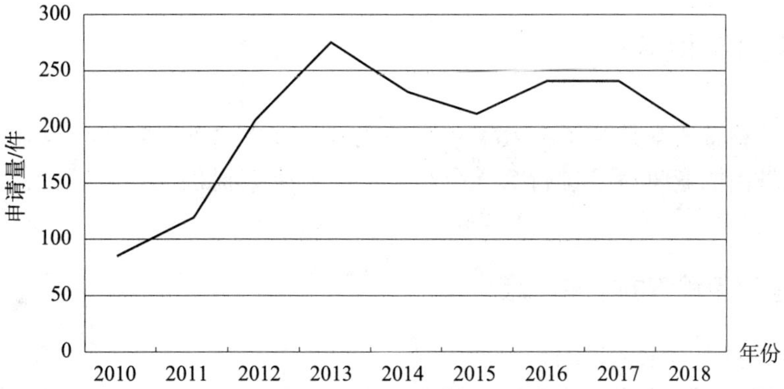

图3－1－7　智能电视人机交互技术专利申请量趋势

考虑到专利申请公开的时间是申请日起 18 个月，2017 年和 2018 年的专利申请在检索日有一部分尚未公开，统计出的数据量较实际的申请量会偏小，因此重点查看 2016 年及以前的申请量。从图 3－1－7 可以看出，智能电视人机交互领域的专利从 2010 年至 2013 年快速增长，之后有所回落，目前的年度专利申请量仍然较高，说明领域内技术创新相对活跃。

为了解在智能电视人机交互领域的主要竞争对手，可以对重要专利申请人进行分析，得到图 3－1－8 所示结果。

申请人统计

- 四川长虹电器股份… (120)
- 乐视致新电子科技… (106)
- 青岛海信电器股份… (92)
- 深圳TCL新技术有… (81)
- 康佳集团股份有限… (67)
- TCL集团股份有限… (67)
- 深圳创维-RGB电子… (59)
- 深圳TCL数字技术… (51)
- 索尼公司 (30)
- 中兴通讯股份有限… (25)
- 其他 (1575)

图 3－1－8　PSS 系统申请人统计功能

可以看出，申请量排名前列的有长虹、乐视、海信、TCL、康佳、创维、索尼、中兴等，都是电视领域的主要企业。

综上，完成了对智能电视人机交互技术这一分支的进一步检索。

对于智能电视领域的其他技术分支——芯片技术、显示技术、操作系统、软件与应用、联网技术，可以采用相同的手段进行检索，以获取各分支的相关内容。

通过以上检索，获取了智能电视的技术发展现状、发展趋势、主要的技术分支，以及各主要技术分支进一步的技术发展现状、发展趋势、细分技术分支、专利申请趋势、重要专利申请人等信息，完成了最初制定的检索目标。

3.2　竞争对手检索

技术现状检索通常是为了大致了解某一领域的基本情况，在了解领域概况后，通常需要对领域内的竞争对手进行深入分析，为企业决策提供支持。因此，本节将介绍竞争对手检索。

3.2.1　竞争对手检索的主要特点

（1）竞争对手检索的目的

知己知彼，百战不殆。随着科学技术的飞速发展，企业间的竞争日益激烈，企业要在竞争中立于不败之地，除了提升自身创新水平外，还需要时刻关注行业内发展状况。一般来说，企业对自身的情况是相对了解的，但是，如何做到知彼呢？也就是要了解竞争对手。

什么是竞争对手呢？竞争对手是指在某一行业或领域中，与本企业拥有相同或相似资源（人力、资金、产品、环境、渠道、品牌、智力等资源），提供功能相同或相似的产品或服务，争夺现实或潜在的顾客，对本企业持续发展可能造成威胁的任何企业。

作为了解竞争对手的主要手段，竞争对手检索可以使企业获取主要竞争对手的相关信息，进而进行相关的分析工作，为企业制定发展战略等提供参考。

（2）竞争对手检索的检索范围

在竞争对手检索中，需要从多方面收集竞争对手的信息，并分析竞争对手的实力。竞争对手的信息包括相关产品、销售渠道、市场营销、生产与经营、资金实力、客户和合作伙伴、研发能力等。这里将聚焦于研发能力中的专利信息，进行竞争对手检索。因此，检索范围将限定于专利文献。

（3）竞争对手检索的一般方法

了解竞争对手主要分为两步，第一步是识别竞争对手，第二步是对识别出的竞争对手进行分析。因此，竞争对手检索也分为两步，第一步是识别竞争对手中的检索，第二步是竞争对手分析中的检索。

接下来，将以了解智能电视体感遥控领域中的竞争对手为例介绍相关检索方法。

3.2.2 识别竞争对手中的检索方法

识别竞争对手是分析竞争对手的基础，首先需要明确竞争对手有哪些，通常可以通过技术领域的各种专利量排名识别竞争对手。常用的专利量排名包括总申请量、近几年的申请总量、多边专利申请量和有效专利量等，[1] 如图 3－2－1 所示。

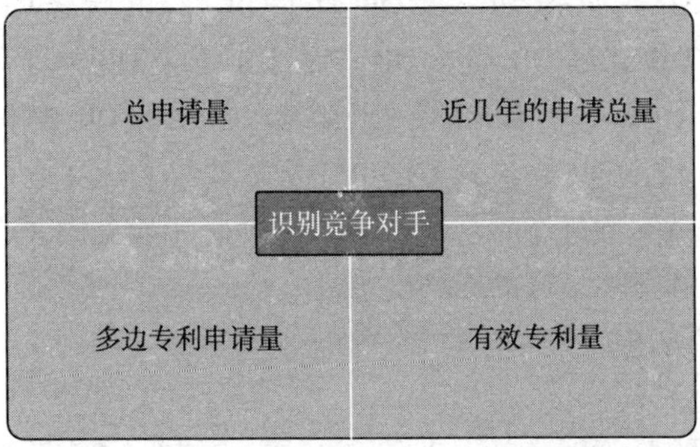

图 3－2－1 识别竞争对手的常用参数

接下来，将使用 PSS 系统进行检索以识别智能电视体感遥控领域的竞争对手。

检索目标：通过各种检索手段，识别智能电视体感遥控领域的竞争对手。 检索策略：PSS 系统的灵活运用，检索要素的选取与表达。

[1] 张鹏，房华龙，赵星．竞争对手专利情况分析方法探讨［J］．中国发明与专利，2011（9）：46－49.

3.2.2.1 获取相关企业的总申请量

总申请量能够反映一个企业的技术活跃程度，但不能真实反映企业的技术实力。例如，有些企业习惯将很多细微的技术改进都申请专利，导致专利绝对数量较多。因此，总申请量只能作为确定竞争对手的标准之一。下面，将介绍如何获取相关企业的总申请量。

前文已经分析并给出了关于智能电视体感遥控领域的检索要素表达，整理后如表3－2－1所示。

表3－2－1 检索要素表达

检索要素	检索要素1 “智能电视”	检索要素2 “体感遥控”
分类号	H04N 21/、H04N 5/44	
中文关键词	智能3W电视、交互式3W电视、电视	(体感 OR 面部 OR 脸 OR 情绪 OR 神态 OR 神情 OR 表情 OR 身体 OR 姿势 OR 肢体 OR 姿态 OR 手臂 OR 手势 OR 双手 OR 单手 OR 手部 OR 手掌 OR 手指 OR 眼睛 OR 眼球 OR 人眼 OR 眨眼 OR 闭眼 OR 睁眼 OR 视线) 10D (遥控 OR 控制 OR 操控 OR 操作 OR 切换)

同时也给出了示例检索式：

摘要＝(电视) AND 说明书＝((体感 OR 面部 OR 脸 OR 情绪 OR 神态 OR 神情 OR 表情 OR 身体 OR 姿势 OR 肢体 OR 姿态 OR 手臂 OR 手势 OR 双手 OR 单手 OR 手部 OR 手掌 OR 手指 OR 眼睛 OR 眼球 OR 人眼 OR 眨眼 OR 闭眼 OR 睁眼 OR 视线) 10D (遥控 OR 控制 OR 操控 OR 操作 OR 切换)) AND IPC 分类号＝(H04N21＋ OR H04N5/44)

经过检索并对文献类型过滤后，获得799条数据（参见图3－2－2）。这些数据基本涵盖了智能电视体感遥控领域的专利文献。

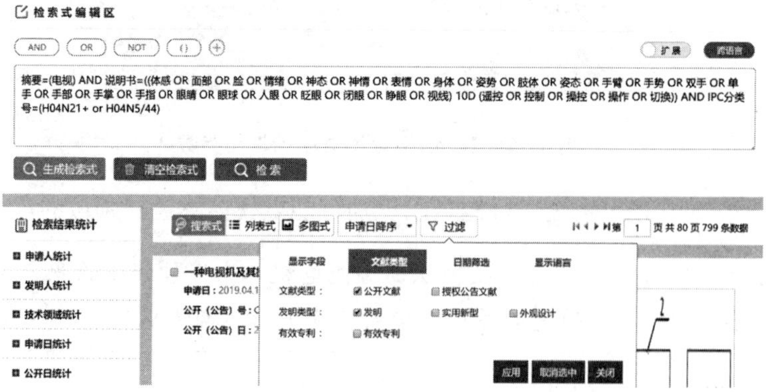

图3－2－2 PSS系统高级检索结果页面

在获得结果数据后，可以很容易地通过 PSS 系统自带的检索结果统计功能统计出企业的总申请量排名（参见图3-2-3）。

申请人统计

- 乐视致新电子科技… (47)
- 青岛海信电器股份… (34)
- 康佳集团股份有限… (33)
- 深圳TCL新技术有… (33)
- TCL集团股份有限… (25)
- 深圳创维-RGB电子… (24)
- 深圳TCL数字技术… (22)
- 四川长虹电器股份… (22)
- 索尼公司 (19)
- 乐视控股（北京）… (11)
- 其他 (590)

图3-2-3 PSS 系统申请人统计功能（总申请量排名）

由于申请人统计中出现了 TCL 集团的多家公司，有时候同一申请会包括多个申请人，为了保证数据准确性，避免统计时重复统计，也为了全面了解 TCL 集团整体的专利数量，进一步限制“申请人”字段，查看 TCL 集团的总申请量。使用以下检索式：

摘要=(电视) AND 说明书=((体感 OR 面部 OR 脸 OR 情绪 OR 神态 OR 神情 OR 表情 OR 身体 OR 姿势 OR 肢体 OR 姿态 OR 手臂 OR 手势 OR 双手 OR 单手 OR 手部 OR 手掌 OR 手指 OR 眼睛 OR 眼球 OR 人眼 OR 眨眼 OR 闭眼 OR 睁眼 OR 视线) 10D (遥控 OR 控制 OR 操控 OR 操作 OR 切换)) AND IPC 分类号=(H04N21+ OR H04N5/44) AND 申请(专利权)人=(TCL)

经过检索并对文献类型过滤后，获得82条数据。在智能电视体感遥控领域，从总申请量上来看，TCL 集团、乐视致新、青岛海信的总申请量排名前三，是该领域的主要国内申请人。

3.2.2.2 获取相关企业近几年的申请总量

近几年的申请总量，用于确定潜在的竞争对手。例如，某公司由于步入该领域较晚，表现为总申请量不高，但近几年申请量较高，则属于应引起重视的潜在竞争对手。

在总申请量检索结果的基础上，可以使用“申请日”字段进行限制，以进一步获取相关公司近几年的申请总量。例如，需要了解近5年的申请总量，可以使用申请日字段进行进一步限定，即申请日>=20150101，使用以下检索式进行检索：

申请日>=20150101 AND 摘要=(电视) AND 说明书=((体感 OR 面部 OR 脸 OR 情绪 OR 神态 OR 神情 OR 表情 OR 身体 OR 姿势 OR 肢体 OR 姿态 OR 手臂 OR 手势 OR 双手 OR 单手 OR 手部 OR 手掌 OR 手指 OR 眼睛 OR 眼球 OR 人眼 OR 眨眼 OR 闭眼 OR 睁眼 OR 视线) 10D (遥控 OR 控制 OR 操控 OR 操作 OR 切换)) AND IPC 分类号=(H04N21+OR H04N5/44)

经过检索并对文献类型过滤后，获得341条数据。这些数据基本涵盖了近5年智能电视体感遥控领域的专利文献。通过申请人统计功能可以得到该领域近5年来各申请人的申请总量（参见图3－2－4）。

图3－2－4　PSS系统申请人统计功能（近5年申请总量排名）

通过统计数据显示，近5年TCL集团的申请总量排名第一，可以看出TCL集团为该领域的主要竞争对手之一；另外，青岛海信、乐视致新和深圳创维的申请总量排名靠前，也是该领域的主要竞争对手。

3.2.2.3　获取相关企业的多边专利申请量

通常申请人会将有市场预期的技术在多个国家或地区提交专利申请，尤其是该产品的主要销售目的国，以获得更多的经济利益。因此，多边专利申请代表着较为重要的专利。多边专利申请量成为衡量竞争对手技术实力的重要指标之一。

接下来，将以TCL、海信、乐视为例，介绍获取这三个公司的多边专利申请量的方法。

要获取多边专利申请量，需要对检索要素表达中的关键词进行英文表达。同时，将使用申请人字段对企业进行限定，将申请人限定到上述三个公司，因此，形成表3－2－2所示的检索要素表达。

表3－2－2　检索要素表达

检索要素	检索要素1 “智能电视”	检索要素2 “体感遥控”
分类号	H04N 21/、H04N 5/44	
中文关键词	智能3W电视、交互式3W电视、电视	(体感 OR 面部 OR 脸 OR 情绪 OR 神态 OR 神情 OR 表情 OR 身体 OR 姿势 OR 肢体 OR 姿态 OR 手臂 OR 手势 OR 双手 OR 单手 OR 手部 OR 手掌 OR 手指 OR 眼睛 OR 眼球 OR 人眼 OR 眨眼 OR 闭眼 OR 睁眼 OR 视线) 10D (遥控 OR 控制 OR 操控 OR 操作 OR 切换)

续表

检索要素	检索要素 1 “智能电视”	检索要素 2 “体感遥控”
英文关键词	Smart 3W (TV OR television)、interactive 3W (TV OR television)、TV OR television	leap motion、(face OR facial OR mood OR expression OR emotion OR body OR arm OR posture OR gesture OR hand OR palm OR finger OR eye OR blink OR wink OR sight) 10D (control OR switch)

接下来，构建以下检索式：

摘要＝(TV OR television) AND 申请(专利权)人＝(TCL OR Hisense OR Letv) AND 说明书＝((leap motion) OR ((face OR facial OR mood OR expression OR emotion OR body OR arm OR posture OR gesture OR hand OR palm OR finger OR eye OR blink OR wink OR sight) 10D (control OR switch))) AND IPC 分类号＝(H04N21＋OR H04N5/44)

经过检索获得 31 条数据。通过申请人统计功能可以得到该领域的各申请人的总申请量（参见图 3－2－5）。

图 3－2－5　PSS 系统申请人统计功能（多边专利申请量）

通过统计数据显示，TCL 和海信向其他国家或地区提交的专利申请数量较多，需要予以关注。

3.2.2.4　获取相关企业的有效专利量

专利权维持有效需要缴纳年费，并非所有专利权都能存续到保护期限届满。市场前景不乐观或者市场价值已经丧失的专利权在保护期限届满之前会因权利人不缴纳年费等原因提前失效。因此，有效专利的数量能够反映企业的创新能力和市场竞争力。在 PSS 系统中，可以直接借助相关工具统计相关企业的有效专利量。

在获得总申请量之后，通过勾选“授权公告文献”，可以统计出企业的授权专利排名，如图 3－2－6 所示。

从图3－2－6中可以看出，TCL集团、青岛海信、索尼的授权专利数量最多。另外虽然乐视致新的总申请量排名靠前，但是其授权专利数量较少。

在获得授权专利文献后，进一步勾选“有效专利”，可以统计出企业的有效专利排名，如图3－2－7所示。

图3－2－6　PSS系统申请人统计功能（授权公告文献）

图3－2－7　PSS系统申请人统计功能（有效专利）

根据对总申请量、近几年的申请总量、多边专利申请量和有效专利量的检索，基本可以确定在智能电视体感遥控领域的主要竞争对手。

3.2.3　分析竞争对手中的检索方法

竞争对手分析，是指企业通过分析方法对竞争对手的目标、资源、市场力量和当前战略等要素进行评价。而这些内容其实都与专利信息相关。因此，接下来将从专利的角度分析竞争对手。分析的主要方面包括：专利申请量趋势、发明团队、核心引用文献、专利布局情况（参见图3－2－8）。

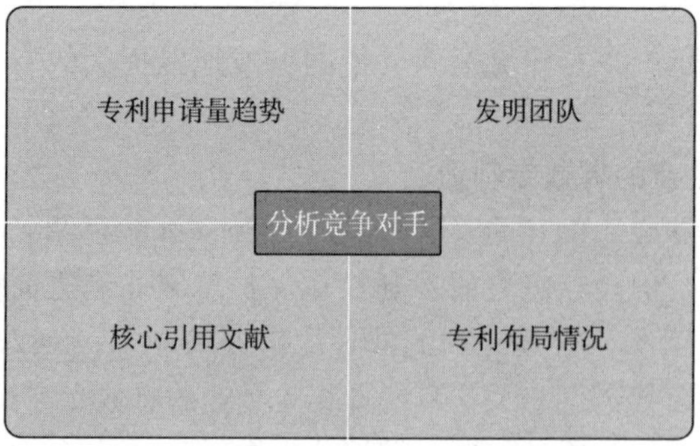

图3－2－8　分析竞争对手的常用参数

在识别了竞争对手之后，可以对这些竞争对手进行进一步分析。接下来，将以B公司为例，就这些方面分别进行检索与分析。

> 检索目标：通过各种检索手段，分析智能电视体感遥控领域的竞争对手。
> 检索策略：PSS系统的灵活运用，检索要素的选取与表达。

3.2.3.1 获取专利申请量趋势

专利申请量趋势从一定程度上反映出申请人在该技术领域的关注程度以及在不同时期的专利布局策略和技术发展动向，同时可以预测未来一段时间可能的专利布局发展趋势。

在先前检索式的基础上，进一步限定申请人即可快速获得B公司在智能电视体感遥控领域的专利文献。构建以下检索式：

摘要=(电视) AND 说明书=((体感 OR 面部 OR 脸 OR 情绪 OR 神态 OR 神情 OR 表情 OR 身体 OR 姿势 OR 肢体 OR 姿态 OR 手臂 OR 手势 OR 双手 OR 单手 OR 手部 OR 手掌 OR 手指 OR 眼睛 OR 眼球 OR 人眼 OR 眨眼 OR 闭眼 OR 睁眼 OR 视线) 10D (遥控 OR 控制 OR 操控 OR 操作 OR 切换)) AND IPC分类号=(H04N21+OR H04N5/44) AND 申请(专利权)人=(B公司)

经过检索并对文献类型过滤后，获得82条数据。这些数据基本涵盖了B公司在智能电视体感遥控领域的专利文献。点击"专利分析"中的"申请人趋势分析"，可以获得B公司近些年来的专利申请量趋势，如图3-2-9所示。

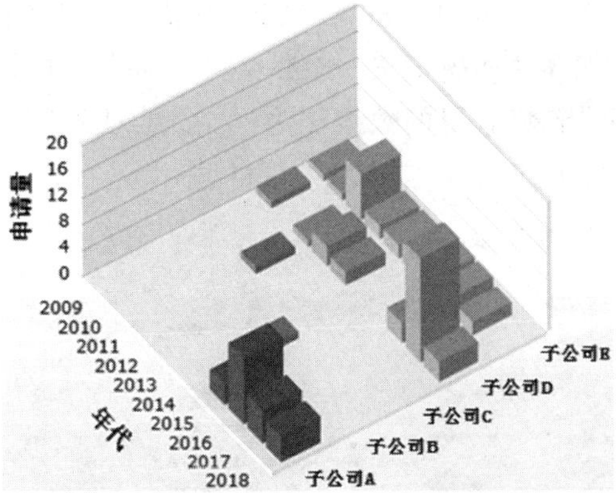

图3-2-9 PSS系统申请人趋势分析图

从图3-2-9中可以看出，B公司从2009年开始就在智能体感遥控领域申请专利，且通过统计分析可以看出B公司有多家子公司，各家子公司的申请情况一目了然。

3.2.3.2 获取企业的发明团队

对于竞争对手的分析通常还需要对其发明团队进行深入分析。竞争对手发明团队分析主要是针对竞争对手所申请专利中的一些主要发明人进行分析统计，通常可以通过分析发明人的申请量、在整个团队中的地位等来判断整个发明团队或个人的研发能力，进而判断一个企业的技术实力。

根据第 3. 2. 3. 1 节的检索结果，点击“专利分析”中的“发明人趋势分析”，可以获得 B 公司的主要发明人申请趋势，如图 3－2－10 所示。

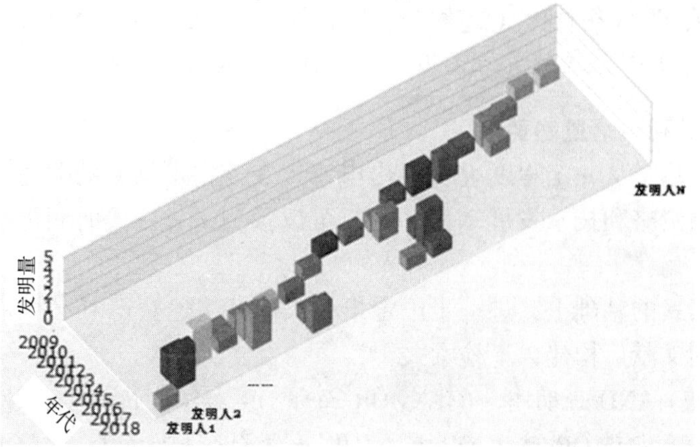

图 3－2－10　PSS 系统发明人趋势分析图

3. 2. 3. 3　获取核心引用文献

发明创造活动具有很强的继承性和关联性，几乎所有发明创造都是在前人研究成果的基础上发展起来的。专利引文文件或者体现在专利说明书正文中，用以详细描述发明创造的技术背景，突出发明创造的技术先进性和进步性；或者体现在专利说明书扉页或者检索报告中，用以分析和判断发明创造的新颖性和创造性。专利引文体现了科学与技术的继承性、连续性和积累性，能够反映专利的技术质量和影响力。

使用研究专利申请量趋势获得的数据作为样本，点击高级分析中的“引文分析”，可以获得 B 公司的核心引用文献，如图 3－2－11 所示。

核心引用文献分析

选择	公开(公告)号	申请号	技术领域	发明名称	申请人	被引证次数
◉	[redacted]	[redacted]	G06F3/01; H04N5/44;	[redacted]	[redacted]	81
○	[redacted]	[redacted]	G06F3/041; H04N5/44;	[redacted]	[redacted]	71
○	[redacted]	[redacted]	H04N21/44;			56
○	[redacted]	[redacted]	H04N21/435; H04N21/462;		[redacted]	46
○	[redacted]	[redacted]	G06F3/041;			36
○	[redacted]	[redacted]	G06F3/01;			33
○	[redacted]		G08C17/02; H04N5/44; G08C23/04;	[redacted]	[redacted]	31
○	[redacted]	[redacted]	H04N21/441; H04N21/466; H04N21/472;	[redacted]	[redacted]	23
○	[redacted]	[redacted]	G06F3/033;			20

图 3－2－11　PSS 系统核心引用文献分析

核心引用文献按照被引证次数进行排名，用户可以查看相关核心引用文献进行分析，获取所需结果。

3.2.3.4　获取专利布局情况

对于竞争对手的分析通常还需要分析其专利布局情况。智能电视体感遥控领域实际上是一个很大的技术领域，其下有多个技术分支。如果需要了解竞争对手的专利布局情况，就应当深入到各个技术分支下，全面了解竞争对手的产品、技术研发趋势和各个技术分支内的技术研发水平。

之前已经介绍体感遥控技术包括面部识别、肢体识别、手势识别及眼动追踪等，因此，针对这些技术分支分别进行检索，获取B公司相关的专利数据。

对于面部识别技术分支，构建以下检索式：

摘要=(电视) AND 说明书=((面部 OR 脸 OR 情绪 OR 神态 OR 神情 OR 表情) 10D (遥控 OR 控制 OR 操控 OR 操作 OR 切换)) AND IPC 分类号=(H04N21+OR H04N5/44) AND 申请(专利权)人=(B 公司)

经过文献类型过滤后，16 篇文献中授权文献量为 2 篇，目前的有效专利为 2 件。

对于肢体识别技术分支，构建以下检索式：

摘要=(电视) AND 说明书=((身体 OR 姿势 OR 肢体 OR 姿态 OR 手臂) 10D (遥控 OR 控制 OR 操控 OR 操作 OR 切换)) AND IPC 分类号=(H04N21+OR H04N5/44) AND 申请(专利权)人=(B 公司)

经过文献类型过滤后，38 篇文献中授权文献量为 7 篇，目前的有效专利为 7 件。

对于手势识别技术分支，构建以下检索式：

摘要=(电视) AND 说明书=((手势 OR 双手 OR 单手 OR 手部 OR 手掌 OR 手指) 10D (遥控 OR 控制 OR 操控 OR 操作 OR 切换)) AND IPC 分类号=(H04N21 + OR H04N5/44) AND 申请(专利权)人=(B 公司)

经过文献类型过滤后，56 篇文献中授权文献量为 13 篇，目前的有效专利为 13 件。

对于眼动追踪技术分支，构建以下检索式：

摘要=(电视) AND 说明书=((眼睛 OR 眼球 OR 人眼 OR 眨眼 OR 闭眼 OR 睁眼 OR 视线) 10D (遥控 OR 控制 OR 操控 OR 操作 OR 切换)) AND IPC 分类号=(H04N21 +OR H04N5/44) AND 申请(专利权)人=(B 公司)

经过文献类型过滤后，14 篇文献中授权文献量为 6 篇，目前的有效专利为 5 件。

经过上述统计，B 公司在智能电视体感遥控领域的各技术分支下的专利数量如表 3-2-3 所示。

表 3-2-3 各技术分支的授权量和有效专利量

技术分支	授权量/件	有效专利量/件
面部识别	2	2
肢体识别	7	7
手势识别	13	13
眼动追踪	6	5

至此，根据以上对各个技术分支的检索结果，已经基本能够了解 B 公司在智能电视体感遥控领域的专利布局情况。

3.3 查新检索

3.3.1 查新检索的主要特点

（1）查新检索的目的

查新检索，是判断发明创造是否具备专利法所规定的新颖性、创造性的检索过程。通过计算机检索等多种途径，检索与发明创造相关的对比文件，根据专利法来评价发明创造的新颖性和创造性。

知识拓展——新颖性和创造性

新颖性和创造性是专利申请获得授权并能长期维持专利权有效的基本条件。我国《专利法》第 22 条规定：

授予专利权的发明和实用新型，应当具备新颖性、创造性和实用性。

新颖性，是指该发明或者实用新型不属于现有技术；也没有任何单位或者个人就同样的发明或者实用新型在申请日以前向国务院专利行政部门提出过申请，并记载在申请日以后公布的专利申请文件或者公告的专利文件中。

创造性，是指与现有技术相比，该发明具有突出的实质性特点和显著的进步，该实用新型具有实质性特点和进步。

实用性，是指该发明或者实用新型能够制造或者使用，并且能够产生积极效果。

本法所称现有技术，是指申请日以前在国内外为公众所知的技术。

本书所指的查新检索是广义的概念，可以是在提出专利申请前对发明构思进行查新检索，以明确该发明构思是否有必要申请专利，也可以是对专利审查过程中的专利申请进行查新检索，以明确其可专利性，并提前准备应对措施。

查新检索的对象可以是自己研发的技术成果，也可以是其他人研发的技术成果，其主要目的均为对授权前景进行预判。对于自己研发的技术成果，可以根据检索结果制定专利申请策略、调整申请文件特别是权利要求的撰写。对于其他人研发的技术成果，特别是竞争对手的技术内容，一方面，对其授权前景进行预判，积极准备应对措施，另一方面，如果检索到合适的相关文献，还可以以公众意见的形式提交至国务院专利行政部门作为实质审查参考资料。

查新检索是一种检索目标明确的检索类型，即检索出能评价发明创造的新颖性和创造性的相关文献，其检索步骤和检索策略同样可用于无效检索和防侵权检索中。

（2）查新检索的检索范围

查新检索，应检索所有的现有技术，包括专利数据库（中文和外文）、非专利数据库（例如期刊、硕博论文、会议论文以及其他公开出版物等）。需要注意的是，查新检索有明确的时间界限，对专利申请的查新检索而言，在申请日前公开的才属于现有技术。

（3）检索主题的确定

查新检索针对的是一个确定的技术方案，可以是撰写好的专利申请，也可以是以技术交底书等形式表述的技术方案，该技术方案就构成了检索主题。

对于专利申请来说，我国《专利法》第59条中规定：发明或者实用新型专利权的保护范围以其权利要求的内容为准，说明书及附图可以用于解释权利要求的内容。因此，要对专利申请进行查新检索，针对的对象主要为该专利申请的权利要求。在权利要求不具备新颖性或创造性的情况下，为了对该专利申请的前景进行预判，必要时还要对说明书中的技术方案进行进一步检索。

3.3.2　检索实战案例

A公司正在推广一款智能电视，却发现一件已公开的专利申请与该款智能电视的一项功能相符。为了明确该专利申请是否有授权前景，A公司决定对该专利申请进行查新检索。

技术背景

在日常生活中，很多用户习惯在卧室内安装电视机，躺在床上看电视。但是人们躺在床上看电视的时候会不自觉睡着，而电视机仍然开着，造成了能源的浪费。

待查新专利申请信息

该专利申请目前状态是已申请未授权，申请日为2015年6月9日。其涉及一种电视控制方法及装置，用于解决人睡着后电视机仍然开着造成的能源浪费的问题。

该专利申请权利要求的内容如下：

1. 一种电视控制方法，其特征在于，应用于电视控制装置，所述电视控制装置包括：电视机、扫描装置和控制器，所述方法包括：

所述控制器获取所述扫描装置采集的表征人体情绪的生理信息；所述控制器判断所采集的生理信息是否符合预设标准；若是，所述控制器控制所述电视机执行预设动作。

2. 根据权利要求1所述的电视控制方法，其特征在于，所述控制器控制所述电视机执行预设动作，包括：所述控制器控制所述电视机关机。

3. 根据权利要求1的所述的电视控制方法，其特征在于，所述扫描装置包括面部识别系统；所述控制器获取所述扫描装置采集的表征人体情绪的生理信息，包括：所述控制器获取所述面部识别系统采集的人体面部的图像；所述控制器判断所采集的生理信息是否符合预设标准，包括：所述控制器判断所采集的人体面部的图像与人体睡眠时的面部图像是否一致；若是，所述控制器控制所述电视机执行预设动作。

说明书中描述了该发明的技术方案：电视控制装置通过扫描装置采集人体的面部图像，再与表征人体睡眠时的面部图像比对，如果一致，表明电视机前的人已经睡着，则控制器控制电视机关机，从而有效降低能源浪费。通过对比，可以发现该技术方案实际上和权利要求3限定的内容是一致的。同时，说明书中还描述了进一步的技术方案：在检测到人睡着时，可以启动定时装置，在定时结束后，控制电视机关机。

接下来，基于该案例展示查新检索的基本流程和策略。

> 检索目标：检索到能够评价该专利申请的新颖性和创造性的相关文献。
> 检索策略：提炼和表达检索要素，构建检索式。

3.3.2.1 明确检索步骤和检索重点环节

（1）检索步骤

查新检索的步骤与常规的专利检索步骤相同，具体为：确定检索主题、提炼检索要素并表达、选择数据库、构建检索式、浏览检索结果、根据检索结果动态调整检索策略。

（2）检索重点环节

本次检索的检索目标非常明确，即检索到能影响该专利申请的新颖性和创造性的相关文献。围绕这一目标，有两个重点环节：一是如何在检索的各步骤中合理选择和调整，以获取到尽量精准的检索结果，从而在噪声文献尽量少的情况下获得目标文献；二是对检索结果及时进行评估，并根据评估结果调整检索策略，以更逼近目标。

3.3.2.2 确定检索主题

对于该专利申请，查新检索以权利要求的内容为主；同时，为了对授权前景进行预判，必要时还应考虑说明书中的技术方案。

3.3.2.3 提炼检索要素并初步表达

（1）提炼检索要素

查新检索中，一般首先针对保护范围最宽的独立权利要求进行检索，适当关注从属权利要求的内容。因此，**根据独立权利要求的技术方案确定基本检索要素。基本检索要素是体现技术方案的基本构思的可检索的要素。**

按照检索要素的确定原则，检索的主题作为检索要素之一，因此“电视控制”是确定的第一个检索要素。分析权利要求1的内容后可以明确，其控制方法分为三步，分别是采集生理信息、判断生理信息和执行预设动作。其中判断生理信息必然需要先采集生理信息，因而，这两者可以采用一个检索要素“采集判断生理信息”来表达；将最后一步“执行预设动作”确定为另一个检索要素。

因此，提炼出的3个检索要素分别是“电视控制”“采集判断生理信息”和“执行预设动作”。

（2）初步选取准确度高的关键词表达

在检索的开始阶段，关键词扩展一般不需太多，先选取最准确、最相关的关键词，以获取相关度最高的对比文件，提高检索效率。

分别对3个检索要素进行关键词表达。

1）电视控制

可以直接作为关键词使用，也可以通过算符表达为“电视 S 控制”；鉴于“控制”是一个非常宽泛的词语，很多文献并不一定直接采用“控制”来描述对电视的操作，那么也可以仅采用“电视”一词。

2）采集判断生理信息

该生理信息是表征人体情绪的，可以采用关键词“生理信息”和“情绪”。要注意的是，权利要求1目前的“采集表征人体情绪的生理信息”包括的范围较宽，并未体现出其实际采用的具体手段“判断所采集的人体面部的图像与人体睡眠时的面部图像是否一致”，可以根据该具体手段确定和扩展关键词。该申请采集的生理信息是人的面部信息，所起的作用是确定是否睡着，可以根据这样的具体方式和所起作用扩展生理信息的关键词，将关键词扩展到“面部”“脸”“人脸”“睡着”“睡眠”“睡觉”“睡”。采集和判断属于对信息的基本处理步骤，表示此类动作的词语较多，在检索中带来的噪声也较大，因此在关键词中可以暂不体现。

3）执行预设动作

通过对专利申请文件的阅读，可明确该动作为“关机”。因此，可将中文关键词确定为“预设”和“关机”。

基于与表达中文关键词同样的思路，进行英文关键词的表达。

表3-3-1 检索要素表达

检索要素		检索要素1 “电视控制”	检索要素2 “采集判断生理信息”	检索要素3 “执行预设动作”
关键词	中文	电视控制、电视 S 控制、电视	生理信息、情绪、面部、脸、人脸、睡着、睡眠、睡觉、睡	预设、关机
	英文	TV、television、control	physiological information、face、sleep+	turn off、power off

（3）查找适当的分类号表达

使用分类号检索是查新检索中的重要手段。通信领域的有些技术内容，经常使用较为宽泛的表达方式，例如“发送”“接收”“通知”等。如果仅用关键词检索，有时效率较低。如能确定出准确的分类号，通过分类号来辅助检索，能提高检索的效率和质量。

1）IPC 分类号

对于已公开或公布的专利文献，可以从扉页获取 IPC 分类号信息；对于自行撰写的技术方案，可通过查找分类表确定分类号。

从该专利申请的扉页获取到 IPC 分类号 H04N 5/63 和 H04N 21/422。通过查找分类表获取分类号的含义：

H04N 5/63　　·专门适用于电视接收机电源的产生或供给［4］

H04N 21/422　　···只输入的外围设备，如全球定位系统［GPS］［2011.01］

确定检索要素对应的分类号时，要考虑到分类号的具体含义，有时会出现一个分类号包括多个检索要素的情况。分类号 H04N 5/63 的含义包括对电视电源进行控制，那么其实际包括了电视控制和执行预设动作这两个检索要素，因此可以采用 H04N 5/63 对这两个检索要素进行合并表达。H04N 21/422 的含义为只输入的外围设备，可以用于表达采集判断生理信息这一检索要素。

2）CPC 分类号

在对 CPC 分类表不熟悉时，可以先以 IPC 分类号为参考，查找是否有精准的 CPC 分类号。该专利申请的 IPC 分类号是 H04N 5/63 和 H04N 21/422。先在 CPC 分类表中查看各自下面包含的分类号，但没有发现更合适的分类号，再以其为基础，在分类表的相近位置进行查找。通过浏览，找到了这样的 CPC 分类号：H04N 21/44218（……检测用户的实际存在或者用户的行为，例如使用传感器来检测用户是否正离开房间，或者是否在播放电视节目期间改变他的面部表情），是表示采集判断生理信息的非常准确的分类号。

根据上述分析、查找，可以确定如表 3－3－2 所示的检索要素。

表 3－3－2　检索要素表达

检索要素		检索要素 1 “电视控制”	检索要素 2 “执行预设动作”	检索要素 3 “采集判断生理信息”
分类号	IPC	H04N 5/63		H04N 21/422
	CPC			H04N 21/44218
关键词	中文	电视控制、电视 S 控制、电视	预设、关机	生理信息、情绪、面部、脸、人脸、睡着、睡眠、睡觉、睡
	英文	TV、television、control	turn off、power off	physiological information、face、sleep +

3.3.2.4 检索数据库的选取

当前查新检索的检索对象是专利申请，技术性强，需求的目标文献是要能评价该专利申请的新颖性和创造性的对比文件，目标明确，在专利数据库中检索效率更高，因此首选在 PSS 系统中的所有专利数据库中检索。

如果技术主题涉及通信领域的一些特定主题，可选择在相应的专业非专利数据库中进行检索，例如协议相关的技术主题等，此外，还可以在 CNKI、万方、百度/百度学术等非专利数据库中进行检索。

3.3.2.5 试探性的简单检索

确定和表达检索要素、选定了数据库后，可以构建检索式进行检索。

在第 2 章中，介绍了基本的检索式构建策略包括简单检索、块检索和追踪检索。**在查新检索中，第一条检索式通常都是从简单检索开始。**简单检索是指通过较准确的分类号或关键词对检索主题进行试探性的检索，一方面，尝试快速获取与该专利申请相关度最高的对比文件，另一方面，可以通过对检索结果的浏览对已经形成的检索要素的表达进行初步评估，进行一个“摸底”。

简单归纳该专利申请的技术方案：人睡觉后，电视自动关机。因此，可以用“电视”“睡觉”“关机”来进行简单检索。PSS 系统的“关键词”字段检索是在“发明标题”“摘要”和“权利要求”三个字段中同时检索，可选择“关键词”字段作为检索入口，构建以下检索式：

关键词 =(电视 AND 睡觉 AND 关机)

浏览获得的 7 篇文件，其中 CN2100066U、CN103475921A 公开了具有睡眠模式的电视控制方法，但是没有涉及采集判断生理信息的步骤；CN206962997U 公开了检测心率、脉搏，确定用户是否睡眠，进而关闭电视机盒子，与该专利申请的技术内容相关度较高，但其申请日和公开日都晚于该专利申请的申请日，不能用于评价该专利申请的新颖性和创造性。

通过对这几篇检索结果的浏览，发现了另外一个问题，即电视机可能具有睡眠模式，例如上面的文献 CN2100066U 和 CN103475921A，出现在其中的“睡眠”一词指的是电视机的睡眠模式，而非人在睡眠。因此，得到了对于“睡眠”这个关键词的初步评估，即其可能会引入大量噪声。

再尝试采用分类号进行简单检索。

以 PSS 系统的“分类号”字段为入口进行检索，构建以下检索式：

IPC 分类号 =(H04N5/63 AND H04N21/422)

检索结果为 240 篇，浏览工作量很大。先对排序靠前的文献进行浏览，发现其多涉及电视关机的自动控制，可见分类号 H04N 5/63 是较为准确的分类号。而对于检测方式和关机条件，多为定时关机，涉及检测生理信息的内容较少，可见 H04N 21/422 的定义有些上位，不能很好地表达对生理信息的检测和判断这一具体方式。

在利用分类号检索获取的文献量过多、不够精准的情况下，可以通过关键词对内容涵盖较宽的分类号 H04N 21/422 进行限缩，以期获得更精准的检索结果。采用关键词“睡着”“睡觉”进行限缩，构建以下检索式：

IPC 分类号 =(H04N5/63 AND H04N21/422) AND 关键词 =(睡着 OR 睡觉)

获得两篇检索结果，其中包括 CN103002237A。其公开的技术内容为用生命探测仪和距离传感器时刻检测周围的环境，并将检测值传给控制器，经控制器处理比较，当人们呼吸均匀，且保持不动时，即检测值反映人已经睡着时，控制器控制遥控器向电视机发送关机信号。其技术方案看起来和待查新专利申请相似度比较高。

3.3.2.6 检索结果的及时评估

在查新检索中，要及时进行检索结果的评估，即判断检索得到的相关文献是否能用于评价该专利申请的新颖性和创造性。如果不能评价，及时发现欠缺点在哪里，从而调整接下来的检索重点。

在上面的检索过程中，获取了相关文献 CN103002237A，和该专利申请的相似度比较高。为了准确判断其能否评价该专利申请的新颖性和创造性，需要进一步具体分析。

判断一篇相关文献是否能评价该专利申请的新颖性和创造性时，主要是用这篇相关文献的全部内容和该专利申请的权利要求的内容进行比较。

目前要评价的专利申请包括 3 项权利要求，对于权利要求 1～3，分别和相关文献 CN103002237A 进行对比。

对于权利要求 1 和权利要求 2：CN103002237A 公开了电视机和控制器，其生命控制仪和距离传感器共同实现了权利要求 1 中的扫描装置的功能，相当于公开了扫描装置；其采用的具体控制方法为检测到人们呼吸均匀，且保持不动时，即检测值反映人已经睡着时，控制电视机关机。“呼吸均匀，且保持不动”属于一种“表征人体情绪的生理信息”，“检测值反映人已经睡着时”属于一种预设标准，“关机”属于一种预设动作，即其已经公开了权利要求 1 和 2 中的全部特征，并且和权利要求 1 和 2 的技术内容都属于同样的领域，用于解决同样的问题，也达到了同样的效果，可以用于评价权利要求 1 和权利要求 2 的新颖性。

对于权利要求 3：CN103002237A 没有涉及要采集人体面部图像的内容，所以没有公开权利要求 3 的全部特征，不能用于评价权利要求 3 的新颖性。在 CN103002237A 公开的内容的基础上，也不能显而易见地得到采集和判断的是“人体面部的图像”这样的技术内容，因此权利要求 3 相对于相关文献 CN103002237A 来说，具备创造性。

综合上文的分析，可得到表 3－3－3 所示的特征对比表。需要注意的是，这里只是简略介绍了新颖性和创造性的判断思路，具体的新颖性和创造性判断是一套系统的理论，可参考《专利审查指南 2010》中的详细介绍。

表3-3-3　特征对比表

待查新专利申请			CN103002237A
权利要求1	技术领域	电视控制方法	√
	技术特征	应用于电视控制装置，电视控制装置包括：电视机、扫描装置和控制器	√
		控制器获取扫描装置采集的表征人体情绪的生理信息	√
		控制器判断所采集的生理信息是否符合预设标准	√
		控制器控制电视机执行预设动作	√
权利要求2	技术特征	控制器控制电视机关机	√
权利要求3	技术特征	控制器获取面部识别系统采集的人体面部的图像	×
	技术特征	控制器判断所采集的人体面部的图像与人体睡眠时的面部图像是否一致	×

相关文献CN103002237A只能评价权利要求1和权利要求2的新颖性和创造性，不能评价权利要求3的新颖性和创造性。由于权利要求1～3都是申请人要保护的技术内容，因此仅检索到可以评价部分权利要求的新颖性和创造性的相关文件并不够，要继续检索能够评价全部权利要求的新颖性和创造性的对比文件。并且，通过CN103002237A和权利要求内容的具体对比，了解了在接下来的检索中应该更加关注采集和判断的是“人体面部的图像”的相关文献。

3.3.2.7　灵活而动态调整的块检索

简单检索之后，可以进行正式的块检索了。

块检索是最典型的构建检索式的策略。每一个基本检索要素构成一个检索块，将一个基本检索要素的不同表达方式通过“OR”算符连接起来构成了这个检索块的全部表达，通过这些表达可以查找与相应基本检索要素相关的所有文献。而通过对各个检索块进行组合，就可以实现特定检索主题的检索。

本案例中，构建了3个检索块，块1对应“电视控制”这一基本检索要素，块2对应“执行预设动作”这一基本检索要素，块3对应“采集判断生理信息”这一基本检索要素。

要检索的理想目标文献是同时包括这3个块的文献，即：

块1 AND 块2 AND 块3 => 通过采集判断生理信息来对电视执行预设动作

那么，按照这样的分析，把3个块的所有表达用“OR”罗列起来，再进行“AND”的运算，是否就可以得到最优的检索结果了呢？并非如此。一个检索块的表达方式很多，各个表达方式的特点是不同的。如果采取这种机械的检索方式，对检索结果的可控性是非常低的，既可能因为“OR”的要素太多导致检索结果太多而无法浏览，又可能因为“AND”的要素太多导致过滤掉了目标文献。

实际的块检索是非常灵活的：首先，构建检索式时每个检索块中内容的选取是灵活的；其次，选取哪些检索块也是灵活的。

在每个检索块中内容的选取上，每个检索块包括关键词和分类号两种表达。对于通信领域来说，这两种表达方式各有优劣势，需要根据具体的技术内容进行选择。对于有些技术内容，关键词的表达五花八门，既难以表达全面又会引入大量噪声，这时一个准确的分类号就是优选；对于有些技术内容，难以找到准确的分类号，这时如果有比较通用的关键词就能够解决问题。**在大多数检索中，往往需要分类号和关键词互相配合，互相补充。**因此，在检索式的构建上，通常有三种方式：①纯分类号构建块检索；②分类号结合关键词构建块检索；③纯关键词构建块检索。

在检索块的选取上，通常先选择全部的检索块进行全要素检索，以寻找相关度最高的新颖性文件。但如果通过“块 1 AND 块 2 AND 块 3”没有获得合适的结果的话，可以考虑部分要素的组合检索，即考虑使用“块 1 AND 块 2”“块 1 AND 块 3”或者“块 2 AND 块 3”进行检索。

（1）纯分类号构建块检索

在简单检索中，实际上已经应用了纯分类号构建的块检索，即检索式：IPC 分类号 = (H04N5/63 AND H04N21/422)。由于 H04N 21/422 的定义有些上位，引入的噪声过多，因此，未取得很好的检索效果。

（2）分类号结合关键词构建块检索

1）IPC 分类号结合关键词

可以尝试利用 IPC 分类号结合关键词进行块检索。

根据简单检索过程中对分类号的评估，H04N 5/63 是表示执行预设关机动作的较为准确的分类号，因此采用这一分类号表示“电视控制”和“执行预设动作”这两个检索要素。对于检索要素 3“采集判断生理信息”，采用关键词来表达。

通过对简单检索得到的相关文献 CN103002237A 的评估，明确了应该更关注采集和判断的是“人体面部的图像”的文献。因此，在关键词的选取上，直接采用“(面部 OR 脸) AND (睡着 OR 睡觉)”来表达检索要素 3，构建以下检索式：

IPC 分类号 = (H04N5/63) AND 关键词 = (面部 OR 脸) AND 关键词 = (睡觉 OR 睡着)

获得 CN104469497A 等 3 篇文献，均涉及采集电视观看者的眼部信息，通过眼部是否闭合判断人是否已经睡着，并控制电视关机，均可以用于评价权利要求 1 ~ 3 的新颖性。

从这 3 篇文献中，获取到一个重要信息，即通常都是通过眼部是否闭合来判断人是否睡着的，因此，可以将检索要素 3 的关键词进一步扩展到“眼 S 闭”（参见表 3 - 3 - 4）。

表3-3-4 检索要素表达

检索要素		检索要素1 “电视控制”	检索要素2 “执行预设动作”	检索要素3 “采集判断生理信息”
分类号	IPC	H04N 5/63		H04N 21/422
	CPC			H04N 21/44218
关键词	中文	电视控制、电视 S 控制、电视	预设、关机	生理信息、情绪、面部、脸、人脸、睡着、睡眠、睡觉、睡、(面部 OR 脸) AND (睡着 OR 睡觉)、眼 S 闭
	英文	TV、television、control	turn off、power off	physiological information、face、sleep +

2）CPC 分类号结合关键词

对于有准确 CPC 分类号的检索要素来说，采用该 CPC 分类号进行检索通常效率较高。

CPC 分类号 H04N 21/44218 涉及检测用户的面部表情，可以通过关键词对其进行限缩以获得更精准的检索结果。该专利申请是根据面部图像判断用户是否睡着，因此可直接将“睡”作为一个检索关键词，将二者结合来表示“电视控制”和“采集判断生理信息”这两个检索要素。对于第三个检索要素“执行预设动作”，可以采用关键词“关机”来表达。

PSS 系统的命令行检索中可以采用 CPC 进行检索，构建以下检索式：

1 >> CPC =(H04N21/44218) AND 关键词 =(睡) AND 关键词 =(关机)

检索结果有 10 篇，通过浏览可获得 CN104349193A 等 3 篇相关文献。

（3）纯关键词构建块检索

可以全部采用关键词进行块检索，并根据各个检索块的特点而选择不同的检索入口。

1）“关键词”入口检索

首先仍以“关键词”字段为检索入口进行检索，先通过预期检索效率最高的关键词构建以下检索式：

关键词 =(电视 AND 关机 AND (眼 S 闭))

检索结果有 22 篇，除了包括上文检索到的一些文献外，还包括了 CN101860694A 等 3 篇相关文献。在 CN101860694A 中，除了公开了权利要求 1 ~ 3 的内容外，还公开了检测到人眼闭合状态后，可以设置一个预设时间，超过预设时间后控制电视机关机，即其进一步公开了该专利申请说明书中涉及的进一步的技术方案。

2）“说明书”入口检索

上文是将“关键词”作为检索入口进行块检索，对于检索要素“采集判断生理信息”来说，具体的采集判断方法可能仅在说明书中提及，因此再尝试在“说明书”字段中进行检索，先通过预期检索效率最高的关键词构建以下检索式：

关键词=(电视 AND 关机) AND 说明书=(眼 S 闭)

检索结果有42篇，除了包括上文检索到的文献外，还包括另外2篇相关文献。

对于检索要素“执行预设动作”，考虑到在权利要求或摘要中可能不会出现“关机”这种具体的技术手段，因此将“关机”也加入“说明书”字段进行检索，并对检索要素“采集判断生理信息”的表达进行扩展。构建以下检索式：

关键词=(电视) AND 说明书=(((眼 S 闭) OR ((面部 OR 脸) AND (睡觉 OR 睡着 OR 睡眠))) AND 关机)

检索得到102篇文献，除了上文检索到的文献外，还包括CN103220583A等3篇相关文献。

在浏览文献的过程中，发现有的文献是采用“关闭”电视机的表述而非“关机”，在“说明书”字段直接采用“关闭”检索时，检索结果有585篇，不利浏览，噪声很大。因此采用临近算符进行调整，构建以下检索式：

关键词=(电视) AND 说明书=((眼 8D 闭) OR ((面部 OR 脸) AND (睡觉 OR 睡着 OR 睡眠))) AND 说明书=((电视 8D 关闭) OR 关机)

检索结果有146篇，除了上文检索到的文献外，还包括CN201248094Y等2篇相关文献。

(4) 部分检索块构建块检索

可以仅使用部分检索块构建块检索的检索式，以扩大检索结果的范围。

例如，上述CPC分类号结合关键词的检索中，全要素检索的检索式“CPC=(H04N21/44218) AND 关键词=(睡) AND 关键词=(关机)”得到的检索结果较少。可尝试利用部分检索块来构建检索式，以进一步扩大结果范围。对技术方案进行分析，可以预期，如果采集判断的生理信息是用户睡着了并且据此进行电视控制，那么执行的控制是关机的可能性很高，因此仅针对检索要素“电视控制”和“采集判断生理信息”进行检索，构建以下检索式：

2 >> CPC=(H04N21/44218) AND 关键词=(睡)

检索结果有46篇，除了上文检索到的文献外，还包括CN104539996A等3篇相关文献。

以上主要针对中文专利申请进行了检索，还可以继续在PSS系统中用外文关键词进行检索。外文关键词检索与中文关键词检索的思路基本相同，此处不再赘述。

3.3.2.8 检索终止时机的判断

在上述案例的检索过程中，为了充分展示检索策略的选择和调整，从多种角度构建了检索式，得到了较多的相关文献。那么，在实际的查新检索中，是不是都要这样彻底检索？在什么时候才可以终止检索呢？

从理论上说，任何完善的检索都应当是既全面又彻底的检索。但从成本的合理性角度考虑，检索要有一定的限度。在查新检索中，要随时评估检索结果以根据已经检索出的相关文献的数量和质量来决定是否应当终止检索。**一般来说，如果获取到了能够评价待查新的发明创造的新颖性或创造性的相关文献，或者根据知识和检索经验判断不可能找到密切相关的相关文献，即可终止本次检索。**

需要注意的是，在上述案例的检索中，我们在检索结果中已经获取了能够评价说明书中记载的进一步的技术方案的相关文献，所以不再针对该技术方案继续检索。对于有些查新检索，在对权利要求的检索过程中可能并未获取能够评价说明书中记载的进一步的技术方案的相关文献。**此时，为了预判该专利申请的授权前景，必要时应参照以上的检索过程针对说明书中的技术方案继续检索。**

综上，我们完成了实战案例的查新检索。可以看出，检索过程非常灵活，需要根据实际情况不断动态调整。如果要高质高效地完成查新检索，需要技术能力和检索能力两方面的积累。随着两方面能力的不断提高，动态调整策略的使用会更加得心应手。此外，检索还是一项依靠实践成长的工作，只有将所学的理论不断应用于实践中，才能逐步进阶为检索高手。

第4章 特色进阶篇

通信领域涉及技术前沿子领域较多，不同子领域有自身的检索特点。本章主要介绍通信领域中具有特色的子领域，如标准必要专利、区块链技术、视频编码技术和射频/微波器件的检索策略。阅读本章，有助于掌握通信特色领域的进阶检索技巧，并能进一步开阔检索思路。

4.1 标准必要专利检索

由于通信领域标准化程度较高，因此通信领域检索少不了标准检索，以及标准相关的标准必要专利（Standard Essential Patent，SEP）的检索。

4.1.1 标准必要专利介绍

4.1.1.1 标准必要专利概念

所谓“标准必要专利”，就是在实施标准时难以“绕过”的、必须采用的专利技术。欧洲电信标准协会（ETSI）作为欧盟范围内最大的官方标准化组织，在其指南性文件《ETSI 知识产权指南》及《ETSI 专利政策》[1] 中指出，对于被技术标准包含并且如果不使用该专利将不可能实施标准的一类专利，避免侵权的唯一方法是获得专利权人的许可，这类专利就是“必要”专利。

4.1.1.2 标准必要专利的产出

通常一个技术构思要演变成为标准必要专利，需要经历两个并行的过程，一个是标准制定过程，另一个则是专利申请过程。例如图 4-1-1 描述了 3GPP 标准的制定过程及其标准必要专利的产出过程，可见标准必要专利是伴随标准的一种特殊产物。

图 4-1-1 3GPP 标准的制定及其标准必要专利产出过程

在标准方案确定之前，各成员提交符合自身利益的提案进行会议讨论。提案讨论过程是一个多方博弈的过程，每次会议能够达成一致的提案少之又少。而在该阶段各成员也会进行专利部署，将自己有可能写入标准的技术方案写入专利申请中，同时关

[1] https://www.etsi.org/images/files/IPR/etsi-ipr-policy.pdf.

注其他成员的提案。在标准方案确定以及修改完善后，标准化组织会对标准进行冻结。标准被冻结表明该标准将不会被修改，即成为稳定状态。

由于标准冻结之前可能被修改，因此未冻结标准存在不确定性。另外，专利申请进入审查后会针对审查意见进行修改，因此专利的权利要求保护范围也存在不确定性。可以看出最初的技术构思在两个并行推进的过程中均会面临修改的问题。如果在标准冻结发布后以及专利获得授权后，标准中的方案与授权的权利要求还能保持对应一致，此时才能产出标准必要专利。但是即使授权的权利要求与标准一致，也还存在被宣告无效的风险，所以标准必要专利的权利要求还存在稳定性的问题。[1]

可见，标准必要专利的产出非常困难，真正的标准必要专利十分稀缺。但是一旦拥有标准必要专利，其他企业在实施相应标准时则难以绕过该专利。因此，标准必要专利是专利体系中“王冠上的明珠”。

通信领域作为一个高度标准化的领域，企业制造的产品销售时，首先必须符合标准。在符合标准的同时，也就实施了标准中包含的标准必要专利，即制造该产品的企业需要获得专利权人的许可或授权。正是基于这一原因，企业在涉及相关标准实施时应考虑进行标准必要专利的检索，提早做好风险评估。

4.1.2　标准必要专利数据库

大多数标准化组织在技术标准的推广应用过程中遵循“公平、合理、无歧视”的专利许可原则，防止专利权人借助标准化力量获取不合理的垄断利益。标准化组织规定成员需进行标准必要专利的披露，使得标准制定者、参与者、实施者和社会公众明确知晓标准中是否包含专利以及包含什么专利。目前通信行业的主要标准化组织，例如 ETSI、ITU、IETF、IEEE 等，都建立了标准必要专利数据库。可以从表 4－1－1 给出的标准化组织专利披露信息网址查询标准及其对应的专利。与其他标准化组织不同的是，ETSI 除了披露自己组织内的标准必要专利外，还披露了其合作伙伴 3GPP 的标准必要专利。

表 4－1－1　主要通信行业标准化组织专利披露信息网址

标准化组织	专利披露信息网址
ETSI	http://ipr. etsi. org
ITU	http://www. itu. int/net4/ipr/search. aspx? sector = ITU&class = PS
IETF	http://www. ietf. org/ipr
IEEE	http://standards. ieee. org/about/sasb/patcom/patents. html

下面以 ETSI 为例说明具体如何查询及获取相关文档。打开 ETSI 专利披露信息网址

[1] 国家知识产权局专利局专利审查协作江苏中心. 标准与标准必要专利研究［M］. 北京：知识产权出版社，2019：61－65.

http://ipr. etsi. org/，在该页面下，利用相应检索选项可检索到用户想要的多种数据内容（参见图4－1－2）。

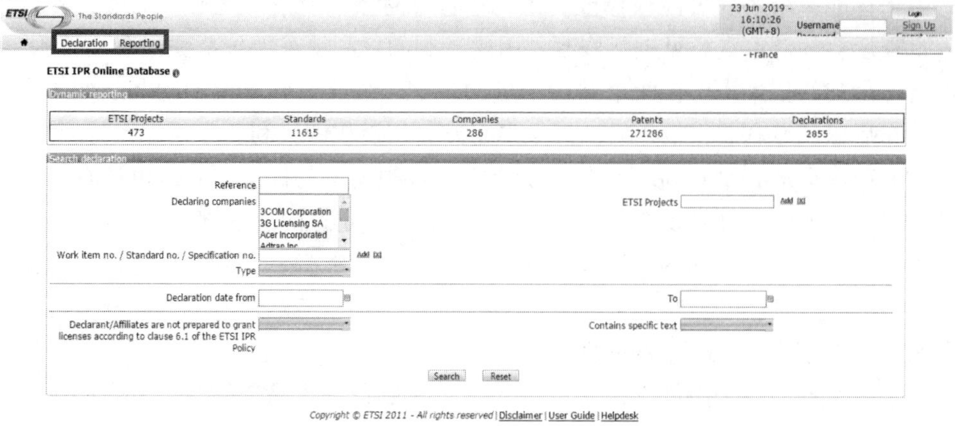

图4－1－2　http://ipr. etsi. org/页面

（1）获取特定标准的所有标准必要专利

如图4－1－3所示，登录网址http://ipr. etsi. org/，在该页面下的“Work item no./Standard no./Specification no.”选项中输入标准号，如3GPP标准TS 38. 300，可获取针对TS 38. 300标准下所有披露的标准必要专利。

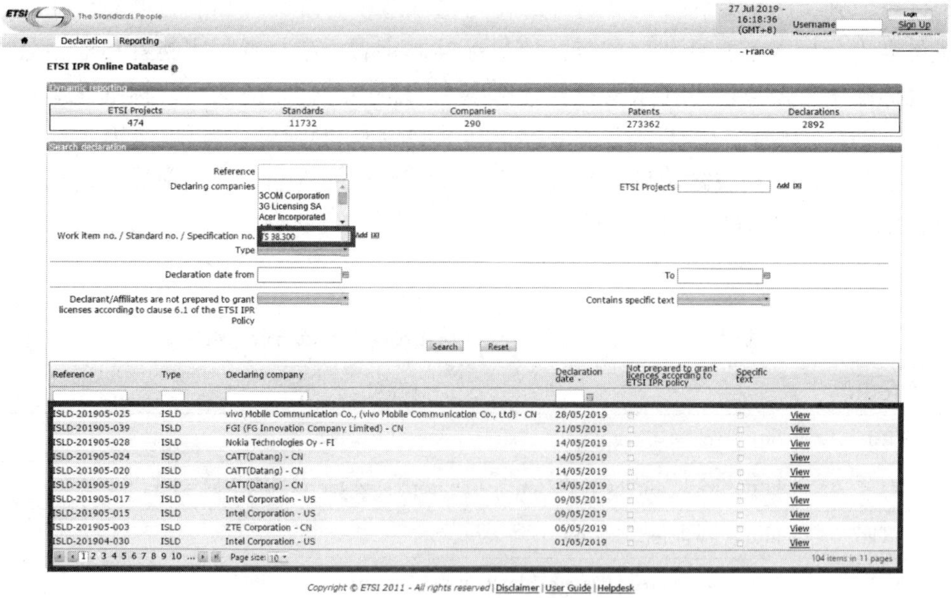

图4－1－3　获取某一标准的标准必要专利

（2）定位标准必要专利对应的标准

以公开号US7949064的美国专利为例，查看该专利是否为ETSI披露的标准必要专利；如果是ETSI披露的标准必要专利，查看该专利对应哪些标准。通过选择“Dynamic reporting”页面（参见图4-1-4）“Select fields”栏中的“Patent”字段，点击“Add”标签进入“Select local patents”页面。

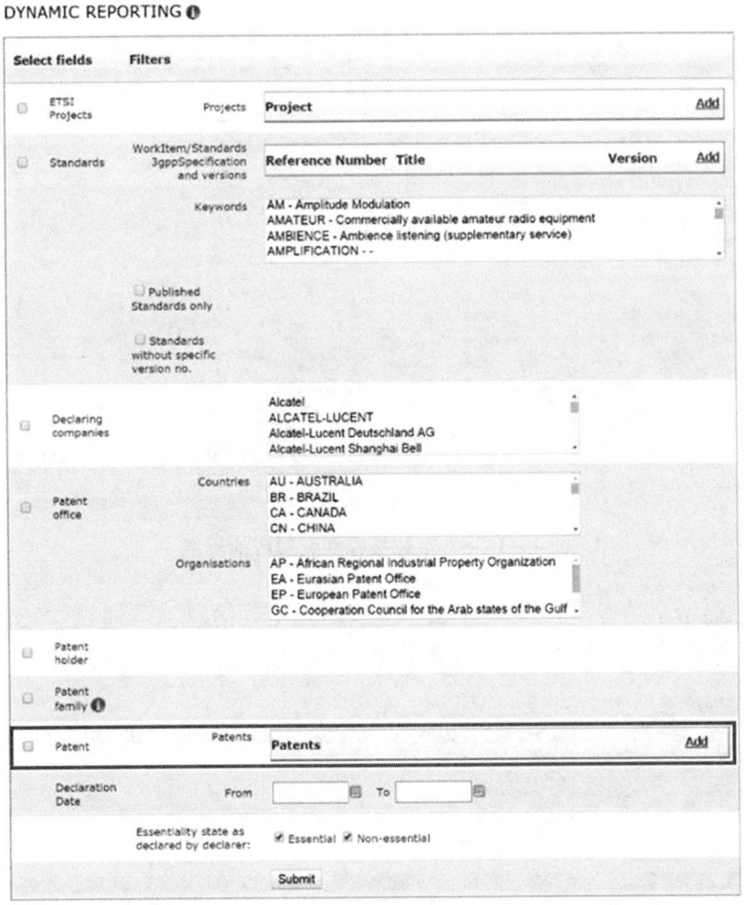

图4-1-4 “Dynamic reporting”页面

在“Select local patents”页面（参见图4-1-5）的“Publication number”栏输入公开号US7949064后点击“Search”标签。根据搜索结果可以看出该专利具有披露信息。如果该专利没有被披露，则页面显示“No records to display”。

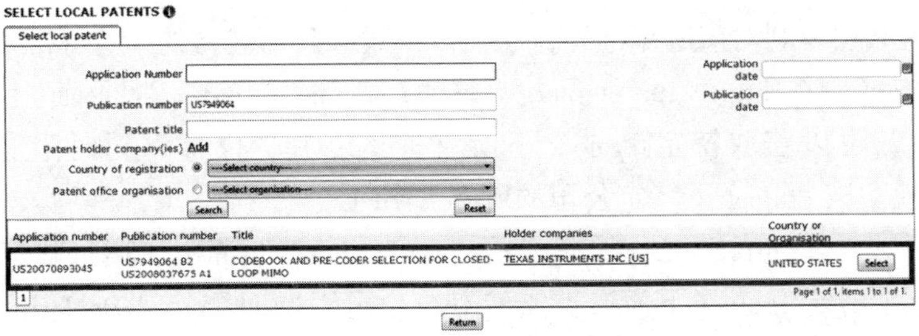

图4-1-5 “Select local patents”页面

搜索成功后，点击“select”标签将该专利添加到“Dynamic reporting”页面，从“Select fields”的7个字段中选取所需字段，提交后可获取对应检索结果（参见图4－1－6）。

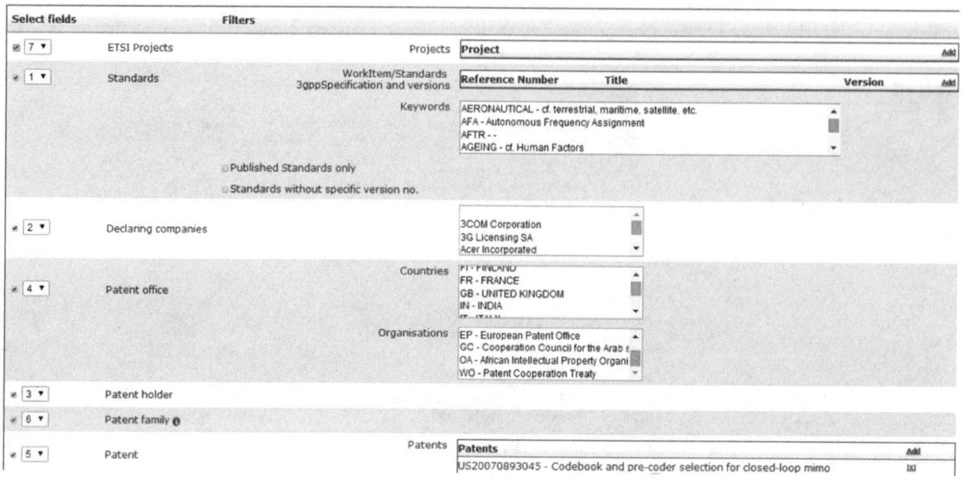

图4－1－6　定位披露专利对应的标准

检索结果显示了该专利涉及的标准、同族、公司等信息，可通过“Export query result to CSV”栏将上述信息以excel格式导出以便分析（参见图4－1－7）。

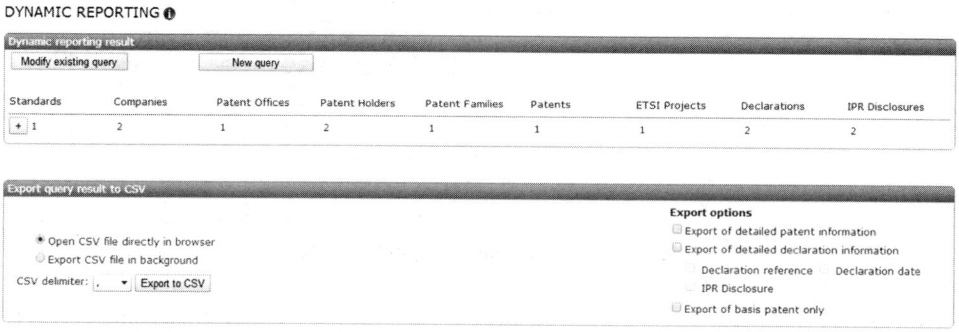

图4－1－7　定位披露专利对应的标准

（3）获取特定公司披露的整体情况

除了检索某项专利对应的标准外，还可以检索某公司披露的所有标准必要专利。

第一种方式：在 http://ipr.etsi.org/ 的“Dynamic reporting”页面上，通过限定“ETSI Project”可以获取特定Project下所有披露专利，也可以同时限定“Declaring companies”检索该Project下特定公司的所有ETSI披露专利。

第二种方式：在 http://ipr.etsi.org/ 的“Declartion”页面上，通过限定“ETSI Projects”可以获取特定Project下所有披露专利，也可以同时限定“Declaring companies”检索该Project下特定公司的所有披露专利（参见图4－1－8）。例如，选取“Texas Instruments Inc”（得州仪器）在ETSI的所有披露专利，或进一步在“ETSI Project”选项中限定某一标准，检索得州仪器对该标准的披露专利。

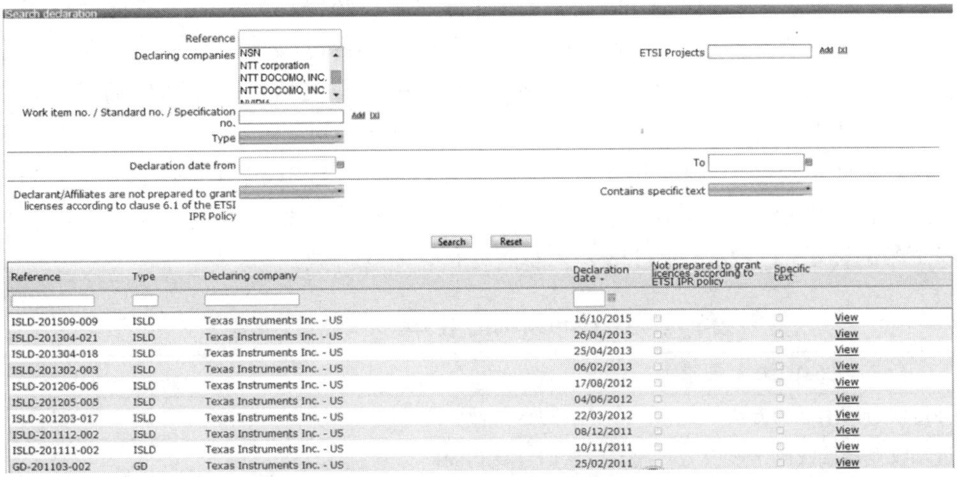

图4－1－8　ETSI专利披露页面

除了以上的获取方式外，还可以直接下载ETSI知识产权数据库摘录的特别报告SR 000 314（https://www.etsi.org/deliver/etsi_sr/000300_000399）（参见图4－1－9）该报告包含了所有成员向ETSI主动披露的标准必要专利。

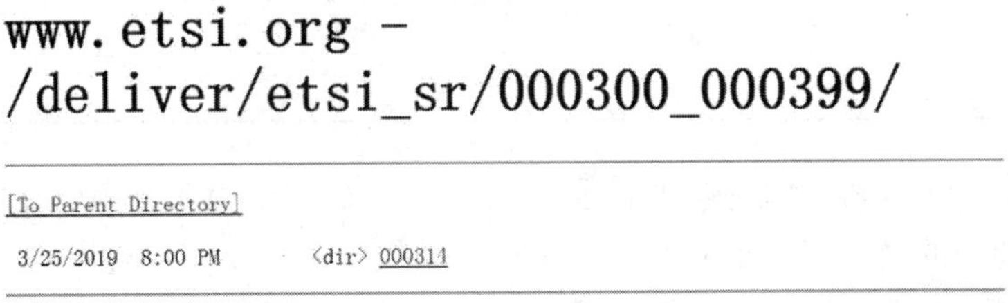

图4－1－9　SR 000 314下载页

虽然标准化组织规定成员需进行标准必要专利的披露，但是该规定不是强制性的，更多还是靠成员的主动披露。同时标准化组织对披露专利所持的大都是“对于该专利真实性、有效性和范围无任何立场”的态度，因此，标准化组织披露的标准必要专利在全面性和有效性方面均未经过验证。

4.1.3　标准必要专利验证

由于标准化组织披露的标准必要专利在有效性方面未经过验证，同时一些企业为彰显知识产权实力，将很多非真正标准必要专利声明为标准必要专利，因此需要验证这些专利是否为真正的标准必要专利。

标准必要专利的验证对技术知识、法律知识和专业经验等具有较高要求，专业性很强，需要有科学的理论支持和方法指导，才能作出高质量的验证结论。通常验证一件专利是否为标准必要专利需从对应性分析、必要性分析以及稳定性分析三方面入手。

对应性分析是判定标准所描述的技术方案是否落入了该专利的保护范围，可以借助制定专利权利要求与技术标准的对照表进行判定。必要性分析是考察标准中的技术方案是必选的、推荐的还是选择使用的，分析产品是否可以采用有别于标准中规定的技术方案。稳定性分析是指一项标准必要专利在其授权之后，即专利权确定之后，对抗无效请求和诉讼的能力。

以下就得州仪器于2008年4月4日向ETSI声明的与3GPP TS 36.211、TS 36.213标准相关的专利US7949064B2进行标准必要专利验证。首先建立权利要求与标准的对照表（参见表4－1－2），通过该表判断两者是否对应一致。

表4－1－2 US7949064B2权利要求与标准对照表

US7949064B2权利要求1	标准	是否一致
一种传输通信信号的方法	隐含公开	是
从远端收发器接收码字索引	UE反馈PMI	是
响应于索引从基于码本的Householder矩阵选择一个码字	预编码矩阵 W 将从表格6.3.4.2.3－2选择，其中 $W_n^{\{s\}}$ 由矩阵 $W_n = I - 2u_n u_n^H / u_n^H u_n$ 定义（该矩阵即Householder矩阵）	是
响应于所选择的码字对数据信号进行预编码	由预编码的定义隐含公开	是
传送预编码数据信号	由预编码的定义隐含公开	是

由表4－1－2可知，实施标准TS 36.211的4Tx码本结构和TS 36.213的PMI反馈进行预编码通信的过程，必然落入US7949064B2的权利要求1的保护范围。因此，该专利满足标准必要专利的对应性要求。[1] 同时该标准中与之对应的相关技术方案也是必选的，而非推荐和选择使用，因此，该专利也满足标准必要专利的必要性要求。

在满足对应性分析和必要性分析的要求时，可以确定该专利在技术层面上已属于标准必要专利。如果该专利还符合稳定性要求的话，则证明该标准必要专利是一件较稳定的标准必要专利，具有极高的专利价值。

稳定性分析主要是对照专利法的无效条款，对该专利进行逐一排查。以我国《专利法》为例，3GPP的标准必要专利的专利权重要无效条款包括：新颖性和创造性问题（《专利法》第22条）、修改超范围（《专利法》第33条或第43条第1款）、权利要求不清楚或未以说明书为依据（《专利法》第26条第4款）、独立权利要求未记载解决技术问题的必要技术特征（《专利法实施细则》第20条第2款）。对照无效条款逐一排查后，才能确定该标准必要专利是否满足稳定性的要求，是否是一件稳定性高的标准必要专利。

[1] 国家知识产权局专利局专利审查协作江苏中心．标准与标准必要专利研究［M］．北京：知识产权出版社，2019：106－108．

4.1.4 标准必要专利检索示例

由于标准必要专利对通信领域具有重要影响，因此，当企业在某项产品中实施相应技术之前需要对技术相关标准以及标准必要专利进行检索，以确定产品是否符合标准规定，以及评估产品投放市场后侵权的可能性。

推荐的检索流程：

步骤1：以需要实施的技术为检索主题，在相应标准数据库中进行检索，通过该步骤明确技术是否符合标准规定。

步骤2：如果技术符合标准规定，可基于步骤1获得的标准，在标准必要专利数据库中检索已披露的标准必要专利并进行验证。同时，为防止标准必要专利数据库数据不够全面，再在专利数据库中以实施的技术内容为检索主题进行检索。

以下案例给出了标准必要专利检索时涉及的相关检索工作。

【案例4-1-1】

技术背景

5G即将商用，而在5G技术的标准研究和制定过程中，网络切片（Network Slicing）是被讨论最多的技术，也被众多业界人士认为是5G时代的理想网络架构。网络切片的概念是允许灵活地配置和重用网络元件及功能以满足特定的应用要求。而终端侧提供的网络切片选择辅助信息（NW Slice Selection Assistance Information，NSSAI）便于网络侧进行网络切片的配置。

检索主题

手机制造商A开发一款5G手机，为便于网络侧对网络切片的配置，准备将“手机的NSSAI携带在Msg.5信令中发送给接入网”的技术方案嵌入到该款5G手机中。

检索策略

按照推荐的检索流程，先检索相关标准，在明确对应标准后，再到标准必要专利数据库和专利数据库中检索。

（1）标准检索

一般情况下为了互联互通的原则，行业内尽可能采用符合标准的技术。因此以“Msg.5信令携带NSSAI发送给接入网”为检索主题进行检索，查看是否已有标准规定的规范做法。5G标准目前由3GPP标准化组织进行推进和制定，因此，选择3GPP标准数据库为检索数据库进行检索。

可以直接以该技术最相关的3GPP工作组入手进行检索。本案例涉及手机和基站间的信息发送，与RAN WG2工作组（无线层2和层3）最为相关。因此，直接进入该组进行查阅。进入 RAN WG2 工作组主页（参见图 4－1－10），在该主页可以查看该工作组涉及的所有内容，包括会议文献、标准、工作条目等。

Useful links and information

About RAN WG2	List of elected officials
Documents	Meeting documents
	Specifications
	Work items
Meetings	Next meeting information & previous meeting reports and documents
	Liaisons Statements
	Full RAN WG2 meeting calendar
General info	Email exploder lists

图 4－1－10　RAN WG2 工作组主页

打开“Specifications”选项，对该工作组涉及的相关标准进行查阅（参见图 4－1－11）。

3GPP Specifications for group: R2 (showing rapporteur)

Click on spec number for details

TR 30.302	1.28 Mcps TDD enhanced uplink: RAN WG2 Stage 2 decisions
TS 34.109	Terminal logical test interface; Special conformance testing functions
…	
TS 38.300	NR; Overall description; Stage-2
TS 38.304	NR; User Equipment (UE) procedures in idle mode and in RRC Inactive state
TS 38.305	NG Radio Access Network (NG-RAN); Stage 2 functional specification of User Equipment (UE) positioning in NG-RAN
TS 38.306	NR; User Equipment (UE) radio access capabilities
TS 38.321	NR; Medium Access Control (MAC) protocol specification

图 4－1－11　RAN WG2 工作组涉及标准

查阅标准及其对应的技术内容后发现 TS 38.300 最为接近，于是点击查看该标准详细信息，下载最新版本 Versions15.6.0（参见图 4－1－12）。该版本也是 TS 38.300 在 release15 的冻结版本。

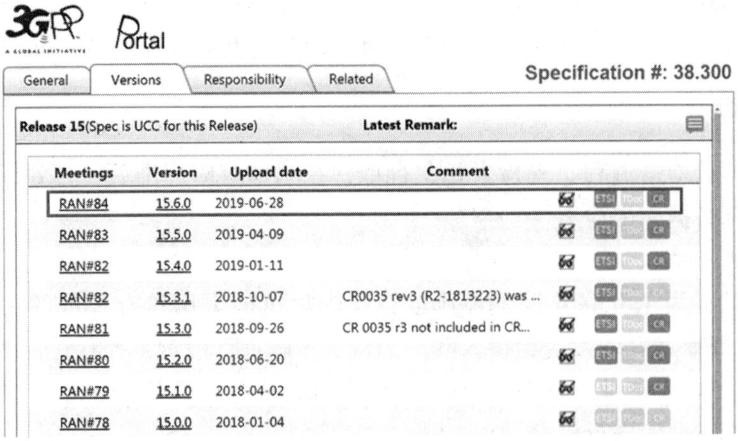

图 4－1－12　TS 38.300

获得其全文内容后，浏览目录（参见图4-1-13）发现“16.3 Network Slicing”下的“16.3.4.2 AMF and NW Slice Selection”与检索主题最为相关。

图4-1-13 TS 38.300 V15.6.0 部分目录

节选相关段落：临时ID不可用的情况下，NG-RAN使用UE在RRC连接建立时提供的NSSAI来选择适当的AMF（该信息在随机接入过程的Msg.3之后提供）。如果这些信息不可用，则NG-RAN将UE路由到配置的默认AMF中的一个（参见图4-1-14）。

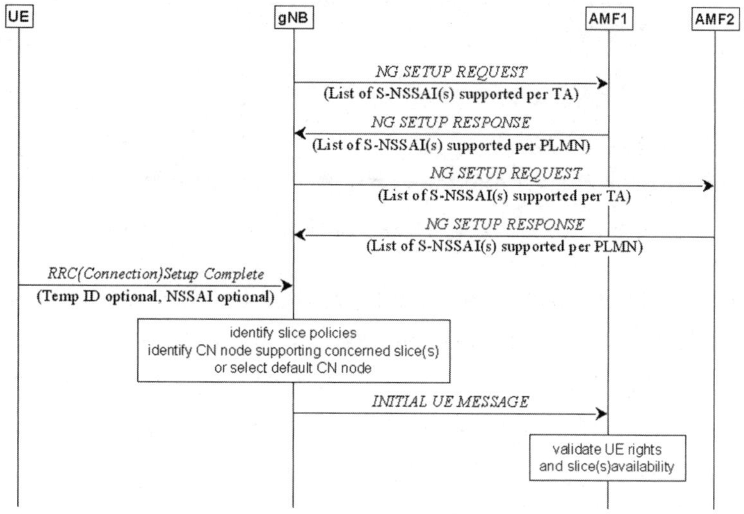

图4-1-14 TS 38.300 V15.6.0的AMF选择

由标准的描述可以看出，UE发送的NSSAI是在RRC连接建立流程中的Msg.3之后。同时，早有标准对RRC连接建立流程作了规定，规定在Msg.3信令之后的信令是Msg.5信令。因此，可以确定发送辅助信息的是Msg.3之后的Msg.5。所以，手机制造商A采用的技术与标准规定一致。

（2）专利检索

在已明确采用的技术符合TS 38.300标准后，转入标准化组织的标准必要专利数据库中检索，获取针对该标准已被披露的标准必要专利。

1）标准必要专利数据库检索

由于ETSI对3GPP的标准必要专利进行了披露，因此，可以直接获取ETSI披露的标准必要专利。登录网址http://ipr.etsi.org后，通过在该页面下的“Work item no./Standard no. /Specification no.” 选项中输入标准号“TS 38. 300”，可获取针对该标准下披露的标准必要专利（参见图 4 –1 –15）。

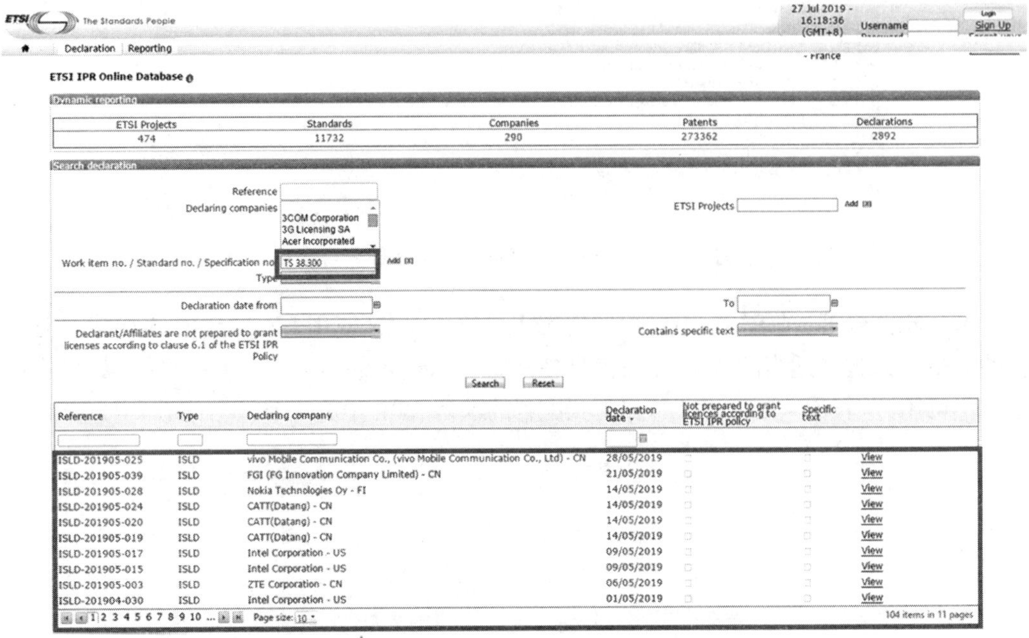

图 4 –1 –15　获取 TS 38. 300 标准的标准必要专利

除了通过上述方式获取披露的标准必要专利外，还可以直接查阅 ETSI 知识产权数据库摘录的特别报告 SR 000 314。在该 SR 000 314 报告的表头“Standards”项中选取相关标准号 TS 38. 300，有 1444 件针对该标准披露的专利。由于标准化组织对披露的专利不进行核实，因此，在获取针对 TS 38. 300 标准披露的专利后，不能直接认定这些专利就是标准必要专利，而是需要进一步验证。

当需验证的专利数量较大时，不便于逐一验证，可借助如 Patentics 等工具先进行法律状态、非被自引用数、同族数、申请人等限定，获得一些重要专利再进行详细验证。

如针对 TS 38. 300 标准获得的 1444 件 ETSI 已披露的标准必要专利，可以限定法律状态为授权、非被自引用数大于 5、同族数大于 3 后，获得 169 件重要专利。再对这 169 件专利进行逐一验证，验证后并未发现与手机制造商 A 要采用技术相一致的标准必要专利。

2）PSS 系统检索

由于标准必要专利数据库在数据全面性上存在缺陷，因此除了在标准必要专利数据库检索标准必要专利外，还需要将手机制造商 A 采用的技术作为检索主题进行检索。可以使用 PSS 系统检索。

在 PSS 系统检索式编辑区输入“摘要 =(((network slic+) OR 网络切片) 3D (辅助信息 OR assist+)) AND 说明书 =(Msg OR RRC)”，检索得到 469 条结果。结果中有一件维沃公司的专利申请（公开号 CN108924857A，申请日为 2017 年 1 月 18 日，公开日为 2018 年 11 月 30 日，参见表 4－1－3）公开了手机制造商 A 采用的技术，并且该专利申请目前权利要求的保护范围也覆盖了该技术。

表 4－1－3　CN108924857A 权利要求与标准对照表

CN108924857A 权利要求	标准 TS 38.300	是否一致
一种信息配置方法，应用于终端，其特征在于，包括：	UE 发送辅助信息	是
将业务相关的辅助信息发送给基站，所述辅助信息用于为终端配置第一配置信息，所述辅助信息包括：终端期望的业务类型信息、终端预进行的业务类型信息、终端期望的网络切片信息、终端的业务等级信息、终端的省电模式信息和终端期望的带宽信息中的至少一项；	UE 将辅助信息通过 MSG5 发送给基站，辅助信息用于支持 UE 选择自身要求的网络切片。	是
接收所述基站根据所述辅助信息反馈的第一配置信息。	基站反馈配置（隐含公开）	是

由该专利申请权利要求与标准对照表可见，权利要求 1 的内容均记载在标准中，且网络切片中 UE 发送辅助信息是 5G 手机无法避免的信令流程，因此目前权利要求 1 符合标准必要专利对应性和必要性的要求。该专利申请在本次检索时的法律状态是实质审查生效阶段，在实质审查时，专利审查员需按照中国《专利法》及实施细则进行审查，在该专利申请授权以前，权利要求的内容很有可能会发生变动。但如果现有权利要求被授予专利权，那么手机制造商 A 开发的手机会对该专利构成侵权。因此，手机制造商 A 需要对该专利申请持续关注。

此外，5G 技术属于前沿技术，许多相关专利申请时间较晚，还处于尚未公开的状态。因此，需要定期对专利数据库进行检索，防止遗漏。

小提示

未冻结的标准会被修改更新，因此，涉及标准检索时，需要关注标准的修改动态。另外，由于标准必要专利库的数据依靠成员不定期的主动声明，以及专利申请的公开和审查周期的原因，检索标准必要专利时，需要持续关注标准必要专利库和专利数据库。

4.2　区块链技术

随着区块链技术的持续发展，越来越多的企业、科研院所、个人对区块链技术表现出强大的兴趣，涉及区块链的专利申请量也在不断增加。本节将结合区块链各层技术要点，介绍区块链的专利文献检索技巧，并且提供各层技术主要的关键词和分类号表达，以助于提高检索效率。

在对区块链技术进行进一步研究、分析之前，我们首先对区块链技术的相关概念进行回顾。

4.2.1 区块链技术概述

4.2.1.1 区块链的定义

从狭义上讲，区块链是一种公共账本，是按照时间顺序将数据区块以顺序相连的方式组合成一种链式数据结构，并以密码学方式保证其不可篡改和不可伪造的分布式账本。区块链作为公共账本时，每页账本就是一个区块，区块按时间顺序依次链接并且每个区块记录前一区块的 ID 值，由此形成链式结构，其中每个区块记录一定时间内的若干笔交易。从广义上来讲，区块链是一种利用块链式数据结构来验证及存储数据、利用分布式共识算法来生成及更新数据、利用密码学方式保证数据传输及访问的安全、利用由自动化脚本代码组成的智能合约来编程及操作数据的全新的分布式基础架构与计算范式。

迄今为止，区块链已经经历了两次进化发展，其发展历程如图 4－2－1 所示。其发展模式并非演进式发展，而是平行发展，即使是 1.0 模式，也还远未成熟，因此区块链具有巨大的发展空间。

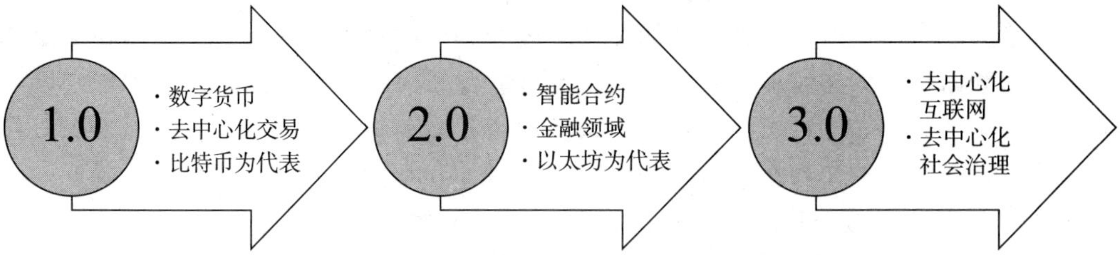

图 4－2－1 区块链的发展

4.2.1.2 区块链的工作流程与特性

仍以区块链作为公共账本为例，区块链的核心工作流程如下：由于区块链基于 P2P 网络，每个节点的权利与义务都相同，在这样的去中心化系统中，为避免节点各自记账引起混乱，基于共识机制，决策出某节点获得记账权，该节点通过密码学生成一个区块，盖上时间戳，在该区块内写入这段时间内的若干笔交易信息，由其他节点进行校验确认，一致通过后全网其他节点同步更新总账本。

区块链具有去中心化、自治性、透明性、开放性、安全性、可靠性等特性。

（1）去中心化、自治性

去中心化是区块链最基本的特征。区块链基于 P2P 网络，链上的节点都是对等的，每个节点需要承担相同的权利与义务，共同维护链上数据，遵循相同的规则并达成共识，数据的验证、存储、传输、更新等过程都基于分布式系统实现，是一种去中心化的、自治的系统。

（2）透明性、开放性

区块链中数据的记录完全是透明的，任何数据的操作都在透明状态下进行，受到全网节点的监督，并采取固定算法对此进行审查，任何数据均可追溯。除部分特殊信息被加密，区块链几乎完全开放，任何人只要登录系统就可以查看并获取链上的数据。高透明性、高开放性成为区块链的典型特征。

（3）安全性、可靠性

区块链对数据的处理方式是允许记录数据，但是禁止更改数据，因而数据一旦写入区块链，能够得到永久性存储，并且永远不可能被篡改。除非能够同时控制系统中51%以上的节点，但是这种情况发生的可能性微乎其微，因此，区块链中的数据具有非常高的可靠性、安全性。

4.2.1.3　区块链基础架构

目前，区块链通常被划分为六层，分别是数据层、网络层、共识层、激励层、合约层和应用层，如图4－2－2所示。

图4－2－2　区块链基础架构

其中，数据层封装了底层数据区块以及相关的数据加密和时间戳等技术；网络层包括分布式组网机制、数据传播机制和数据验证机制等；共识层主要封装网络节点的各类共识算法；激励层将经济因素集成到区块链技术体系中，主要包括经济激励的发行机制和分配机制等；合约层主要封装各类脚本、算法和智能合约，是区块链可编程特性的基础；应用层则封装了区块链的各种应用场景和案例。

4.2.2 区块链技术检索要素表达及检索策略

4.2.2.1 区块链技术的常规获取资源

如果仅仅需要对区块链技术有一个初步的了解，例如获取区块链的基础知识等，可以通过常用的搜索引擎来获取。此外，还有一些专业从事区块链技术研究的论坛，其中包含了丰富的区块链技术文档可供参考。同时，通过与活跃在这些论坛中的区块链开发者、区块链爱好者的交流，也有助于了解与区块链相关的现有技术。

例如可以通过中国区块链技术和产业发展论坛获取区块链技术知识。该论坛访问入口为 http://www. cbdforum. cn。

中国区块链技术和产业发展论坛成立于2016年10月18日，由工业和信息化部信息化和软件服务业司、国家标准管理委员会工业标准二部指导，中国电子技术标准化研究院、蚂蚁金服、万向区块链、微众银行、平安集团、万达网络、海航科技、众安科技等国内从事区块链的重点企事业单位构成。

论坛下设“开源社区”“业界动态”“研究成果”“标准研制”“重要会议”等板块，内容丰富。以“研究成果”板块为例，已有的研究成果包括：《中国区块链技术和应用发展研究报告（2018）》《分布式应用账本白皮书》《中国区块链技术和应用发展白皮书（2016）》《“区块链十问”研究汇编》等。其中，《中国区块链技术和应用发展研究报告（2018）》总结了2016年以来的区块链技术、应用和标准化发展情况，提出了应用场景选择、应用治理、应用评价等方法，并提供了多个国内典型应用案例，对区块链技术和产业的发展具有指导意义。

除了中国区块链技术和产业发展论坛，还有很多技术或商业论坛涉及区块链技术知识，可以通过搜索引擎获取。

4.2.2.2 区块链技术专利文献的检索

前面已经介绍过，区块链技术的基础架构分为六层，区块链技术的专利布局通常也是围绕这六层来展开。下面将分别介绍区块链六层架构中的关键技术，对各层所涉及的典型关键词和分类号进行归纳，并通过案例来说明对区块链技术专利文献的检索。以下所说的“专利文献”，如无特别说明，均指在中国国家知识产权局递交的专利。

4.2.2.2.1 *数据层*

数据层是区块链技术的最底层，主要描述区块链技术的物理形式。每个分布式节点通过特定的哈希算法和 Merkle 树结构，将一段时间内接收到的交易数据和代码封装到一个带有时间戳的数据区块中，并链接到当前最长的主区块链上，形成最新的区块。

该层主要涉及的技术包括：数据库、数据区块、链式结构、哈希算法、Merkle 树、非对称加密技术等。

（1）数据库

由于区块链具有去中心化的特点，其数据存储不再由中心机构完成，而是由各个节点自己来完成，因而区块链的数据存储对应的数据库也是分布式的，并且内部结构也对用户透明。但区块链中的分布式数据库与传统的分布式数据库又有区别：首先，区块链中的分布式数据库可以具备多个管理入口；其次，区块链中的分布式数据库单点不可独立管理数据，单点作恶也不会影响全局。

（2）数据区块

每个区块分为区块头和区块体两部分。区块头中包括三组元数据，分别是：用于连接前一区块、索引自前一区块哈希值的数据；版本号、时间戳、挖矿难度、随机数；用于校验区块中所有交易数据的 Merkle 根数据。区块体中则包含交易数据。区块的通用模型如图 4－2－3 所示。

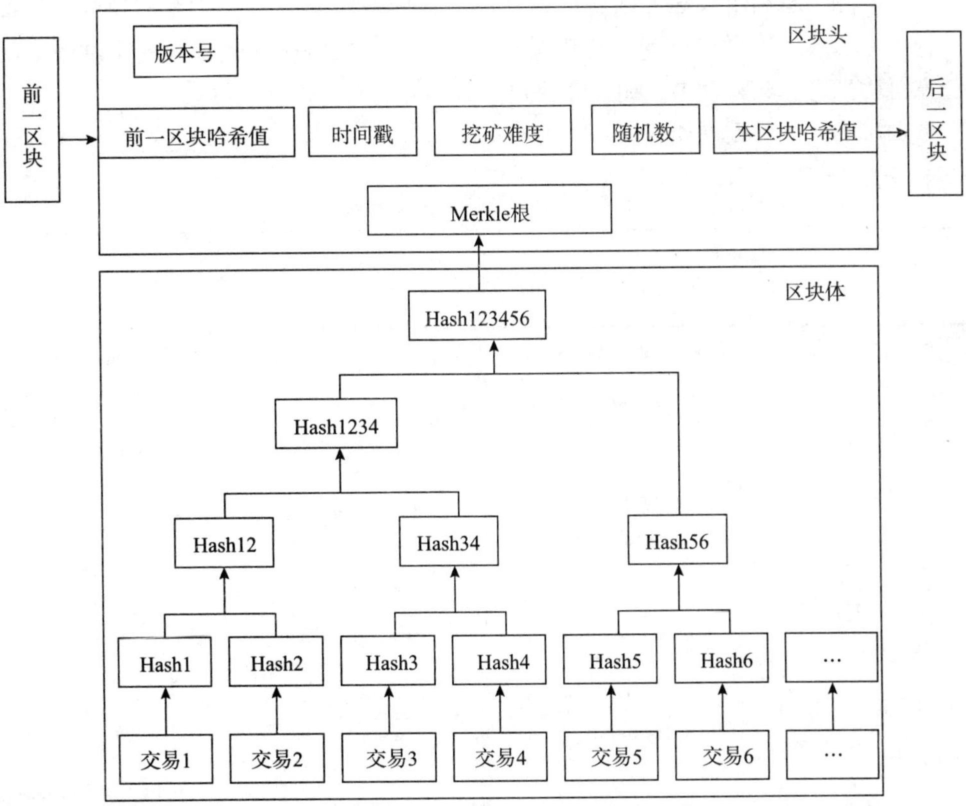

图 4－2－3　区块的通用模型

每个区块中的前一区块信息指明了上个区块的信息，逐级包含，形成区块链结构。Merkle 根是位于区块体的主要数据部分，叶子节点是记录信息，中间节点是对下层两个节点的哈希，保证数据的真实性、安全性和不可抵赖。

（3）链式结构

区块链数据结构是单向链式结构，取得记账权的矿工将当前区块链接到前一区块，形成最新的区块主链。从创世区块到当前区块的最长主链，记录了区块链数据的完整历史，能够提供区块链数据的溯源和定位功能。

（4）哈希算法

区块链不直接保存原始数据或交易记录，而是保存其哈希函数值，即将原始数据编码为特定长度的由数字和字母组成的字符串后记入区块链。

（5）Merkle 树

Merkle 树是一类基于哈希值的二叉树或多叉树，运算过程是将区块体的数据进行分组哈希，并将生成的新哈希值插入到 Merkle 树中，如此递归直到只剩最后一个根哈希值并记为区块头的 Merkle 根。

（6）非对称加密技术

区块链系统中包括信息加密、数字签名和登录认证等的应用场景都基于非对称加密技术，实际上是利用数学方法解决信任问题；区块链系统中，所有的规则事先都以算法程序的形式表述出来，不需要知道交易对手的信任状况，更不需要求助中心化的第三方机构来进行交易背书，而只需要信任数学算法就可以建立互信。

数据层的典型关键词如表 4－2－1 所示。

表 4－2－1　数据层典型关键词

关键词		关键词	
中文	英文	中文	英文
区块链、块链	blockchain、block chain	区块	data block
区块头	blockheader	区块体	blockbody
前一区块	prev-block	最近的区块	recent block
创世区块	genesis block、starting block	账本、账簿	ledger、account book
交易记录	trade report、transaction、business	加密、密码、密文、解密	encrypt、cryptogram、decrypt
密钥、私钥、公钥	key、private key、public key	哈希、散列	hash
时间戳	timestamp	数据库	database、data-base、databank
梅克尔树、梅克尔根	Merkle		

通过对数据层的专利文献进行分析，其涉及的 IPC 分类号主要包括：G06F 17/30、H04L 9/32、G06Q 20/38、H04L 29/08、H04L 29/06、G06Q 20/06、H04L 9/08、H04L

9/06，各分类号定义如表4-2-2所示。

表4-2-2　数据层专利文献主要IPC分类号

IPC分类号	分类定义	数据层专利文献所涉及技术
G06F 17/30	特别适用于特定功能的数字计算设备或数据处理设备或数据处理方法中的信息检索及其数据库结构	与区块链的数据结构相关，如数据区块、链式结构、Merkle树结构等
H04L 9/32	保密或安全通信装置中包括用于检验系统用户的身份或凭据的装置	与区块链的数据安全相关，如加解密方法、哈希算法等
H04L 9/08	保密或安全通信装置中的密钥分配	
H04L 9/06	保密或安全通信装置中使用移位寄存器或存储器用于块式码的密码装置	
G06Q 20/38	支付体系结构、方案或协议中的支付协议及其中的细节	与区块链的数据内容相关，如交易数据的处理等
G06Q 20/06	支付体系结构、方案或协议中的专用支付电路（如涉及仅在通用支付方案的参与者中使用的电子货币）	
H04L 29/08	装置、设备、电路和系统中的以协议为特征的通信控制及通信处理中的传输控制规程（如数据链级控制规程）	与区块链的数据传输相关，如传输控制等
H04L 29/06	装置、设备、电路和系统中的以协议为特征的通信控制及通信处理	

数据层的专利文献主要关注如何提升数据存储、查询效率，数据安全性及如何实现数据跨链操作。

【案例4-2-1】

技术背景

区块链技术将定长数据以区块方式写入区块链，在组织信息进入区块链时，如果信息本身是固定长度的信息，例如个人的身份证信息或护照信息等，则相对容易处理。但如果信息是复杂、非固定长度的信息，甚至包括图片、语音等多媒体数据，则在组织信息进入区块链时变得相对困难，现有的区块链技术无法实现对这类信息的处理。

检索主题

一种基于区块链技术的数据处理方法，包括：

收集来自信息源的信息并汇总；根据信息的属性将信息进行分类，并对分类后不同类型的信息进行数据加工处理；打包不同类型的信息的处理结果，生成区块基本单元信息；根据预设条件，组织至少一条区块基本单元信息进入新区块，并将新区块链接至区块链中的前一区块；

其中，根据信息的属性将信息进行分类，并对分类后不同类型的信息进行数据加工处理，包括：识别标识有定长类型的信息为第一类信息，并将第一类信息写入区块基本单元信息；识别标识有非定长类型的信息为第二类信息，对第二类信息进行定长计算，并将定长计算后的第二类信息写入区块基本单元信息。

该数据处理方法示意图如图 4－2－4 所示。

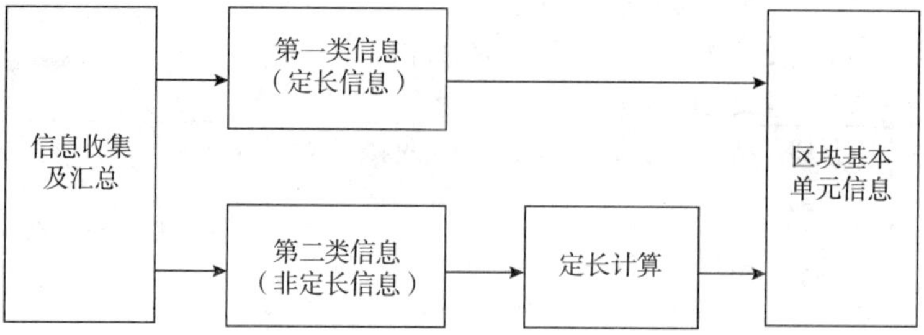

图 4－2－4　基于区块链技术的数据处理方法示意图

检索策略

首先对检索主题进行分析。在上述检索主题中，首先对需要处理的信息进行分类，对于定长信息，直接写入区块基本单元，对于非定长信息，对其进行定长计算后写入区块基本单元，最后根据预设条件组织区块基本单元中的信息进入新区块，从而使非定长信息得以写入区块链进行处理。可见，其关键在于对存入区块链的不同数据结构的数据进行分类处理，涉及与区块链中的数据的数据结构相关的改进。

通过上述分析，可以从技术内容所属领域出发确定检索要素“区块链”，从所采用的手段出发确定检索要素“分类”。然而分类的概念比较宽泛，分类所针对的对象、分类所参考的依据等都可能不同，如果仅使用“分类”及其扩展形式作为关键词，必然造成很大的噪声。由于上述分类是针对存入区块链的信息进行的，为了避免造成过多噪声，在表达“分类”这个检索要素时考虑分类所针对的对象，即以“信息的分类”来表达上述检索要素“分类”。同时为了避免遗漏，这里先不考虑分类所参考的依据。

此外，检索主题涉及与区块链中的数据的数据结构相关的改进，属于区块链数据层的技术。对属于数据层的技术内容进行检索时，由于涉及的是与数据本身相关的内容、结构、算法等的改进，而数据层的专利文献即关注数据本身，因此这些改进通常会在摘要出现，可以优先考虑针对“摘要”字段进行检索以提高检索效率。在针对“摘要”字段没有得到合适的检索结果的情况下，再进一步在“说明书”字段中进行检索。

综合上述分析，首先在 PSS 系统中以“摘要”字段进行简单检索（参见表 4－2－3）。

表 4-2-3 “摘要”字段检索式及检索结果

序号	检索内容	检索结果/篇
1	摘要 = 区块链	7381
2	摘要 =((信息 OR 数据) S (分类 OR 分离 OR 区分))	60286
3	1 AND 2	108

得到的结果为 108 篇专利文献。浏览后发现其中包括对数据进行分类送入区块链存储的多种方案，但分类所参考的依据各不相同。

例如，公开号为 CN106779278A 的专利文献，其公开了通过网络爬虫在多个网页中爬取目标信息；将爬取到的目标信息进行分类处理，得到多类目标子信息；根据多类目标子信息中的信息条目计算目标参数值，其中，目标参数值用于确定目标用户的可信度，每类目标子信息中包含至少一个信息条目；将计算得到的所述目标参数值发送至区块链中进行保存。

该专利文献是根据数据的内容对数据进行分类后送入区块链，与案例中根据数据的数据结构进行分类存在区别。上述检索结果中仍然存在噪声，此时将分类所参考的依据“数据的结构”也作为检索要素之一进行检索（参见表 4-2-4）。

表 4-2-4 增加分类依据后的“摘要”字段检索式及检索结果

序号	检索内容	检索结果/篇
4	摘要 =(结构 OR 格式)	5922155
5	2 S 4	3994
6	1 AND 5	8

此时，检索结果缩小为 8 篇，属于利于阅读的范围。通过对上述 8 篇文献进行阅读，可以得到与检索主题较为相关的技术内容：

公开号为 CN105610578A 的专利文献，其公开了一种区块链信息存证及隐私保护方法，包括：将需要存证的信息加上随机数生成哈希值，再由利益相关人或见证人再签名并生成哈希，最后记录在区块链上；其中有些需要存证的信息是格式化的，可分离格式化的信息和自填信息，分别存储和做哈希校验。

其中，需要存证的信息包括格式化信息和自填信息（非格式化信息），对上述信息分类后进行处理，最后存入区块链。可见，上述技术内容与检索主题相似，都是根据数据的数据结构进行分类处理，是与检索主题较为相关的技术内容。

4.2.2.2.2 网络层

网络层封装了区块链的组网方式、消息传播协议和数据验证机制等要素，用于实现区块链中节点之间的信息交互。结合实际应用需求，通过设计特定的传播协议和数据验证机制，使得区块链中每个节点都能参与区块数据的验证和记账过程。在新区块被某一节点创造出以后会通知区块链上的其他节点，其他节点对这个新区块进行验证。当区块链上超过51%的节点验证通过之后，新区块就能够被添加到区块链上。

（1）组网方式

区块链技术中通常采用P2P网络来组织散布在全球的参与数据验证和记账的节点。P2P网络中的每个节点地位都对等且以扁平式拓扑结构相互连通和交互，不存在任何中心化的特殊节点和层级结构，每个节点都会承担网络路由、验证区块数据、传播区块数据、发现新节点等功能。在组网方式这一技术分支中，还涉及与公有链、私有链、多链等相关的技术。

（2）数据传播协议

任一区块数据生成后，将由生成该区块数据的节点广播到全网其他所有节点来加以验证。现有的区块链系统一般根据实际应用需求设计比特币传播协议的变种。

（3）数据验证机制

区块链上每个节点都时刻监听链上广播数据与新区块，某一节点收到邻近节点发送的数据后，首先验证该数据的有效性。如果数据有效，则按照接收顺序为新数据建立存储池以暂存尚未记入区块链的有效数据，同时继续向邻近节点转发；如果数据无效，则立即废弃该数据，从而保证无效数据不会在区块链中继续传播。

网络层的典型关键词如表4－2－5所示。

表4－2－5　网络层典型关键词

关键词		关键词	
中文	英文	中文	英文
点对点	P2P、peer to peer	分布式	distributed
参与链	Participant Block chain、PPC	中间链	Inter-chain Block chain、ICC
中央对手方	Central Counter party、CCP	平行链	Parallel Block chain
实时交易	real-time transaction	待定交易	tentative transaction
验证、校验	validate、verify、certify	51%攻击	51% attack

通过对网络层的专利文献进行分析，其涉及的主要IPC分类号包括：H04L 29/06、H04L 9/32、H04L 29/08、G06F 17/30、G06Q 20/38、G06Q 20/06、H04L 9/08、G06Q 20/40，各分类号定义如表4－2－6所示。

表4－2－6　网络层专利文献主要IPC分类号

IPC分类号	分类定义	网络层专利文献所涉及技术
H04L 29/08	装置、设备、电路和系统中的以协议为特征的通信控制及通信处理中的传输控制规程（如数据链级控制规程）	数据传播协议
H04L 29/06	装置、设备、电路和系统中的以协议为特征的通信控制及通信处理	

续表

IPC 分类号	分类定义	网络层专利文献所涉及技术
H04L 9/32	保密或安全通信装置中包括用于检验系统用户的身份或凭据的装置	数据验证机制
H04L 9/08	保密或安全通信装置中的密钥分配	
G06F 17/30	特定功能的数字计算设备或数据处理设备或数据处理方法中的信息检索及其数据库结构	组网方式
G06Q 20/38	支付体系结构、方案或协议中的支付协议及其中的细节	数据验证机制
G06Q 20/06	支付体系结构、方案或协议中的专用支付电路（如涉及仅在通用支付方案的参与者中使用的电子货币）	
G06Q 20/40	支付体系结构、方案或协议中的支付协议及其中的细节的授权（如支付人或收款人识别，审核客户或商店证书；支付人的审核和批准，例如，信用额度或拒绝清单的检查）	

网络层的专利文献在数量上相较于其他层少，虽然对 P2P 网络建设、安全传输、健全验证机制均有涉及，但主要还是涉及与数据验证机制相关的技术。

4.2.2.2.3 共识层

去中心化网络中的节点之间互相缺乏信任，如何达成正确共识，使所有节点一致行动，这一问题被称为拜占庭将军问题。由于区块链具有去中心化的特性，区块链中的数据在可靠存储和有效传递后，就会面临如何被链上的节点接纳的问题。区块链针对拜占庭将军问题提出了共识机制，而共识层即封装了各类共识算法，包括 PoW、PoS、DPoS 共识算法，还包括 PBFT、Casper 共识、Pool 验证池、dBFT、PoET、Quorum Voting 共识等其他共识算法。各类共识算法各有优缺点，都涉及资源消耗和共识速率的问题。

（1）PoW

PoW（Proof of Work）即工作量证明。PoW 共识算法由中本聪提出，是通过引入节点的算力竞争来保证数据一致性和共识的安全性，由系统中具有最高算力的节点获得区块记账权。通俗来说，就是参与“挖矿”的“矿工”分别去完成一定的工作量，谁先完成，就听谁的。

（2）PoS

PoS（Proof of Stake）即权益证明。PoS 共识算法是采用权益证明来代替 PoW 中的基于哈希算力的工作量证明，针对 PoW 共识算法的资源浪费和安全性缺陷而提出，由系统中具有最高权益而非最高算力的节点获得区块记账权，权益体现为节点对特定数量货币的所有权。

（3）DPoS

DPoS（Delegated Proof of Stake）即委任权益证明。DPoS 共识算法是指系统中每个股东节点可以将其持有的股份权益作为选票授予一个代表，获得票数最多且愿意成为代表的前 101 个节点将进入“董事会”，按照既定的时间表轮流对交易进行打包结算并且签署一个新区块。每个区块被签署之前，必须先验证前一个区块已经被受信任的代表节点所签署。

共识层的典型关键词如表 4－2－7 所示。

表 4－2－7　共识层典型关键词

关键词		关键词	
中文	英文	中文	英文
去中心化	decentralized	共识、信任、接纳	consensus、trust、credit、admit、accept
算法	algorithm	工作量证明	Proof of Work、PoW
权益证明、股权证明	Proof of Stake、PoS	委任权益证明、委任股权证明	Delegated Proof of Stake、DPoS
拜占庭容错	Byzantine Fault Tolerance、BFT	实用拜占庭容错	Practical Byzantine Fault Tolerance、PBFT
投票	vote	制裁	sanction
验证	validate、validator	检查点	check point
算力、哈希算力、哈希率	computing power、hash rate	铸币奖励	mintin

通过对共识层的专利文献进行分析，其涉及的主要 IPC 分类号包括：H04L 29/06、H04L 9/32、H04L 29/08、G06Q 40/04。其中，H04L 29/06、H04L 29/08 涉及通信控制中以协议为特征、传输控制规程（如数据链级控制规程）；H04L 9/32 特别地涉及保密安全领域中检验系统用户的身份或凭据；G06Q 40/04 特别地涉及商业、金融领域中的交易，例如，股票、商品、金融衍生工具或货币兑换。

共识层的专利文献主要关注如何降低资源的消耗以及如何提高共识效率。大部分专利文献中并不会明确指明其所针对的共识算法，因此在对共识层进行检索时，除非明确指定，通常不建议将某一种共识算法作为关键词进行限定。

【案例 4－2－2】

技术背景

将业务数据存储至区块链中的过程包括三个阶段：受理阶段、共识阶段、存储阶段。其中，共识阶段时需要区块链中的其他节点共同参与。在对业务数据进行共识处理时，随着参与共识的节点数量的增加，对业务数据的共识处理的时间则相应延长，从而导致业务数据的共识处理效率低。

检索主题

一种区块链共识方法，包括：

区块链节点获取待共识的业务数据，确定业务数据的业务类型；区块链节点根据业务类型，从共识网络中选择提供共识服务的至少一个共识节点，区块链节点将业务数据发送给选择的共识节点，以使对业务数据进行处理。

检索策略

与共识层相关的技术内容中，方法的执行主体通常是“共识节点”，在PSS系统中以“摘要”字段进行如表4-2-8所示检索。

表4-2-8 “摘要”字段检索式及检索结果

序号	检索内容	检索结果/篇
1	摘要=共识节点	140
2	摘要=区块链	7381
3	1 AND 2	115

可见“共识节点”这种表述通常仅出现在区块链技术领域中。那么，在针对共识层所进行的检索中，可以不将“区块链”作为检索要素进行检索。

对于上述案例，仍旧先对检索主题进行分析。在上述检索主题中，将节点分为两类：业务受理节点和共识节点，业务受理节点用于受理业务数据，共识节点用于对业务数据进行共识处理。在需要对业务数据进行共识处理时，业务受理节点针对不同的业务来选择部分共识节点进行共识处理，因而减少了进行共识处理的共识节点的数量，提高了共识效率。可见，其关键在于减少共识节点的数量。

从所达到的效果出发确定检索要素“共识节点”“数量”“减少”，如果用布尔算符“AND”进行连接，噪声较大，改为选择同在算符“S”来更准确地表达所要检索的内容，在PSS系统中以“摘要”字段进行检索，但检索结果为0（参见表4-2-9）。

表4-2-9 使用同在算符的“摘要”字段检索式及检索结果

序号	检索内容	检索结果/篇
4	摘要=(共识节点 S (数量 OR 个数) S (减少 OR 减小))	0

对于共识层的专利文献，在摘要部分对于所达到的效果的说明很可能只限于降低资源消耗、提高共识效率等表述，因此，转而在“说明书”字段中进行检索。使用同样的检索关键词，检索结果为7篇（参见表4-2-10）。

表 4-2-10 “说明书”字段检索式及检索结果

序号	检索内容	检索结果/篇
5	说明书=(共识节点 S （数量 OR 个数） S （减少 OR 减小）)	7

在上述检索结果中，公开号为 CN109347917A 的专利文献公开了一种区块链数据共识处理方法，包括：区块链节点接收到一交易数据后，确定该交易数据的数据交换格式；区块链节点根据确定的数据交换格式，从预设的不同数据交换格式与共识算法之间的映射关系确定对应的共识算法，选择基于该共识算法提供共识机制的其他区块链节点；上述区块链节点将交易数据发送至所选择的其他区块链节点以进行共识处理。上述专利文献公开了针对不同数据交换格式的交易数据可以从共识网络中选择相应部分共识节点对其进行共识处理，而不是将所有节点都作为共识节点，从而避免由于参与共识节点的数量过多而导致共识处理时间过长的问题，提高了共识处理的效率。可见，上述技术内容是与本案例较为相关的技术内容。

此外，在了解共识节点的作用的基础上，进一步将共识节点扩展为审计节点、审核节点、验证节点、记账节点等表述，能够检索到公开号为 CN109313752A 的专利文献。其提出一种审计节点，共识节点可以被配置为接收并提供交易以将其包括在被许可的区块链中，而审计节点可以被配置为执行共识节点的功能以及被配置为执行共识审计，以审计将被添加到被许可的区块链的新区块，并且将被许可的区块链网络中的审计节点的数量限制为最大数量，例如即使在共识节点的数量可以是数千、数万、数十万甚至更大的情况下，被许可的区块链网络也可以将审计节点的数量限制为 7，将共识审计交由审计节点执行，而共识节点用于执行共识确认，从而被允许的区块链网络能够使用最少数量的数据消息交换以大约数秒或更快的速度执行共识。这不仅可以提高达成共识的速度，还可以提高达成共识的效率。上述技术内容同样涉及通过限制参与共识的节点的数量来提高共识效率，但在具体手段上与本案例有所不同。

小提示

对于区块链这种新兴技术，在针对专利文献的摘要进行检索得到的检索结果较少时，及时转换为针对说明书全文进行检索是一个不错的选择。

就共识层而言，共识层的专利文献除了涉及对共识算法的改进，大部分涉及的是如何降低资源的消耗以及如何提高共识效率。在了解这一情况的基础上，从效果出发提取关键词进行检索，往往能较快命中合适的对比文件。

通过对关键词进行各种形式的扩展，即使不能得到特别相关的技术内容，也能获取一些针对该技术进行类似改进的技术内容。

4.2.2.2.4 *激励层*

激励层将经济因素集成到区块链技术中，提供一定的激励措施来鼓励节点参与区块链的数据验证工作。区块链共识过程通过汇聚大规模共识节点的算力资源来实现区块链的数据验证和记账工作。而对去中心化的共识节点来说，自身利益的最大化是其参与数据验证和记账工作的根本目的，因此，必须设置相应的激励机制。此外，激励机制主要在公有链中出现，在公有链中必须激励遵守规则参与记账的节点，并且惩罚不遵守规则的节点，才能让整个系统朝着良性循环的方向发展。而在私有链中，则不一定需要进行激励，因为参与记账的节点往往通过强制力或自愿来要求参与记账。激励机制包括发行机制和分配机制。

激励层的典型关键词如表4－2－11所示。

表4－2－11 激励层典型关键词

关键词		关键词	
中文	英文	中文	英文
激励、管理	motivate、incentive、encourage	奖励、回报	reward、award
惩罚	punish	算力	computing power
手续费	charge	每个区块的第一个交易	coinbase
矿池、集合、团体	mining pool、group	分配	allot、assign

通过对激励层的专利文献进行分析，其涉及的主要IPC分类号包括：G06Q 30/02、G06Q 20/02、G06Q 20/06、G06Q 20/10、G06Q 40/00、G06Q 40/04。各分类号定义如表4－2－12所示。

表4－2－12 激励层专利文献主要IPC分类号

IPC分类号	分类定义
G06Q 30/02	商业（如购物或电子商务）的行销的（如市场研究与分析、调查、促销、广告、买方剖析研究、客户管理或奖励；价格评估或确定）
G06Q 20/02	支付体系结构、方案或协议中涉及中立的第三方（如认证机构、公证人或可信的第三方）
G06Q 20/06	支付体系结构、方案或协议中的专用支付电路（如涉及仅在通用支付方案的参与者中使用的电子货币）
G06Q 20/10	专门适用于电子资金转账系统的支付体系结构；专门适用于家庭银行系统的支付体系结构
G06Q 40/00	金融；保险；税务策略；公司或所得税的处理
G06Q 40/04	金融、保险、税务策略、公司或所得税的交易（如股票、商品、金融衍生工具或货币兑换）

由于激励层涉及经济因素的激励措施，该层的专利文献的IPC分类号集中于涉及商业行销、支付及金融的G06Q下。

在该层的专利布局相较于其他各层最少，但该层实质上涉及区块链最核心的技术之一，也是区块链相对于现有的中心化体系架构的区别点之一。激励层的专利文献主要涉及激励层分配机制的改进、激励层分配机制的应用、激励层激励机制的改进等方面。

4.2.2.2.5　合约层

合约层封装区块链中的各类脚本代码、算法以及由此生成的更为复杂的智能合约。如果说数据层、网络层和共识层三个层次作为区块链底层“虚拟机”分别承担数据表示、数据传播和数据验证功能的话，合约层则是建立在区块链虚拟机之上的商业逻辑和算法，是实现区块链系统灵活编程和操作数据的基础。

智能合约最初被定义为一套以数字形式定义的承诺，包括合约参与方可以在上面执行这些承诺的协议。其设计初衷是希望通过将智能合约内置到物理实体来创造各种灵活可控的智能资产。

区块链技术的出现重新定义了智能合约。智能合约是区块链的核心构成要素，是由事件驱动的、具有状态的、运行在可复制的共享区块链数据账本上的计算机程序，能够实现主动或被动地处理数据，接收、储存和发送价值，以及控制和管理各类链上智能资产等功能。智能合约作为一种嵌入式程序化合约，可以内置在任何区块链数据、交易、有形或无形资产上，形成可编程控制的软件定义的系统、市场和资产。智能合约不仅为传统金融资产的发行、交易、创造和管理提供了创新性的解决方案，同时能够在社会系统中的资产管理、合同管理、监管执法等事务中发挥重要作用。

具体说来，智能合约是一组情景－应对型的程序化规则和逻辑，是部署在区块链上的去中心化、可信共享的程序代码。智能合约同样具有区块链数据的一般特征，如分布式记录、存储和验证，不可篡改和伪造等。签署合约的各参与方就合约内容、违约条件、违约责任和外部核查数据源达成一致，必要时检查和测试合约代码以确保无误后，以智能合约的形式部署在区块链上，即可不依赖任何中心机构地自动化代表各签署方执行合约。智能合约的可编程特性使得签署方可以增加任意复杂的条款。

通常情况下，智能合约经各方签署后，以程序代码的形式附着在区块链数据上，经 P2P 网络传播和节点验证后记入区块链的特定区块中。智能合约封装了预定义的若干状态及转换规则、触发合约执行的情景（如到达特定时间或发生特定事件等）、特定情景下的应对行动等。区块链可实时监控智能合约的状态，并通过核查外部数据源、确认满足特定触发条件后激活并执行合约。

合约层的典型关键词如表 4－2－13 所示。

表 4－2－13　合约层典型关键词

关键词		关键词	
中文	英文	中文	英文
智能合约	smart contract	合约、承诺	contract、agreement、commitment
协议、技术实现	protocol、technical implementation	交易记录	trade report、transaction、business
审计	audit	账户、帐户	account

通过对合约层的专利文献进行分析，其涉及的主要 IPC 分类号包括：G06Q 20/38、G06Q 20/06、H04L 29/06、G06F 17/30、G06Q 20/40、H04L 9/32。其中 G06Q 20/38、G06Q 20/40 涉及支付协议、授权，G06Q 20/06 涉及专用支付电路，H04L 29/06 涉及通信控制中以协议为特征的，G06F 17/30 涉及特定功能的数字计算设备或数据处理设备或数据处理方法中的信息检索及其数据库结构，H04L 9/32 涉及保密安全领域中检验系统用户的身份或凭据。

合约层的专利文献主要关注智能合约以及脚本代码，用以提高合约层的可扩展性和可靠性。

4.2.2.2.6 *应用层*

应用层封装了区块链的各种应用场景和案例，是区块链技术在包括金融、物联网、医疗、法律、娱乐、公益、社交、能源、教育等领域的具体应用方案。由于区块链的底层特性，区块链将具有丰富的应用场景（参见图 4-2-5），当前资本对于区块链的投资也集中于应用层。

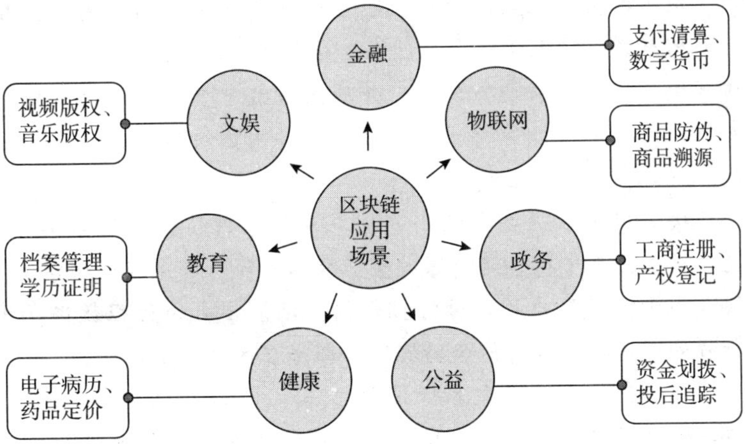

图 4-2-5 区块链的应用场景

通过对应用层的专利文献进行分析，其涉及的主要 IPC 分类号包括：H04L 29/06、G06Q 20/38、H04L 9/32、G06Q 40/04。其中，H04L 29/06 涉及通信控制中以协议为特征的；G06Q 20/38 特别地涉及商业、金融过程中的支付；H04L 9/32 特别地涉及保密安全领域中检验系统用户的身份或凭据；G06Q 40/04 特别地涉及商业、金融领域中的交易，例如股票、商品、金融衍生工具或货币兑换。

由于应用层涉及具体的应用，而 CPC 分类号相比 IPC 分类号而言，划分更偏向细节，因此我们又对应用层的专利文献进行了 CPC 分类号的分析。其涉及的 CPC 分类号包括：G06Q 20/3829、G06Q 20/065、G06Q 20/401、G06Q 40/04、H04L 9/3247。其中 G06Q 20/3829、G06Q 20/401 是 G06Q 20/38 的下位点组，分别具体涉及支付过程中的密钥管理、交易验证；G06Q 20/065 涉及电子现金；H04L 9/3247 是 H04L 9/32 的下位点组，具体涉及数字签名。

虽然应用层涉及区块链技术在各个领域的具体应用，但由于区块链技术不可篡改、安全可靠的特性，应用层的专利文献的核心还是在于支付应用方面。而CPC划分更为具体，相较于IPC更适合于应用层的检索。

【案例4-2-3】

技术背景

网约车系统用于网络预约出租汽车。传统的网约车系统是基于中心化的服务器搭建，中心化服务器对系统具有决定性的作用，因而价格、市场、数据等由系统的开发商所掌控，导致了垄断的产生。

检索主题

一种基于区块链技术的智能网约车系统，包括：

需求模块，用于根据用户数据，对数据进行分析，获得用户需求；其中，用户数据由用户产生网约车需求时上传，用户数据储存于区块链中；

用户评价模块，用于记录用户评价，并从区块链中查询得到历史评价数据，根据历史数据与获取的用户评价计算得出总的评价，存入区块链中；其中，评价逻辑通过智能合约实现，部署在区块链上；

交易撮合模块，用于根据获取的用户需求和用户评价，采用派单算法撮合用户，形成一笔网约车交易；其中撮合逻辑通过智能合约实现，部署在区块链上；

行程模块，用于根据用户的实时行程数据，记录相应的行程数据，并存入区块链中；其中，行程处理逻辑通过智能合约实现，部署在区块链上；

支付预付款模块，用于根据乘客行程数据，计算出相应的预付款额，并向乘客收取预付款，将支付交易记录在区块链中；其中计算及支付逻辑通过智能合约实现，部署在区块链上；

第三方支付模块，用于在支付预付款时，乘客可以选择通过第三方支付平台兑换CarCoin，再用CarCoin进行支付；用于用户将CarCoin的提现；

费用结算模块，用于根据实际行程数据和计费算法，计算出相应的实际车费，并根据所预付款额，进行费用结算；具体的，将实际车费支付给司机，将多余车费返还给乘客；其中计算及支付逻辑通过智能合约实现，部署在区块链上。

检索策略

检索主题是区块链技术在网约车领域的具体应用。相较于传统的网约车系统，其中的用户、网约车公司、第三方支付公司可以共同维护系统，包括价格、派单算法、数据等，从而保证系统的公平公正。

检索主题中的技术特征为系统的各个部件及其功能，由于部件的名称及其功能划分在不同的文献中各不相同，将部件列为关键词进行检索，检索结果不太理想。此时，考虑从技术应用领域角度出发提取检索要素。首先，在 PSS 系统中以“摘要”字段进行简单检索来了解一下区块链技术在网约车领域的布局（参见表4－2－14）。

表4－2－14 “摘要”字段检索式及检索结果

序号	检索内容	检索结果/篇
1	摘要＝(区块链 AND (约车 OR 打车 OR 叫车 OR 出行))	28

检索结果虽然有28篇，但其中涉及网约车过程中用户、网约车公司、第三方支付公司三方通过区块链交互的仅有5篇，并且浏览后发现其中并没有与本案例技术内容特别相关的专利文献。

由于上述具体的网约车领域，很有可能仅出现在专利文献的具体实施例部分作为应用举例出现，因此，转而在“说明书”字段下检索（参见表4－2－15）。

表4－2－15 “说明书”字段检索式及检索结果

序号	检索内容	检索结果/篇
2	说明书＝(区块链 AND (约车 OR 打车 OR 叫车 OR 出行))	256

检索结果与预想的一样，相较于在“摘要”字段下检索，检索结果大幅增加，但上述256篇检索结果中必然存在噪声。由于检索主题中撮合逻辑、行程处理逻辑、支付逻辑是通过智能合约实现的，进一步用关键词“智能合约”进行限定（参见表4－2－16）。

表4－2－16 “说明书”字段进一步限定的检索式及检索结果

序号	检索内容	检索结果/篇
3	说明书＝智能合约	3796
4	2 AND 3	106

检索结果为106篇。此时可以开始阅读浏览。但针对应用层的专利文献进行检索时通常还会用分类号来进一步限定，这里继续尝试用分类号限定。本案例涉及以智能合约实现撮合派单、行程处理、支付，其 CPC 分类号可分至 G06Q 20/023（支付体系结构、方案或协议中涉及中立的第三方交易所）及 G06Q 20/382（支付体系结构、方案或协议中的涉及较高安全性交易的支付协议及其中的细节），结合 CPC 分类号进行检索（参见表4－2－17）。

表4－2－17 结合分类号的检索式及检索结果

序号	检索内容	检索结果/篇
5	CPC 分类号＝(G06Q20/023 OR G06Q20/382)	18028
6	4 AND 5	2

在得到的2篇检索结果中，一篇即本案例，另一篇涉及一种基于区块链的ETC付费系统，其提供一种基于区块链的ETC付费系统，车辆在出厂过程中配置唯一的识别码和作为车辆加入ETC区块链系统的识别信息，用于虚拟账户的创建。城市ETC和高速公路ETC实现通用，全球范围内的ETC支付实现通过虚拟货币支付从而形成通用，降低管理成本。通过评价体系和智能合约实现用户信息保密和良好的信息反馈与信息挖掘，监督评价ETC涉及各项服务。统一的清算模块，保证了用于支付的资金安全。具体地，虚拟账户创建模块，创建过程为根据车辆注册信息进行创建，将与车辆ETC识别码信息关联的虚拟账户信息加入到ETC系统区块链节点中，由用户发起交易请求，并将交易请求发送至ETC系统区块链处理模块；支付请求模块包括通行成本计算模块，根据行驶路段标准计算所耗费金额，和请求一起发送至区块链处理模块。当区块链处理模块收到支付请求模块发送的请求后，由智能合约根据交易请求修改账户信息，并将修改后的账户信息同步到ETC系统区块链的各个节点中；智能合约限定的节点为ETC识别收费节点以及车辆节点；智能合约通过应用的方式安装在各节点的客户端，用于更新和同步各节点账本。智能合约中所存储的数据为虚拟货币，通过与现实货币汇率进行转换，通过清算模块可以进行虚拟货币和现实货币的转换，完成现实货币的提取。上述技术内容与本案例检索主题类似，都是在支付时借助于区块链及智能合约来实现，同时也是应用于交通出行领域，与本案例检索主题较为相关。

4.2.2.3 区块链技术非专利资源的检索

在非专利数据库中同样包含了与区块链技术相关的丰富资源。在CNKI中，以“区块链”为主题，在“学术期刊”“博/硕士论文”“会议”“报纸”四个数据库中跨库检索2008年1月1日至2019年6月6日期间发表的文献，共可得到8367篇，其总体趋势分布如图4－2－6所示。

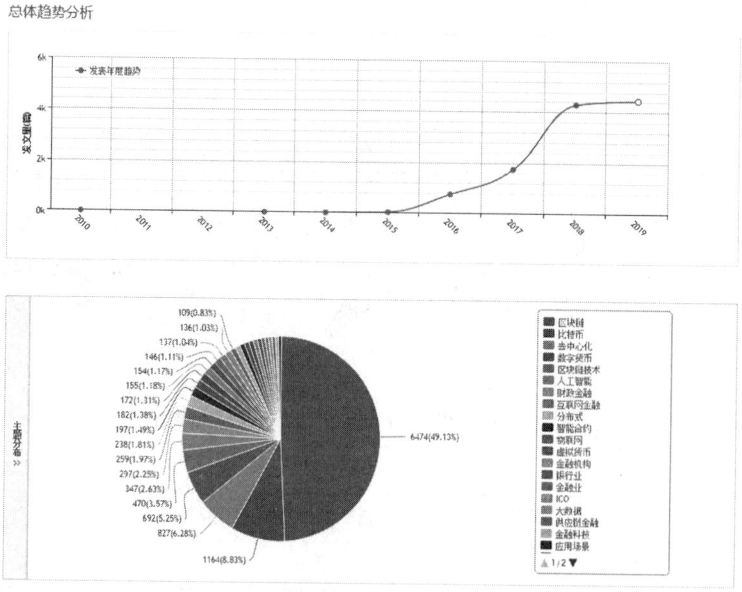

图4－2－6　与区块链技术相关的非专利文献总体趋势及分布

下面仍以一个案例简单介绍与区块链技术相关的非专利资源的检索。

【案例4-2-4】

技术背景

传统的搜索方法是明文搜索，未加密的信息可被恶意用户和不可信的第三方轻易获取。为了解决上述问题提出了可搜索加密的概念。传统的可搜索加密将用户信息存储在服务器，将查询内容和数据库中的信息内容加密后再进行搜索，可解决传统明文搜索的安全风险，但仍然存在信息丢失或被恶意篡改的隐患。

检索主题

一种基于区块链的可搜索加密方法，包括：

第一步，用户将包含个人信息、交易记录、交易目的、交易相关方和交易财产经各方签名并加密后上传给系统；

第二步，用户将明文信息中的关键字集经哈希操作后提交给系统；

第三步，系统在验证用户身份的合法性之后将哈希后的明文关键字加密，形成映射表与第一步中的加密信息写入区块链中；

第四步，矿工输入想要搜索的关键词，关键词经哈希后提交给系统，系统将提交的信息加密后进行查询工作；

第五步，系统将关键词的密文和区块链中的密文进行对比，将符合条件的记录信息返回给矿工，矿工转发给用户；

第六步，用户端将系统返回的密文进行解密，用户得到所要搜索的明文信息。

检索策略

检索主题是对传统可搜索加密方法的一种改进。由于区块链的去中心化、透明性、不可篡改性，因而提出了将可搜索加密与区块链技术相结合，在保护用户身份的隐私性的同时确保存储信息不被恶意篡改。

仍然在CNKI中，在“学术期刊”“博/硕士论文”“会议”“报纸”四个数据库中跨库检索。由于检索主题是对可搜索加密技术的改进，以“可搜索加密”以及“区块链”为关键词在“主题”字段下检索，得到1篇文献。以“可搜索加密”以及“区块链”为关键词在“全文”字段下检索，得到25篇文献。但浏览上述文献后，并没有发现与检索主题特别相关的文献。由于上述检索主题的关键在于将明文信息中的关键词以及搜索的关键词都先进行哈希处理，因此调整检索策略，以“可搜索加密”以及“哈希”为关键词在“主题”字段下检索，得到83篇文献。剔除特别不相关的文献之后进行浏览，得到《云存储中的密文排序检索技术研究》。该文献第2.2节公开了传统的基于安全索引的对称可搜索加密流程如下：①数据上传者从需要上传的文件中提取关键词集合来建立明文索引，然后用私钥加密关键词集合生成密文索引，数据上传者用私钥对所需上传的文件进行加密后与密文索引一起发送给云存储服务器；②当用户希望用关键词检索云服务器上的密文文件时，需要从数据上传者处得到解密密钥以及生成关键词陷门信息的密钥；③经过授权的用户可以用得到的密钥处理希望检索的关键词生成陷门信息，并将其发送给云服务器；④云服务器接收到陷门信息后，对服务器中所存储的密文文件进行相关查询操作，在此过程中不对数据进行解密；⑤云服务器将检索到的密文文件发送给授权用户，授权用户使用从数据持有者处得到的解密密钥对文档进行解密。第4.3.3.4节还公开了系统中采取了哈希算法作为关键词的陷门函数。其中虽然没有公开将数据存储至区块链，但公开了将明文信息中的关键词以及搜索的关键词都先进行哈希处理，与本案例较为相关。

4.2.2.4 区块链技术的其他检索资源

除了上面介绍的专利资源及非专利资源以外，多家从事区块链技术研究的公司已提供了多项区块链技术应用实例。可以通过搜索引擎对这些应用实例进行检索，获取区块链技术在应用层的已有成果。例如，阿里巴巴集团在区块链技术方面就已有多项应用实例，包括支付宝爱心捐赠平台、全球首款区块链喷漆 Block7、电子钱包跨境汇款、数字雄安区块链实施平台、医联体 + 区块链、食品溯源、商品溯源、互助保险。

4.3 视频编码

互联网的崛起和多媒体的海量应用使得视频通信技术受到越来越多的关注，但视频处理中庞大的数据量仍然是多媒体发展的主要瓶颈。为了解决这一难题，需要对视频图像进行压缩编码，视频编码在保证视频质量的前提下，最大限度地消除视频中的冗余信息，减少数据量，使得实时视频通信业务成为可能。

4.3.1 视频编码概述

4.3.1.1 视频编码标准的演进

统一并且与时俱进的视频编码标准对于全球视频应用的发展具有非常重要的意义。目前，国际标准化组织（ISO）和国际电工委员会（IEC）下属的运动图像专家组（MPEG）与国际电信联盟电信标准化部门（ITU-T）下属的视频编码专家组（VCEG）两大组织在制定统一的国际视频编码标准。MPEG 制定了 MPEG-X 系列标准，VCEG 制定了 H. 26X 系列标准。这两大组织在制定标准的过程中也曾多次合作，共同完成了 H. 262/MPEG-2、H. 264/AVC、H. 264-G/SVC、H. 265/HEVC 视频编码标准（参见图 4 – 3 – 1），极大地促进了视频编码技术的进步和标准的发展。

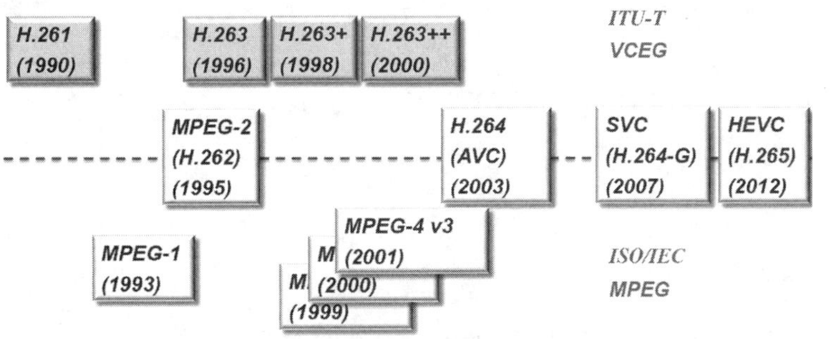

图 4 –3 –1 视频编码国际标准发展历程

H. 26X 和 MPEG-X 系列标准都是国际标准，与之相关的大部分专利掌握在高通、索尼等国外公司手中，长期使用需支付巨额的专利费用。鉴于此，我国制定了具备自主知识产权的信源编码标准 AVS。2002 年我国成立数字音视频编解码技术标准 AVS 工作组，并于 2006 年颁布 AVS 视频部分正式成为国家标准。经过十几年的发展，AVS 工作组制定了一系列标准，例如 AVS1、AVS + 和 AVS2，其中 AVS2 是第二代视频编码标准，在通用视频场景下，AVS2 的编码效率已经和 HEVC 相当，比 AVS1 提升了 1 倍以上。

4.3.1.2 视频编码国际标准概述

H. 26X 系列标准主要针对多媒体通信而制定，而 MPEG-X 系列标准多为数字电视采用。其中，MPEG-4 是针对数字电视、交互式绘图应用等整合及压缩技术的需求而制定的国际标准，采用基于对象的编码方法，自由度高，具有广阔的应用前景。2003 年采纳的 H. 264 着重于提高压缩效率和传输的可靠性，其编码性能大大优于其他标准，和 H. 263 或 MPEG-4 相比，在相同编码质量下，最多可节省 50% 的比特率。

然而，目前越来越多的高质量视频（高分辨率、高帧率、高比特深度）受到人们的青睐，H. 264/AVC 已逐渐不能满足压缩需求。为应对视频数据爆炸式增长的问题，ITU-T 和 ISO/IEC 于 2010 年再次携手合作，共同组建了视频编码联合工作组 JCT-VC，研究制定下一代视频编码标准——H. 265/HEVC。H. 265/HEVC 在 H. 264/AVC 的基础上，维持视频质量不变，将码率减少 50%，编码性能出现突破性进展，将会取代 H. 264 成为未来编码技术的主流。

图 4 –3 –2 示出了 HEVC 的编码框架。HEVC 融入了许多关键技术以提高性能，包括四叉树块划分结构、更多角度的帧内预测方向、帧间 Merge 模式、高级运动向量预测、尺寸可变的 DCT 及模式依赖的 DST，以及像素自适应补偿 SAO 等。

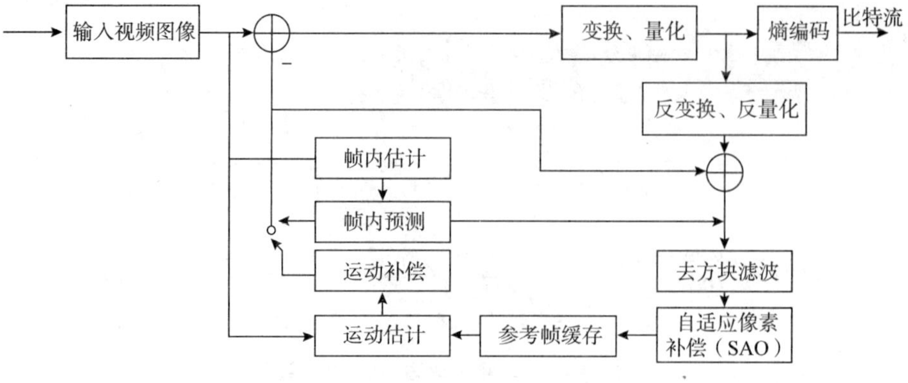

图 4 -3 -2　HEVC 编码框架

4.3.2　视频编码重要技术主题的检索要素表达

视频编码标准技术细节丰富，难以针对每一个技术细节展开研究，本节将以视频编码标准 MPEG-4、H. 264、HEVC 以及 AVS 中包含的重要的技术主题为基础，梳理各技术主题涉及的分类号，并给出扩展的关键词。

4.3.2.1　重要技术主题

包括 MPEG-4、H. 264、HEVC 以及 AVS 在内的主要视频编码标准虽然在制定组织、完成年代以及应用背景方面不尽相同，但是所采用的编码框架却基本一致。图 4 -3 -3 示出了经典视频编码框架。

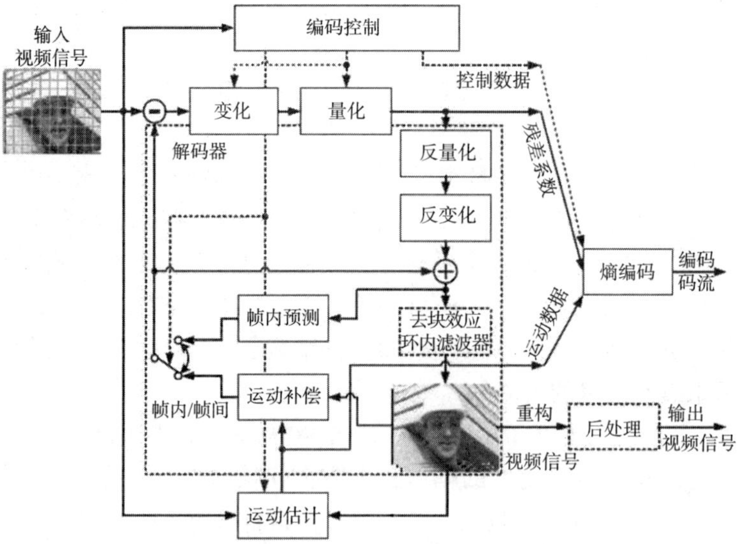

图 4 -3 -3　经典视频编码框架

从图 4 -3 -3 中可见，对输入视频帧进行帧内预测编码和帧间预测编码。帧内预测编码首先进行帧内预测，然后对预测结果进行变换、量化、熵编码输出，同时将重建图像放入帧存储器作为后续输入图像进行运动估计的参考。帧间预测编码则首先通过参考图像进行运动估计，然后对补偿后的残差采用与帧内预测编码相似的处理。框架中还包括用于去除块效应的去块效应环内滤波器。

从视频编码框架中可以看出视频编码包括如下关键技术：帧内/帧间预测、去块效应滤波、变换量化和熵编码等，其中帧间预测是通过运动估计与补偿来实现的。因此，将预测编码模式、运动估计与补偿、去块效应滤波、变换量化和熵编码作为重要技术主题。

随着视频会议、视频点播、视频监控等面向网络应用的视频服务的迅速增长，视频编码的目标由单纯的追求高压缩率转向了使视频流能够更好地适应各种不同的网络环境和用户终端。视频服务器需要对视频传输请求具有自适应性，以使得码流可以被灵活地组织以适应不同的应用需求。

为了获得这种自适应性，可以采用的视频编码技术主要包括视频转码和可伸缩编码。视频转码是将视频信号从一个格式转换成另一个格式，可伸缩编码允许一次压缩后的视频能以不同的码率、帧率、空间分辨率和视频质量解码，二者是视频编码领域研究的热点。因此也将视频转码和可伸缩编码作为重要技术主题。

4.3.2.2　重要技术主题对应的检索要素表达

IPC 中视频编码技术的专利申请主要分布在分类号 H04N 7/24（·利用脉冲编码调制传输电视信号的系统）、H04N 7/26（··利用带宽降低）和 H04N 19/00（用于数字视频信号编码、解码、压缩或解压缩的方法或装置）下，其中以 H04N 19/00 居多，下位点组涉及具体的技术细节。CPC 经过多次修订，编码领域下大部分细分的 CPC 分类号已经弃用，并且在 EPO 网站中已无法利用该部分 CPC 分类号进行技术内容的检索。CPC 和 IPC 分类号差别不大，因此本节只针对 IPC 分类号进行归纳。

通过浏览和查询 IPC 分类表，本节在介绍各重要技术主题的基础上，分别给出扩展的关键词和相关的 IPC 分类号。需要注意的是，IPC8 中虽然弃用了部分 IPC 分类号，但由于 PSS 系统中仍然可利用该部分 IPC 进行检索，因此表 4-3-1 至表 4-3-7 中仍保留该部分 IPC。

（1）预测编码模式

预测编码分为帧内预测和帧间预测两种方式。帧内预测的主要功能是去除图像的空间相关性，通过编码后的重构信息块来预测当前像素块以去除空间冗余信息；而帧间预测则是去除时间相关性，通过将已编码的图像作为当前帧的参考图像，来获取各个块的运动信息，从而去除时间冗余。二者均用于提高图像压缩效率。在视频编码过程中，选择最优的预测编码模式会大大提高编码质量。

表 4-3-1 为预测编码模式涉及的关键词和 IPC 分类号及其含义。

表 4-3-1　预测编码模式涉及的关键词和 IPC 分类号

主题		预测编码模式		
关键词	中文	空间、帧内； 预测；编码	时间、帧间； 预测；编码	模式、方式
	英文	spatial、intra； predictive、predict； coding、encode	temporal、inter； predictive、predict； coding、encode	mode、pattern
IPC 分类号	预测编码	H04N 7/32 ··· 包括预测编码 H04N 19/50 · 使用预测编码		
	空间预测	H04N 7/34 ··· 利用空间预测 H04N 19/593 ·· 涉及空间预测技术		
	时间预测	H04N 7/36 ··· 利用时间预测 H04N 19/503 ·· 涉及时间预测		
	预测模式选择	H04N 19/103 ··· 编码或预测模式选择 H04N 19/107 ···· 空间和时间之间的预测编码，例如画面刷新 H04N 19/109 ···· 在多个时间预测编码模式中的 H04N 19/11 ···· 在多个空间预测编码模式中的		

（2）运动估计与补偿

运动估计与补偿是通过寻找两帧图像之间的运动信息来消除图像的时间冗余，从 H. 261 标准开始就成为视频编码器中不可缺少的组成部分。当一个宏块按照帧间编码进行编码时，该宏块将按照某种预定义的方法进行分割，每一个分割后的子块会进行相应的运动搜索，在参考帧中查找对应的相同尺寸的像素块作为参考，用运动矢量（Motion Vector，MV）来表示当前像素块在当前帧中的位置同参考块在参考帧的位置之间的相对位置。

为了进一步提升运动估计的精度，在比 H. 264 更早的视频压缩标准中就引入了亚像素精度的运动矢量。在 H. 264 中，亮度分量的 MV 最高可达 1/4 像素精度，色度分量的 MV 最高可达 1/8 像素精度。

表 4-3-2 为运动估计与补偿涉及的关键词和 IPC 分类号及其含义。

表 4-3-2　运动估计与补偿涉及的关键词和 IPC 分类号

主题		运动估计与补偿			
关键词	中文	运动估计、 运动补偿	块、宏块、 区块、子块	运动矢量、 运动向量	子像素、 亚像素
	英文	motion estimation、 motion compensation	block、 macroblock、 subblock	motion vector、 MV	sub pixel、 sub-pixel

续表

主题		运动估计与补偿
IPC 分类号	运动估计与补偿	H04N 19/43 ‥ 专门适用于运动估计或补偿的硬件 H04N 19/51 … 运动估计或补偿
	块	H04N 19/119 … 自适应细分方面，例如图像细分入矩形或非矩形编码块 H04N 19/176 …. 区域是块，例如宏块
	运动矢量	H04N 19/139 ….. 运动矢量的分析，例如其大小、方向、方差或可靠性 H04N 19/513 …. 运动矢量处理 H04N 19/527 …. 全局运动矢量估计
	亚像素	H04N 19/523 …. 有子像素准确度
	运动搜索	H04N 19/533 …. 使用多步搜索的运动估计，例如二维－测程或一次一个的搜索〔OTS〕 H04N 19/56 …. 具有矢量搜索初始化的运动估计，例如估计一个好的候选来初始化搜索 H04N 19/57 …. 运动估计，其特征在于具有一个可变尺寸或形状的搜索窗口

（3）去块效应滤波

在采用基于块的 DCT 变换、量化、运动补偿这些技术时，不可避免地在边界引入了块效应，严重影响图像的主观质量。因此，需采用去块效应滤波来去除块效应，以提高图像的主观质量和编码效率。去块效应包括环内去块效应和环外去块效应这两种方式，在 MPEG-4、H. 264 等视频标准中采用环内滤波去除块效应。

表 4－3－3 为去块效应滤波涉及的关键词和 IPC 分类号及其含义。

表 4－3－3　去块效应滤波涉及的关键词和 IPC 分类号

主题		去块效应滤波	
关键词	中文	去、去除、减少；块效应	滤波
	英文	deblocking；remove、reduce； blockiness、blocking artifact	filter
IPC 分类号		H04N 19/117 … 滤波器，例如用于前处理或后处理 H04N 19/86 ‥ 涉及编码伪像的减少，例如块效应的 H04N 19/82 ‥ 涉及预测环内滤波	

（4）变换量化

经过帧内和帧间像素块预测之后，得到预测块的残差。为了压缩残差信息的统计冗余，需要对残差数据进行变换和量化操作。变换编码将图像从时域信号变换至频域，将能量集中至低频区域。量化则是根据图像动态范围的大小确定量化参数，减小图像编码的动态范围。变换编码和量化从原理上属于两个相互独立的过程，但是在 H.264、HEVC 中，两个过程相互结合，减少了计算的复杂度。

表 4-3-4 为变换量化涉及的关键词和 IPC 分类号及其含义。

表 4-3-4　变换量化涉及的关键词和 IPC 分类号

主题		变换量化	
关键词	中文	转换、变换	量化
	英文	transform	quantization、quantize
IPC 分类号	变换	H04N 7/30 ··· 包括转换编码 H04N 7/50 ··· 包括转换和预测编码 H04N 19/12 ··· 从多个变换或标准中选择，例如在离散余弦变换〔DCT〕和子带之间选择或从 H.263 和 H.264 之间选择 H04N 19/122 ···· 变换尺寸的选择，例如 8×8 或 2×4×8 DCT，或不同结构或类型的子带变换的选择 H04N 19/60 · 使用变换编码 H04N 19/625 ·· 利用离散余弦变换〔DCT〕	
	量化	H04N 19/124 ··· 量化 H04N 19/94 ·· 矢量量化	

（5）熵编码

熵编码是将编码控制数据、量化变换系数、帧内预测数据、运动数据、滤波器控制数据编码为二进制进行存储和传输，熵编码模块的输出数据即是原始视频压缩后的码流。常见的熵编码有香农（Shannon）编码、哈夫曼（Huffman）编码和算术编码（Arithmetic Coding）。在 HEVC 中，采用了基于上下文的自适应二进制算术编码（CABAC）进行熵编码，在速度、压缩率和内存占用等方面均得到了大幅度改善。

表 4-3-5 为熵编码涉及的关键词和 IPC 分类号及其含义。

表 4-3-5　熵编码涉及的关键词和 IPC 分类号

主题		熵编码		
关键词	中文	熵编码	变长、可变长度编码	算数编码
	英文	entropy	variable length	arithmetic
IPC 分类号		H04N 19/13 ··· 自适应熵编码，例如自适应可变长度编码〔AVLC〕或上下文自适应二进制运算〔CABAC〕编码 H04N 19/91 ·· 用于熵编码的，例如可变长度编码〔VLC〕或算术编码		

（6）视频转码

视频转码是指将某一视频格式转换为另一视频格式的过程，通常是先将视频暂时解码，然后重新编码成需要的格式和数据编码速度。主要有三种转码需求：不同视频格式间的转换，例如从 MPEG-2 或者 MPEG-4 转到 H. 264；内容传输，改变比特率满足不同网络带宽或者设备播放速度的需求；清晰度，将高清视频转为标清，甚至更低的清晰度，或者反向处理。

表 4－3－6 为视频转码涉及的关键词和 IPC 分类号及其含义。

表 4－3－6　视频转码涉及的关键词和 IPC 分类号

<table>
<tr><td colspan="2">主题</td><td>转码</td></tr>
<tr><td rowspan="2">关键词</td><td>中文</td><td>转码、格式转换</td></tr>
<tr><td>英文</td><td>transcode、format conversion</td></tr>
<tr><td colspan="2">IPC 分类号</td><td>H04N 19/40 · 使用视频转码，即对编码的输入流进行部分或全部的解码和对解码的输出流的再编码</td></tr>
</table>

（7）可伸缩编码

可伸缩视频编码是把视频信号编码成分层的形式。所谓分层编码，就是在时间、空间、质量上进行划分，输出一个可以单独解码的基本层（BL）码流和一个或多个增强层（EL）码流。其中，基本层码流适应最低的网络带宽，而增强层码流用来覆盖动态编码范围的网络带宽。增强层是可以多层编码的。这就意味着，在视频码流总码率的范围内，接收到的码率越大，视频质量越好。

表 4－3－7 为可伸缩编码涉及的关键词和 IPC 分类号及其含义。

表 4－3－7　可伸缩编码涉及的关键词和 IPC 分类号

<table>
<tr><td colspan="2">主题</td><td colspan="4">可伸缩编码</td></tr>
<tr><td rowspan="2">关键词</td><td>中文</td><td>可伸缩、
缩放、分层</td><td>时间、时域</td><td>空间、空域、
空间域</td><td>质量</td></tr>
<tr><td>英文</td><td>scalability、
hierarchical</td><td>temporal、
time domain</td><td>space、
spatial domain</td><td>quality</td></tr>
<tr><td rowspan="4">IPC
分类号</td><td>可伸缩编码</td><td colspan="4">H04N19/30 · 采用分层技术，例如可缩放性</td></tr>
<tr><td>时间可伸缩编码</td><td colspan="4">H04N 19/31 ·· 在时域</td></tr>
<tr><td>空间可伸缩编码</td><td colspan="4">H04N 19/33 ·· 在空间域</td></tr>
<tr><td>质量可伸缩编码</td><td colspan="4">H04N 19/34 ·· 可缩放性技术，涉及渐进的基于增强层的比特－平面编码，例如精细的可缩放性〔FGS〕
H04N 19/36 ·· 可缩放性技术，涉及格式化该层作为解码后画面失真的函数，例如信噪比〔SNR〕的可缩放性</td></tr>
</table>

4.3.3 视频编码技术非专利数据库检索策略

4.3.3.1 期刊类数据库的检索策略

视频编码技术是各大高校、科研机构的研发重点，技术成果通常以期刊文章的形式展现，因此针对非专利文献的检索，在对涉及视频编码标准技术内容的检索中处于十分重要的地位。第2章已经介绍了在CNKI、万方、IEEE等非专利数据库中如何进行检索，下文将介绍针对视频编码技术的期刊类数据库的检索策略。

（1）视频编码技术知识的积累

视频编码技术的技术内容大多涉及较为抽象的编解码算法，技术细节丰富，并且视频编码技术的发展日新月异，知识积累的速度难以与技术更新的速度同步。

CNKI、万方、IEEE等收录了大量的科技论文，当对视频编码技术的某个技术分支不是太熟悉时，可以通过在上述数据库中查找期刊文章，获取相关的基础知识、技术发展脉络，有助于在检索时构建检索关键词。

（2）以“作者单位”为入口进行检索

对于高校教师或在读学生，在期刊上发表文章是他们展现研究成果的首选途径。一个实验室可能会有多个团队针对某一编码技术展开研究，且几年内研究的技术领域通常是不变的，因此可以在CNKI、万方等非专利数据库中以“作者单位”为入口进行检索。例如，要检索北京交通大学某位学生申请的关于AVS的技术内容，可以首先在CNKI高级检索中限定“作者单位”为北京交通大学，并结合关键词进行检索。

不同高校常常会同时针对某一编码技术展开研究，在非专利数据库查找文献时，可以确定某一编码技术是哪些高校的研究热点。例如上文关于AVS的举例，通过在百度、CNKI检索AVS，可以发现北京大学数字视频编解码技术国家工程实验室的高文院士、马思伟教授团队组织制定了第二代视频编码标准AVS2，AVS一直是该实验室的研究重点，该实验室发表了较多的AVS相关文章，因此可以尝试限定“作者单位”为北京大学来进行检索。

（3）关键词的选取

对关键技术为技术细节的技术内容，由于涉及具体的编解码算法或数据处理流程，其与期刊文章的撰写方式很相似，因而在期刊网站的全文数据库中进行检索比较有效。

在这些非专利数据库中进行检索时，关键词的选取十分重要。对于涉及领域比较宽泛的关键词，例如编码、解码等，可作为“主题”进行领域限定，以避免噪声太大。而对于技术细节的关键词应该进行全文检索，以避免遗漏，并且在例如CNKI、IEEE等数据库进行检索时，应该注意逻辑算符、通配符的合理使用，从而提高检索质量和检索效率。

4.3.3.2 JCT-VC检索策略

HEVC作为一种将取代H.264/AVC成为未来主流的视频压缩标准，毫无疑问是各大企业、科研机构、高校目前的研发热点。那么如何针对HEVC进行有效检索呢？这需要利用收集了所有 HEVC 提案的 JCT-VC 文档管理系统。

第2章第2.6.3.5节简单介绍了 JCT-VC 文档管理系统的架构和文档结构。JCT-VC 历次会议的文档结构比较复杂，且 AHG 提案、CE 提案针对的技术领域也会在不同的会议中有所调整。本节将针对 JCT-VC 文档管理系统进行详细介绍。

4.3.3.2.1　HEVC 标准提案的技术发展历程

VCEG 和 MPEG 在组成了视频编码联合组 JCT-VC 后，开展 H.265/HEVC 的标准制定工作，开发了参考软件 HM（HEVC Test Model），并继续进行了格式范围扩展（Format Range Extensions，RExt）、可伸缩 HEVC（Scalable HEVC，SHVC）、屏幕内容编码（Screen Content Coding，SCC）、视频可用性信息（Video Usability Information，VUI）和补充增强信息（Supplemental Enhancement Information）这些 HEVC 扩展版本的工作。

为了研究 HEVC 在多视点 3D 视频编码中的扩展应用，还成立了 3D 视频编码扩展开发联合小组（Joint Collaborative Team on 3D Video Coding Extension Development，JCT-3V），来进行 3D 视频编码扩展工作。

国际电信联盟（ITU）的官网上提供了 H.265 建议书（Recommendation H.265）的下载，访问入口为：https://www.itu.int/rec/T-REC-H.265，打开后为如图4－3－4所示的页面。截至2018年2月，HEVC 已经有5个版本，可以选择所需的 HEVC 版本下载查看。

Recommendation H.265

In force components		
Number	Title	Status
H.265 (02/18)	High efficiency video coding	In force

Superseded and Withdrawn components		
Number	Title	Status
H.265 (04/13)	High efficiency video coding	Superseded
H.265 (10/14)	High efficiency video coding	Superseded
H.265 (04/15)	High efficiency video coding	Superseded
H.265 (12/16)	High efficiency video coding	Superseded

图4－3－4　ITU H.265 建议书下载页面

HEVC 标准提案的发展分为以下5个阶段，对应于 HEVC 的5个版本[1]。

（1）第一阶段

HEVC 第一版本于2013年4月完成，主要涉及 HEVC 的基本规范。

（2）第二阶段

在 HEVC 基本规范完成后，JCT-VC 继续致力于研究扩展规范。HEVC 第二版本于2014年10月完成，包括 RExt、SHVC 和 MV-HEVC。

RExt：由 JCT-VC 负责，支持4∶0∶0、4∶2∶2、4∶4∶4的颜色空间和额外比特深度。随着 HM16.0 的发布，RExt 的参考软件已经被并入了 HM 的主线软件中。在

[1] https://hevc.hhi.fraunhofer.de/.

JCT-VC 文档管理系统中，RExt 首次提出是在 2012 年 7 月的第 10 次会议 JCTVC-J 上，提案主要集中在第 13 次会议 JCTVC-M 至第 16 次会议 JCTVC-P 这几次会议中。

SHVC：由 JCT-VC 负责，提供了空域、SNR 信噪比和色域的扩展。它被设计成一个高层次的语法扩展，允许重用现有的解码器组件。SHVC 的参考软件是独立的分支，未并入 HM 主线软件中。在 JCT-VC 文档管理系统中，SHVC 在第五次会议 JCTVC-E 中首次提出，重要提案集中在第 11 次会议 JCTVC-K 至第 17 次会议 JCTVC-Q 这几次会议中。

MV-HEVC：由 JCT-3V 负责，提供了对多视点层间预测编码的支持。它被设计成一个高层次的语法扩展，允许重用现有的解码器组件。MV-HEVC 参考软件后来被包含在 HTM 中，未并入 HM 主线软件中。

（3）第三阶段

HEVC 第三版本于 2015 年 4 月完成，主要是对 3D 视频编码的扩展。3D-HEVC 由 JCT-3V 负责，在 MV-HEVC 基础之上开展，主要为 3D 显示提供了高效率的纹理和深度的联合编码。其参考软件为 HTM，是一个独立分支，未并入 HM 主线软件中。

（4）第四阶段

HEVC 第四版本于 2016 年 12 月完成，主要是 SCC 扩展。

SCC：将提高对包含大量渲染（动态或静态）的图像、文本、动画的视频的压缩性能，而非针对摄像头捕捉的视频场景。应用实例包括无线显示器、计算机远程桌面访问和视频会议的实时屏幕共享。SCC-HEVC 参考软件是独立的分支，未并入 HM 主线软件中。在 JCT-VC 文档管理系统中，SCC 在第六次会议 JCTVC-F 中首次提出，主要集中在第 17 次会议 JCTVC-Q 至第 26 次会议 JCTVC-Z 这几次会议中。

（5）第五阶段

HEVC 第五版本于 2018 年 2 月完成，主要是补充 VUI 编码点和 SEI。

VUI 和 SEI：提供视频显示所需的各种有用信息，包括视频图像的时序、视频信号的颜色空间、3D 立体帧封装信息和其他显示提示信息等。在 JCT-VC 文档管理系统中，重要提案集中在第 26 次会议 JCTVC-Z 至第 33 次会议 JCTVC-AG 这几次会议中。

此外，在第 21 次会议 JCTVC-U 上，还提出了针对高动态范围（High Dynamic Range，HDR）和广色域（Wide Color Gamut，WCG）的提案，并在第 23 次会议 JCTVC-W 至第 26 次会议 JCTVC-Z 上集中出现相关提案。

4.3.3.2.2 文档结构

JCT-VC 会议的目标是制定和完善 HEVC 标准，目前共组织召开了 36 次会议，每次会议以唯一序列字母编号（大写英文字母 A ~ Z、AA ~ AJ），并且所有 HEVC 提案都会集结成集，在 JCT-VC 文档管理系统可以检索和下载。

JCT-VC 文档管理系统访问入口：http://phenix.int-evry.fr/jct。

每次 JCT-VC 会议都会产生综述性报告、提案等文档，在 JCT-VC 文档管理系统中，点击会议名称进入会议界面后，可以看到该次会议的所有文档。JCT-VC 文档通常可以分为综述性文档和提案文档两大类。表 4 – 3 – 8 汇总了 JCT-VC 会议文档的主要类型及含义。

表4-3-8 JCT-VC会议文档类型

文档类型	文档类型细分	含义
综述性文档	AHG 报告（Ad Hoc Group Report）	专题小组报告
	CE 概要报告（Core Experiment Summary Report）	核心实验概要报告
	SCE 概要报告（Scalability Core Experiment Summary Report）	可伸缩核心实验概要报告
	RCE 概要报告（Range Extensions Core Experiment Summary Report）	范围扩展核心实验概要报告
	BoG 报告（Break Out Group Report）	分小组报告
	CE/SCE/RCE 描述（Description）	核心实验描述
提案文档	AHG（Ad Hoc Group）	专题小组
	CE（Core Experiment）	核心实验
	Non-CE（Non-Core Experiment）	非核心实验
	SCE（Scalability Core Experiment）	可伸缩核心实验
	Non-SCE（Non-Scalability Core Experiment）	可伸缩非核心实验
	RCE（Range Extensions Core Experiment）	范围扩展核心实验
	Non-RCE（Non-Range Extensions Core Experiment）	范围扩展非核心实验
	TE（Tool Experiment）	工具实验
	Subset	子集
	Crosscheck/Cross verification	交叉验证
	HM（HEVC test model）	HEVC 测试模型

（1）综述性文档

综述性文档主要包括 AHG 报告、CE/SCE/RCE 概要报告、BoG 报告和 CE/SCE/RCE 描述等，它们是将本书第 2 章第 2.6.3.5 节提及的 AHG、CE/SCE/RCE、BoG 研究小组中的所有提案进行梳理、归类，并简要说明提案的相关内容。AHGx 报告中会列出本次会议中所有涉及 AHGx 的提案，CE/SCE/RCEx 概要报告中则会列出本次会议中所有涉及 CE/SCE/RCEx 的提案，BoG 报告通常为解决某一 CEx 中的几个集中的技术问题而设置，CE/SCE/RCE 描述是定义下次会议提案的某个 CE/SCE/RCE 的研究内容。

（2）提案文档

提案文档是提案人对某个技术内容的详细阐述。AHG 提案是 AHGx 所属领域的某个提案，CE/SCE/RCEx 提案是针对某个核心实验进行详细阐述，Non-CE/Non-SCE/Non-RCE 提案通常是对 CE/SCE/RCE 提案的协调和改进，对于同一 x，Non-CEx 与 CEx 为同一核心实验；子集提案是 CE/SCE/RCE 下的进一步划分；交叉验证提案是对其他提案所宣称效果的交叉验证结果。

以第 20 次会议为例，表 4－3－9 针对部分文档类型给出相应示例文档的编号和标题，粗体部分为文档标题的前缀。JCT-VC 会议中大部分文档的文档类型可以从其标题中看出，需要注意的是，有的文档标题会由于提案人命名不规范而不包括“文档类型前缀”。

表 4－3－9　JCT－VC 会议文档标题示例

文档类型	示例文档编号	示例文档标题
AHG 报告	JCTVC-T0001	JCT-VC **AHG report**：Project management（AHG1）
CE 概要报告	JCTVC-T0021	**CE1：Summary report** of CE on improvements of palette mode
BoG 报告	JCTVC-T0229	**BoG report** on test sequences for SCC
CE 描述	JCTVC-T1101	**Description of Core Experiment 1（CE1）**：Palette Mode Improvement
AHG	JCTVC-T0045	**AHG10**：Memory bandwidth reduction for intra block copy
CE	JCTVC-T0036	**CE1**：Tests A. 1：Extended copy above mode to the first line
Non-CE	JCTVC-T0048	**Non-CE1**：On palette prediction for slices
Crosscheck/Cross verification	JCTVC-T0032	**Cross Checking** CE1 Test C. 1：2-D Index Map Coding of Palette Mode

下面针对各类型的 JCT-VC 文档进行详细介绍。

（1）AHG

JCT-VC 成立了多个专题小组（Ad Hoc Group，AHG），分领域搜集和审阅技术提案。AHGx 是属于该专题小组的研究任务。

AHG 包括 AHG 报告和 AHG 提案。AHG 报告的编号在每次会议产生的所有文档的编号中位于最靠前的位置，AHGx 报告包含对应 AHGx 的所有提案。例如，在第 15 次会议产生的 1124 篇文档中，JCTVC-O0001 ~ JCTVC-O0022 分别为 AHG1 ~ AHG22 提交的 AHG 报告。

AHGx 报告的 Contributions 部分会列出与 AHGx 所属领域相关的多个提案及其贡献，如表 4－3－10 所示，AHG15 报告 JCTVC-O0015 中列出所有涉及 AHG15 的提案。那么在有些提案由于提案人命名不规范导致文档标题中不包括“文档类型前缀”时，例如表 4－3－10 AHG15 提案 JCTVC-O0143 的标题“Specification text and profile for SHVC with AVC base layer”中并不包含“AHG15”，就可以从 AHGx 报告中确定所有的 AHGx 提案。

表 4－3－10　AHG 报告 Contributions 部分内容示例

文档编号	标题
JCTVC-O0015（AHG15 报告）	JCT-VC AHG report：SHVC hybrid codec scalability（AHG15）

续表

文档编号	标题
JCTVC-O0143 （AHG15 提案）	Specification text and profile for SHVC with AVC base layer
JCTVC-O0166 （AHG15 提案）	MV-HEVC/SHVC HLS：On non-HEVC base layer
JCTVC-O0190 （AHG15 提案）	AHG15：AVC and HEVC encapsulation for hybrid codec scalability

每个 AHG 涉及不同的领域，以第 15 次会议的 AHG15 为例，AHG15 涉及 SHVC 混合编码。每次 JCT-VC 会议相同的 AHG 编号对应的领域基本相同，但随着 HEVC 标准的发展也会有改变。如表 4－3－11 所示，比较第 10 次会议的 JCTVC-I0015 和第 15 次会议的 JCTVC-O0015，可以发现 AHG15 的研究内容由“参考图片缓存”变为“SHVC 混合编码”。

表 4－3－11　AHG15 研究主题

文档编号	标题	技术领域
JCTVC-I0015	JCT-VC AHG report：Reference picture buffering and list construction（AHG15）	参考图片缓存
JCTVC-O0015	JCT-VC AHG report：SHVC hybrid codec scalability（AHG15）	SHVC 混合编码

（2）CE/SCE/RCE

CE 表示核心实验，通常涉及标准的核心技术。

CE 分为 CE、SCE 和 RCE 三类文档：

CE——核心实验；

SCE——可伸缩核心实验，涉及 SHVC；

RCE——范围扩展核心实验，涉及 RExt。

三者涉及的文档类型和技术领域通常可从文档标题中看出，如表 4－3－12 所示。例如，从 JCTVC-K0021 的标题中可以得出，该文档为 CE 文档，涉及去方块滤波；从 JCTVC-N0031 的标题中可以得出，该文档为 SCE 文档，涉及 SHVC 的重采样相移。

表 4－3－12　CE 文档示例

文档编号	标题
JCTVC-K0021 （CE1 概要报告）	CE1：Summary report of Core Experiment on deblocking filtering

续表

文档编号	标题
JCTVC-N0031 （SCE1 概要报告）	SCE1：Summary report of SHVC Core Experiment on support for additional re-sampling phase shifts
JCTVC-O0035 （RCE1 概要报告）	RCE1：Summary Report of HEVC Range Extensions Core Experiment 1 on Inter-Component Decorrelation Methods

以 CE 为例，CE 包括 CE 概要报告、CE 提案和 CE 描述。CE 概要报告的编号一般在 AHG 报告之后，同属于一个 CEx 的提案在 CE 概要报告中汇总。CE 描述通常设置在会议文档最后的位置，文档中会定义下次会议的议题，包括有哪些 CE、这些 CE 的相关内容等。

此外，通常还会有 Non-CE 提案。Non-CEx 与 CEx 属于同一领域，Non-CE 是对 CE 的协调和改进。

SCE、RCE 的组成与 CE 类似，以第 15 次会议的 JCTVC-O0033 为例，该文档为 SCE3 概要报告，研究内容是 SHVC 层间滤波，SCE3 概要报告中列出所有涉及 SCE3 和 Non-SCE3 的提案（参见表 4－3－13）。

表 4－3－13　SCE3 概要报告内容示例

文档编号	标题
JCTVC-O0033 （SCE3 概要报告）	SCE3：Summary Report of SHVC Core Experiment on Inter-layer Filtering
JCTVC-O0078 （SCE3 提案）	SCE3：performance and complexity test for cross-color inter-layer filter
JCTVC-O0163 （SCE3 提案）	SCE3：Inter-layer prediction modes based on base layer sharpness filter
JCTVC-O0189 （Non-SCE3 提案）	Non-SCE3：Combined inter-layer prediction：sharpness and region-based cross-color filters
JCTVC-O0191 （Non-SCE3 提案）	Non-SCE3：Reduced complexity for inter-layer sharpness prediction mode

SCE 还包括多个子集，SCE 概要报告中会列出这些子集涉及的技术，以 SCE3 概要报告 JCTVC-O0033 为例，如表 4－3－14 所示，该文档中列出所包含的子集、子集对应的 SCE 提案和交叉验证提案。

表 4-3-14 SCE3 概要报告包括的子集示例

子集	SCE 提案	交叉验证提案
Region based cross-color inter-layer filter	JCTVC-O0078	JCTVC-O0151
Inter-layer prediction modes based on base layer sharpness filter	JCTVC-O0163	JCTVC-O0282

（3）BoG 报告

BoG 报告通常是将某个 CE 的多个提案列为一个分小组，用于解决某几个集中的技术问题。

以第 7 次会议的文档 JCTVC-G1005（BoG report on review of non-CE deblocking filter proposals）为例，该 BoG 报告包括涉及 CE12 去区块滤波的提案，并将相关提案分为 7 类，每类提案都注明相关的提案号和摘要。表 4-3-15 简单示出该 BoG 报告的内容。

表 4-3-15 BoG 报告内容示例

去区块滤波相关提案分类	相关提案示例
Parallel deblocking	JCTVC-G089
Modifications to deblocking filter description	JCTVC-G175
Modifications to Bs calculation process	JCTVC-G176
Line buffer reduction	JCTVC-G230
Deblocking filter simplifications	JCTVC-G290
Signaling deblocking filter parameters in slice header	JCTVC-G291
Varying QP deblocking and deblocking for IPCM blocks	JCTVC-G384

（4）交叉验证提案

每个提案在提出时通常会列出它的改进成果，例如提升编码效率。上述提案通常会由其他提案人对宣称的成果进行交叉验证并提供验证结果。由于交叉验证中没有实际的技术内容，因此在检索过程中不具有价值。

4.3.3.2.3 JCT-VC 检索

第 2 章第 2.6.3.5 节具体介绍了在 JCT-VC 文档管理系统中如何利用提案编号、提案人、提案标题/关键词和提案标题/文档类型前缀进行检索。前三种方法相对来说实现起来并不复杂，而利用文档类型前缀检索并不是常规的检索方法。接下来，以两个案例来简单介绍如何利用提案标题/文档类型前缀在 JCT-VC 中检索技术内容。

（1）利用文档类型前缀 CE/SCE/RCE

【案例 4－3－1】

技术背景

针对在广播系统中，参数集的可靠的带外传输可能不可行，参数集需在参数集 NAL 单元中带内传输的问题，某公司在 2013 年 5 月提出了一种涉及用于信号传输运动信息的语法的视频编码方法。

检索主题

一种编码方法，至少包括以下操作：将指示层的运动场是否被存储的指示编码到比特流中，其中所述运动场仅用于层间运动预测。

检索策略

检索主题中涉及的关键技术是使用某个标识来指示是否需要存储运动场以及能够指示层间运动预测是否可以被使用或不被使用，最核心的关键词是“层间运动预测”。利用上述关键词分别在 2013 年 5 月之前的历次会议文档中进行检索。

距离该日期最近的会议是 2013 年 4 月 18 日至 2013 年 4 月 26 日在仁川（Incheon）召开的第 13 次会议。在该会议的会议文档列表中，在“提案标题”（Title）中利用关键词“inter layer”“inter-layer”进行检索，其中“inter layer”的检索结果如图 4－3－5 所示。将检索出的各提案的标题与“层间运动预测”比对，可以看出该关键技术与文档 JCTVC-M0325（Non-SCE5：On inter layer motion prediction in reference index based SHVC）相关，即属于核心实验 SCE5。

Title: inter layer　Number:
Author:　Search　Clear Search

Incheon Meeting - Document Register

JCT-VC number	MPEG number	Created	First Upload	Last upload	Title
JCTVC-M0155	m28606	2013-04-08 14:06:11	2013-04-08 14:09:03	2013-04-23 10:59:33	Non-CE3: Enhanced inter layer reference picture for RefIdx based scalability
JCTVC-M0159	m28610	2013-04-08 16:21:13	2013-04-08 16:22:33	2013-04-08 16:22:33	SCE1 – Crosscheck of JCTVC-M0103: Inter layer intra mode prediction
JCTVC-M0183	m28636	2013-04-08 18:49:50	2013-04-08 20:51:10	2013-04-18 07:28:19	SCE4: Results of test 4.2.4 on chroma enhancement for inter layer prediction
JCTVC-M0325	m28788	2013-04-09 08:12:27	2013-04-09 08:14:53	2013-04-09 08:14:53	Non-SCE5: On inter layer motion prediction in reference index based SHVC
JCTVC-M0337	m28801	2013-04-09 09:59:50	2013-04-11 07:45:18	2013-04-11 07:45:18	SCE4: cross-check for SCE4: Results of Test 4.2.1 on High Frequency Pass Inter Layer Sample Adaptive Offset Filter (JCTVC-M0265)

图 4－3－5　JCT-VC 文档管理系统检索结果页面

接下来，在“提案标题”（Title）中检索“SCE5”，获得 35 篇文档（参见图 4－3－6）。查看各个文档内容，可以发现其中 JCTVC-M0120（Non-SCE5：On signaling the syntax 'sps_inter_layer_mfm_enable_flag'）和 JCTVC-M0065（Non-SCE5：On collocated picture and low-delay checking for SHVC ref_idx framework）公开了相关技术内容。

Title SCE5　　Number

Author　　Search　Clear Search

Incheon Meeting - Document Register

JCT-VC number	MPEG number	Created	First Upload	Last upload	Title
JCTVC-M0025	m29233	2013-04-15 19:56:18	2013-04-16 09:44:16	2013-04-19 07:54:57	SCE5: Summary report of core experiment on inter-layer syntax prediction using HEVC base layer
JCTVC-M0047	m28477	2013-04-05 07:23:47	2013-04-05 07:44:34	2013-04-05 07:44:34	SCE5: Results of test 5.1.10 on inter-layer motion information prediction
JCTVC-M0059	m28495	2013-04-07 08:57:00	2013-04-09 04:41:26	2013-04-16 07:55:11	SCE5.1.7: Inter-layer motion data inheritance
JCTVC-M0065	m28503	2013-04-08 01:45:40	2013-04-08 08:57:21	2013-04-18 16:14:01	Non-SCE5: On collocated picture and low-delay checking for SHVC ref_idx framework
JCTVC-M0066	m28504	2013-04-08 02:31:29	2013-04-09 04:52:46	2013-04-15 17:55:18	Non-SCE5: On the effectiveness of temporal and multiple base layer co-located motion vector prediction candidates
JCTVC-M0112	m28550	2013-04-08 09:39:29	2013-04-08 18:39:13	2013-04-08 18:39:13	Non-SCE5: Position derivation for using Base Layer motion in SHVC
JCTVC-M0113	m28551	2013-04-08 09:39:51	2013-04-08 18:33:33	2013-04-08 18:33:33	Non-SCE5: Availability of Base Layer motion in SHVC
JCTVC-M0120	m28568	2013-04-08 10:38:59	2013-04-08 11:02:47	2013-04-19 05:08:06	Non-SCE5:On signaling the syntax 'sps_inter_layer_mfm_enable_flag'
JCTVC-M0124	m28572	2013-04-08 10:54:40	2013-04-09 05:32:13	2013-04-09 05:32:13	SCE5.1.5: Inter-layer motion information prediction

图 4-3-6　JCT-VC 文档管理系统检索结果页面

小提示

当通过关键词检索确定检索主题属于某个领域 AHGx、CEx 时，可以利用文档类型前缀 AHGx、CEx 进行检索。

（2）利用综述性文档 CE 概要报告

【案例 4-3-2】

技术背景

某公司基于人类视觉系统的数学模型和 HEVC 标准在 2012 年 2 月提出一种量化矩阵的设计方法，可在帧的多纹理区域中容忍更多的噪声。

检索主题

一种实现在装置的存储器中编程的高效视频编码的量化矩阵设计的方法，包括：a. 确定正方形块的帧内量化矩阵；以及 b. 将正方形块的帧内量化矩阵转换成对应的帧间正方形量化矩阵。

检索策略

该检索主题涉及量化矩阵，查看在 2012 年 2 月之前召开的历次会议的文档。距离该日期最近的会议是 2011 年 11 月 21 日至 2011 年 11 月 30 日在日内瓦（Geneva）召开的第 7 次会议。在该会议的会议文档中，浏览各综述性文档 CE 概要报告的标题，从

JCTVC-G034 的标题“CE4：Summary report of Core Experiment on Quantization”中可确定该检索主题属于 CE4 量化。从前文可知，CE 概要报告通常包括多个子集并会列出这些子集所涉及的技术。下载 JCTVC-G034 查看，该 CE 概要报告包括的三个子集中，子集 3 涉及量化矩阵，与检索主题密切相关，如图 4－3－7 所示，子集 3 列出了相关的 Non-CE4 提案。可以根据提案编号下载列出的各个提案，通过比较各提案的技术内容，最终确定 JCTVC-G880（HVS Model based Default Quantization Matrices）公开了相关技术内容。

3.4 Discussions/Recommendation

As can be seen as much as 13 contributions other than CE are on quantization matrices as follow:

JCTVC-G094 non-CE4: Carriage of large block size quantization matrices with up-sampling

JCTVC-G152 Method and syntax for quantization matrices representation

JCTVC-G295 Non-CE4 Subtest3: Extension of Adaptation Parameter Sets syntax for Quantization matrix

JCTVC-G352 Parameterization of Default Quantization Matrices

JCTVC-G880 HVS Model based Default Quantization Matrices

图 4－3－7 JCTVC-G034 文档页面

小提示

当检索主题与某个综述性文档例如 AHG 报告、CE 概要报告、BoG 报告相关时，可对该综述性文档进行查阅以快速确定相关文献。

4.3.3.2.4 文档前缀归纳

上文介绍了 JCT-VC 中不同的文档前缀例如 AHGx 代表了 HEVC 中不同的技术领域，为了便于快速确定与已知技术领域相对应的文档前缀，表 4－3－16 总结了历次会议中主要文档前缀的含义。

表 4－3－16 JCT-VC 文档前缀

技术分支	技术细分	文档前缀 1（AHG）	文档前缀 2（TE/CE）	文档前缀 3（TE/CE/SCE/RCE）
编码结构	单元划分	AHG4（G、H） AHG16（H）		
	参数集	AHG21（G） AHG15（I） AHG13（J） AHG8（K）		
	比特深度		TE2（B、C）	
	片段层	AHG4（D～F）		
	档次、层和级别	AHG8（H、I）		

续表

技术分支	技术细分	文档前缀1 （AHG）	文档前缀2 （TE/CE）	文档前缀3 （TE/CE/SCE/RCE）
帧内预测	填充	AHG16（G）		TE5（C） TE6（C） CE6（D～H） CE10（D） CE13（D） CE14（E） CE1（J）
	复制	AHG10（S、T）	CE2～4（S） CE10（S） CE2～3（T） CE2（U）	
	其他		CE10（C） CE13（C）	
帧间预测	插值		CE3（D～F） CE4（D）	TE3（B、C） CE3（G）
	运动向量导出	AHG16（F） AHG7（H～J）	TE1（B、C） CE1（D～F）	
	运动划分		CE2（D～G）	
	运动向量编码/ 合并/跳过	AHG10（H）	TE11（C） CE9（D～H）	
	其他		CE12（C）	
调色板模式		AHG10（Q） AHG9（S、T）	CE5～7（S） CE1（T、U）	
变换编码	系数扫描	AHG19（F）	CE11（D～H） CE3（I）	CE7（D～H） CE10（E～G） CE5（H）
	变换跳过	AHG19（G）		
	基于模式的 直接变换（MDDT）		TE7（C）	
	空间变换	AHG5（D～H）		
量化		AHG10（E～G） AHG16（I）	CE4（F～H）	

续表

技术分支	技术细分	文档前缀1（AHG）	文档前缀2（TE/CE）	文档前缀3（TE/CE/SCE/RCE）
环路后处理	去方块滤波	AHG6（D～L）	CE12（E～G） CE10（H） CE1（K、V）	
	非去块环路滤波		TE10（C） CE8（D～H） CE2（I）	
	样点自适应补偿SAO		CE13（E） CE1（I）	
熵编码	变长编码	AHG7（C） AHG9（D～G） AHG10（D） AHG5（K）	TE4（C）	TE8（C） CE5（D、E） CE1（G） CE1（S）
	基于上下文的自适应二进制算数编码CABAC		CE5（F、G）	
	低复杂熵编码LCEC		CE5（D、E）	
屏幕内容编码（SCC）		AHG13（F、G） AHG8（L～R） AHG15～17（R） AHG6～8、13、14（S、T） AHG6～9（U～W） AHG6～8（X～Z） AHG6（AA、AB）		
可伸缩编码（SHVC）		AHG17（F～H） AHG12（I） AHG10（J） AHG10～17（M、N） AHG11～13（O～R、U、V） AHG11、12（S、T、W） AHG5、9（X、Y） AHG9（Z）	TE1～6（L）	SCE1～4（M） SCE1～3（N、O）

续表

技术分支	技术细分	文档前缀 1（AHG）	文档前缀 2（TE/CE）	文档前缀 3（TE/CE/SCE/RCE）
色度支持/色域可伸缩	色度支持	AHG20（F～H）		
	色域可伸缩	AHG14（M～R）		SCE1（P～Q） SCE4（O）
范围扩展（REXt）		AHG12（J） AHG7（K～L） AHG5～7（M～Q） AHG6～7（R） AHG5（U、V）	CE1（L）	RCE1～3（M～O） RCE1～4（P） RCE1（Q）
无损编码		AHG22（G） AHG19（H） AHG13（I） AHG11（J）		
HDR/WCG		AHG5（W） AHG11～14（X、Y） AHG11、13～14（Z） AHG8～9（AA） AHG8（AB～AC）	CE1～8（W）	
全景		AHG5（Z）		
编码点		AHG6（AC～AI）		
补充增强信息（SEI）		AHG12（Z） AHG7（AA～AI）		

4.4 射频/微波器件检索

射频/微波器件及其电路的应用早已融入了生活、军事等方方面面。例如，在军事方面，射频/微波器件可用于空间防御、通信、高速电子计算机和数据处理、精确雷达、电子对抗、智能化系统及火控装备等军事装备，成为突破或制约尖端技术的关键。在生活方面，随着人们对通信质量和业务范围的要求越来越高，人们不仅希望能在不同地方进行高质量通话，还要求能开展数字、传真、图像、智能识别等非通话业务服务。上述需求推动着移动通信技术朝着通信频率不断提高、通信带宽逐渐增加的方向快速发展。

射频/微波器件作为无线通信设备的基础零部件，是无线通信技术的重要组成部分。射频/微波器件（参见图4－4－1）主要可分为以下两种：①波导、谐振器、传输线或其他波导型器件；②天线。

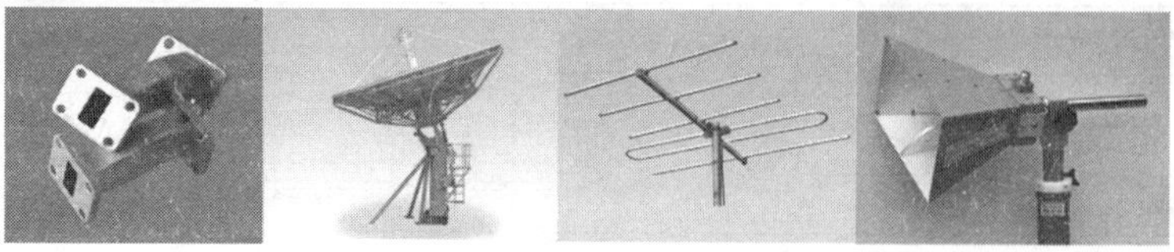

图4－4－1　射频/微波器件示意图

针对射频/微波器件的检索往往涉及波导、谐振器、传输线、天线的具体结构，直接采用关键词检索往往文献量较大，而基于对文字特征进行分析的智能语义检索也难以获得好的结果。提高射频/微波器件领域的检索效率可采用以下几种方法：

（1）利用具有配图的CPC分类定义表，有利于高效检索；

（2）利用CNKI图片检索、百度图片检索，事半功倍；

（3）检索策略灵活调整，多角度描述检索主题，如限定技术效果等，也能够在一定程度上提高检索效率。

下面就结合案例对CPC配图检索及CNKI、百度图片检索进行介绍。

4.4.1　CPC配图检索

4.4.1.1　CPC配图检索简介

一般情况下，在关键词检索效果不佳时，可以尝试采用分类号对检索主题进行描述。对于射频/微波器件领域，涉及的CPC分类号如图4－4－2所示。

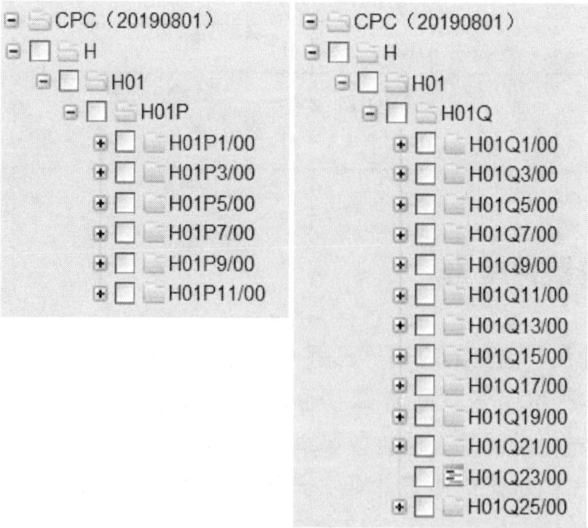

图4－4－2　射频/微波器件领域涉及的CPC分类号

确定CPC分类号有多种方式。例如，需要确定定向耦合器的相关分类号时，可以分两种情况。

（1）当知道定向耦合器位于哪一CPC分类表中时，可以直接下载对应的分类表进行搜索。

通信领域的分类号通常在H部下，其中“波导、谐振器、传输线或其他波导型器件”领域在H部中的H01P小类下，“天线”领域在H部中的H01Q小类下。

定向耦合器作为一种波导器件，位于H01P分类表中。

如图4-4-3所示，在CPC官网首页点击“CPC Scheme and Definitions”，出现“Table”标签。

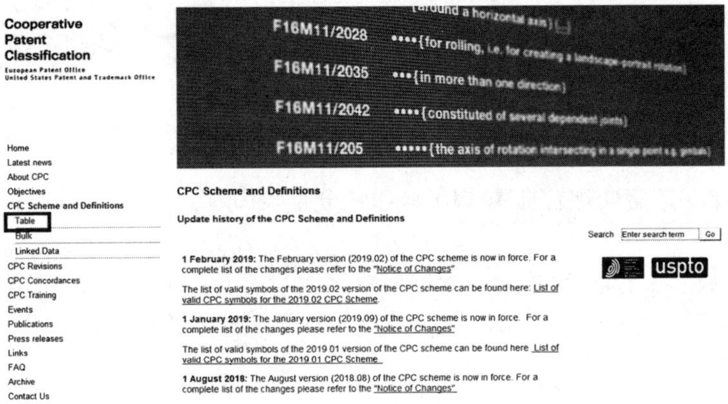

图4-4-3 CPC官网首页

点击“Table”，得到图4-4-4所示页面。

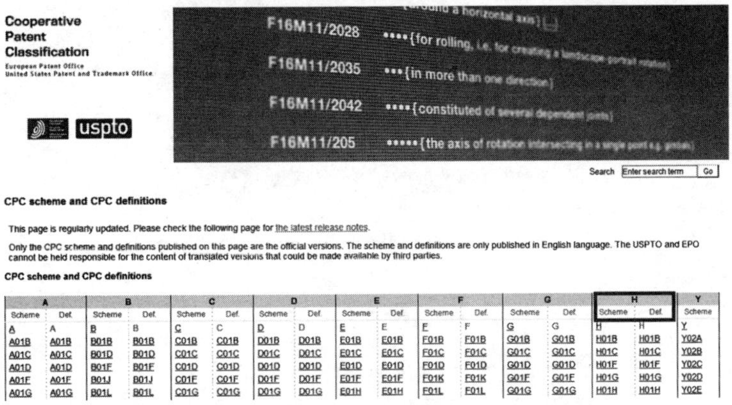

图4-4-4 CPC分类表Table页

每一个“部”下，都有两种分类表：CPC分类框架表（Scheme）及CPC分类定义表（Def）。在射频/微波器件相关的CPC分类定义表中，CPC分类号大多配有图片，图片通常直观明了，通过浏览图片能够快速找到与图片结构相关的CPC分类号；而CPC分类框架表则没有图片，便于快速浏览CPC分类号。

点击H部“Scheme”下的“H01P”，下载H01P小类的CPC分类框架表，打开

CPC 分类框架表如图 4-4-5 所示。在搜索框中输入“directional coupler”，可以快速命中其分类号 H01P 5/18。

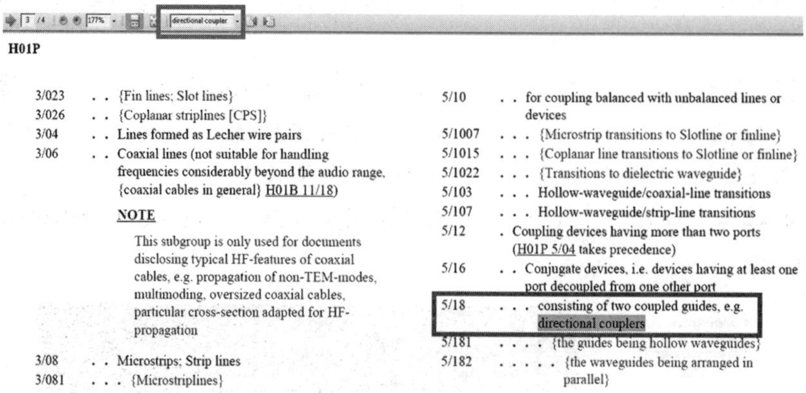

H01P

3/023 . . {Fin lines; Slot lines}
3/026 . . {Coplanar striplines [CPS]}
3/04 . . Lines formed as Lecher wire pairs
3/06 . . Coaxial lines (not suitable for handling frequencies considerably beyond the audio range, {coaxial cables in general} H01B 11/18)

NOTE

This subgroup is only used for documents disclosing typical HF-features of coaxial cables, e.g. propagation of non-TEM-modes, multimoding, oversized coaxial cables, particular cross-section adapted for HF-propagation

3/08 . . Microstrips; Strip lines
3/081 . . . {Microstriplines}
5/10 . . for coupling balanced with unbalanced lines or devices
5/1007 . . . {Microstrip transitions to Slotline or finline}
5/1015 . . . {Coplanar line transitions to Slotline or finline}
5/1022 . . . {Transitions to dielectric waveguide}
5/103 . . . Hollow-waveguide/coaxial-line transitions
5/107 . . . Hollow-waveguide/strip-line transitions
5/12 . Coupling devices having more than two ports (H01P 5/04 takes precedence)
5/16 . . Conjugate devices, i.e. devices having at least one port decoupled from one other port
5/18 . . . consisting of two coupled guides, e.g. directional couplers
5/181 . . . . {the guides being hollow waveguides}
5/182 . . . . . {the waveguides being arranged in parallel}

图 4-4-5　H01P 的 CPC 分类框架表

（2）当不知道定向耦合器位于哪一 CPC 分类表中时，可以在官网右侧的“Search”栏进行搜索。

在“Search”栏输入相关的关键词对分类表进行搜索从而获得相关的分类表。例如：在“Search”栏输入“directional coupler”，点击“Go”，出现图 4-4-6 所示页面。

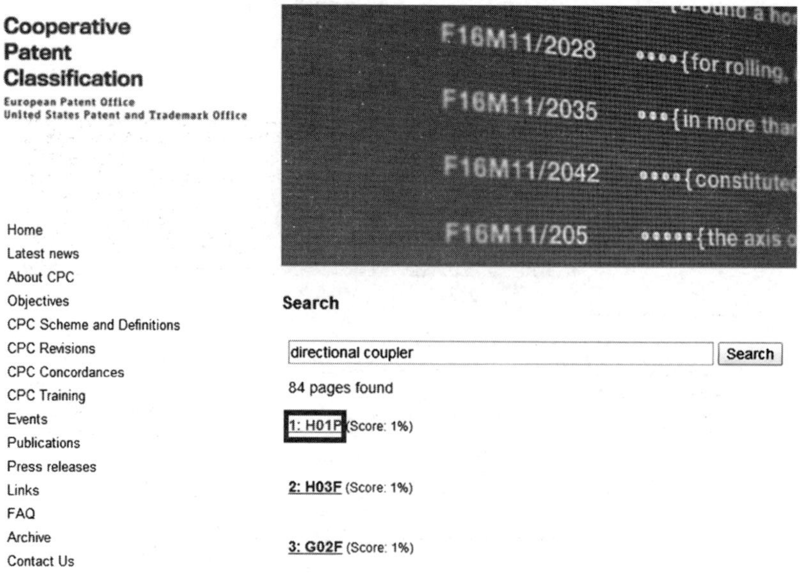

图 4-4-6　CPC 官网检索结果页

由此可知定向耦合器在分类表 H01P 中有所涉及。点击“H01P”即可下载 H01P 分类表。该表为配有图片的 CPC 分类表，即 CPC 分类定义表。其中的 CPC 分类号几乎都配有相应结构的图片（参见表 4-4-1）。

表4-4-1 H01P分类定义表配图示例

分类号	分类定义表内配图
H01P 1/387 ···· 带状线环行器	**H01P 1/387** **Strip line circulators** **Definition statement** *This subgroup covers:* Illustrative example of subject matter classified in H01P 1/387. 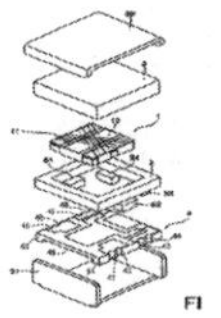
H01P 5/20 ···· 魔T接头	**H01P 5/20** **Magic-T junctions** **Definition statement** *This subgroup covers:* The magic-T is a combination of the H-type and E-type T junctions. 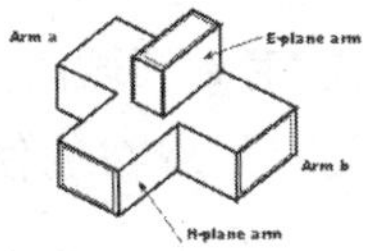 Magic T waveguide junction

在H01P的CPC分类定义表的搜索栏中输入"directional coupler"即可获得定向耦合器的分类号H01P 5/18，如图4-4-7所示。

H01P 5/18

consisting of two coupled guides, e.g. directional couplers

Definition statement

This subgroup covers:

Directional couplers are four-port circuits where one port is isolated from the input port. All four ports are (ideally) matched, and the circuit is (ideally) lossless.

What do we mean by "directional"? A directional coupler has four ports, where one is regarded as the input, one is regarded as the "through" port (where most of the incident signal exits), one is regarded as the coupled port (where a fixed fraction of the input signal appears, usually expressed in dB), and an isolated port, which is usually terminated. If the signal is reversed so that it enter the "though" port, most of it exits the "input" port, but the coupled port is now the port that was previously regarded as the "isolated port". The coupled port is a function of which port is the incident port.

Looking at the generic directional coupler schematic above, if port 4 is the incident port, port 3 is the transmitted port (because it is connected with a straight line). Either port 1 or port 2 is the coupled port, and the other is the isolated port, depending on whether the coupling mode is forward or backward.

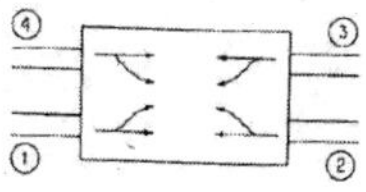

图4-4-7 H01P 5/18的CPC分类定义表

由以上获取CPC分类号的方法可见，在不同的情况下获取CPC分类号的方式不同：当知道检索对象位于哪一CPC分类表中时，可以直接下载对应的分类表进行关键词搜索，得到对应分类号；当不知道检索对象位于哪一CPC分类表中时，可以在CPC网址首页右侧的“Search”栏进行搜索，获得对应分类表。

4.4.1.2 CPC配图检索示例

在获得CPC分类表的基础上，如果关键词表述准确，则可在分类表中搜索关键词获取分类号，或者可在熟悉图片的基础上，直接找到检索目标对应的图片，获得相关的CPC分类号。下面结合案例进行说明。

【案例4-4-1】

技术背景

随着移动通信、卫星通信及国防电子系统的微型化的迅速发展，高性能、低成本和小型化已经成为目前微波/射频领域的发展方向，对微波滤波器的性能、尺寸、可靠性和成本均提出了更高的要求。现在的使用频段已经相当拥挤，所以卫星通信等尖端设备向着毫米波波段发展，微波毫米波波段滤波器已经成为该波段接收和发射支路中的关键电子部件，有必要提供一种由带状线结构实现体积小、重量轻、可靠性高、电性能优异、结构简单、成品率高、批量一致性好、造价低、温度性能稳定的新结构毫米波带通滤波器。

检索主题

一种新型带状线结构的微波毫米波宽带滤波器，包括介质基板（M）、共面波导结构的50欧姆阻抗输入端口（P1）、输入电感（Lin）、第一级带状线（T1）、第一耦合带状线（U1）、第二级带状线（T2）、第二耦合带状线（U2）、第三级环带状线（T3）、第三耦合带状线（U3）、第四级带状线（T4）、输出电感（Lout）、接地柱（G）、共面波导结构的50欧姆阻抗输出端口（P2）；各带状线均位于介质基板（M）内的同一平面，其中输入电感（Lin）通过连接柱（L1）与共面波导结构的50欧姆阻抗输入端口（P1）连接，第一级带状线（T1）与输入电感（Lin）连接，第二级带状线（T2）与第一级带状线（T1）通过第一耦合带状线（U1）连接，第三级带状线（T3）与第二级带状线（T2）通过第二耦合带状线（U2）连接，第四级带状线（T4）与第三级带状线（T3）通过第三耦合带状线（U3）连接，第四级带状线（T4）与输出电感（Lout）连接，输出电感（Lout）通过连接柱（L2）与共面波导结构的50欧姆阻抗输出端口（P2）连接，接地柱（G）一端分别与各级带状线连接，另一端接地。

该滤波器结构如图4-4-8所示。

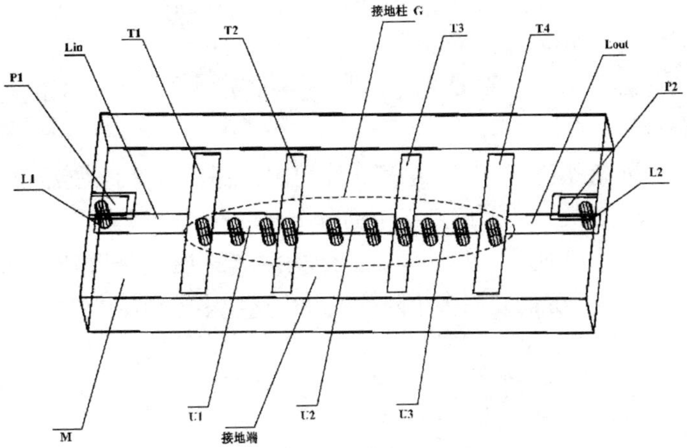

图 4-4-8 案例附图

检索策略

上述检索主题主要涉及滤波器的结构，滤波器包括介质基板、共面波导结构的输入/输出端口、四级带状线以及位于该四级带状线两两之间的三条耦合带状线。因此关键在于滤波器结构的检索。

首先需要构建检索要素。从检索主题来看，可以确定两个检索要素："滤波器""带状线"。采用以上两个检索要素进行检索，在 PSS 系统、CNKI、IEEE 中分别构建表 4-4-2 所示检索式。其中在 PSS 系统中通过浏览未获得相关文献，在 CNKI、IEEE 中检索获得的文献量都非常大，不便于浏览。具体如表 4-4-2 所示。

表 4-4-2 检索式及检索结果

检索系统	检索式	命中文献数/篇
PSS	检索式编辑区输入"摘要=(滤波器 AND 带状线)"	268
CNKI	高级检索主题检索框中输入"滤波器"并含"带状线"	364
IEEE	主检索框中输入"strip line filter"	1234

在关键词检索遇到困难时，可以尝试采用 CPC 分类号检索。在不熟悉 CPC 分类表的配图时，通过在 H01P 的 CPC 分类框架表的搜索框中输入关键词"strip line filter"进行搜索，可以得到相应分类号（参见图 4-4-9）。

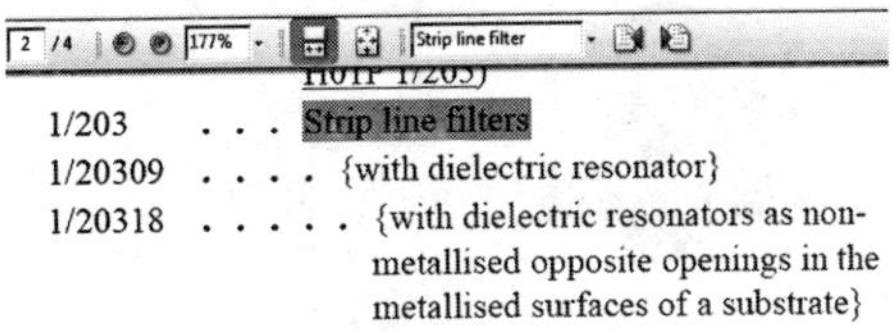

图 4-4-9 通过搜索获得 CPC 分类号

如图 4 -4 -9 所示，在搜索得到分类号 H01P 1/203 后，浏览其位于 CPC 分类定义表中的上位组和下位组分类号，能够发现分类号 H01P 1/2039 的配图公开了与本案例几乎一模一样的滤波器结构。需要注意的是，并非所有的分类号都能够如此容易地通过搜索关键词获得。

对于该案例，如果熟悉 CPC 分类表及其配图，那么可知滤波器位于分类号 H01P 1/20 下。通过浏览该分类号的下位点组中的分类号配图，可以发现与案例附图类似的滤波器结构。如图 4 -4 -10 所示，与该滤波器结构对应的 CPC 分类号为 H01P 1/2039，该分类号的配图中公开了类似的使用多个阻抗线顺次连接多个导体结构的传输线滤波器。

H01P 1/2039

{Galvanic coupling between Input/Output}

Definition statement

This subgroup covers:

Low pass filter.

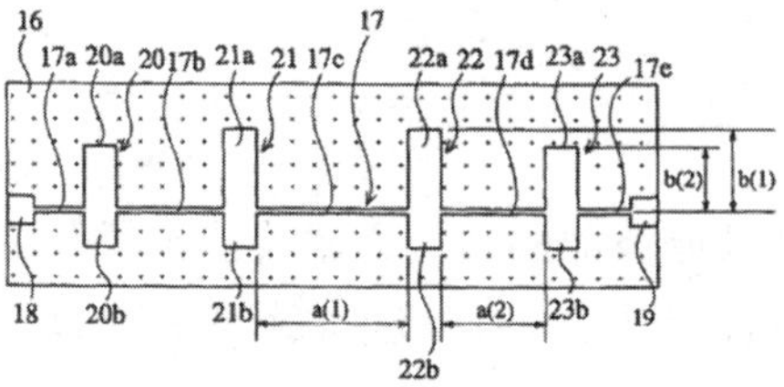

图 4 -4 -10　通过查找配图获得 CPC 分类号

为了找到该图的出处以获得相关文献，结合该 CPC 分类号及其文字说明 “low pass filter” 进行检索。可以采用 PSS 系统进行检索（参见表 4 -4 -3），获得相关文献 EP1058336A4。

表 4 -4 -3　检索式及检索结果

检索系统	检索式	命中文献数/篇
PSS	命令编辑区输入 “FMMC = (low pass filter) AND CPC = (H01P1/2039)”	488

在检索结果较多时，可以采用 “多图式” 的方式进行浏览（参见图 4 -4 -11）。

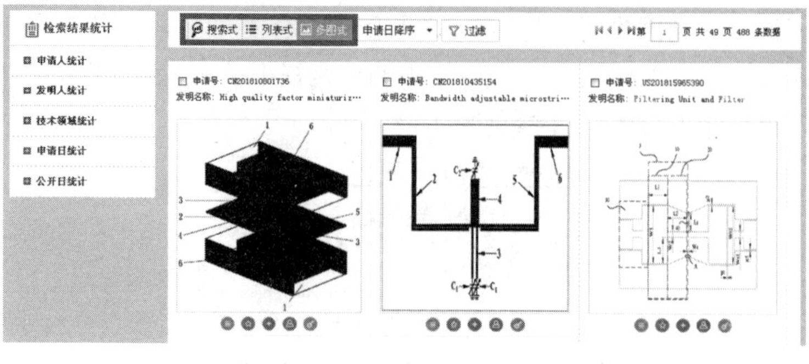

图 4 -4 -11　PSS 系统多图式浏览页面

打开文献 EP1058336A4 的详览页面（参见图4-4-12），其 CPC 分类号中包含分类号 H01P 1/2039。然而打开其中国同族文献 CN1288597A 可以发现，其 CPC 分类号中无数据（参见图4-4-13）。其美国同族、日本同族、WO 同族中 CPC 分类号一栏也均为空。可见，仅 EP 同族对 CPC 分类号进行了标引，其他同族未对 CPC 分类号进行标引。

图4-4-12 文献 EP1058336A4 的详览页面

图4-4-13 文献 CN1288597A 的详览页面

另外，由于欧洲专利局通常会对欧洲专利文献进行 CPC 分类号标引，因此也可以到 EPO 网站进行检索。

如图4-4-14所示，在欧洲专利局的“title”输入框中输入“low pass filter”，在“CPC”输入框中输入“H01P1/2039”，也能获得相关文献 KR20010034074A。该文献是 EP1058336A4 的同族文献。

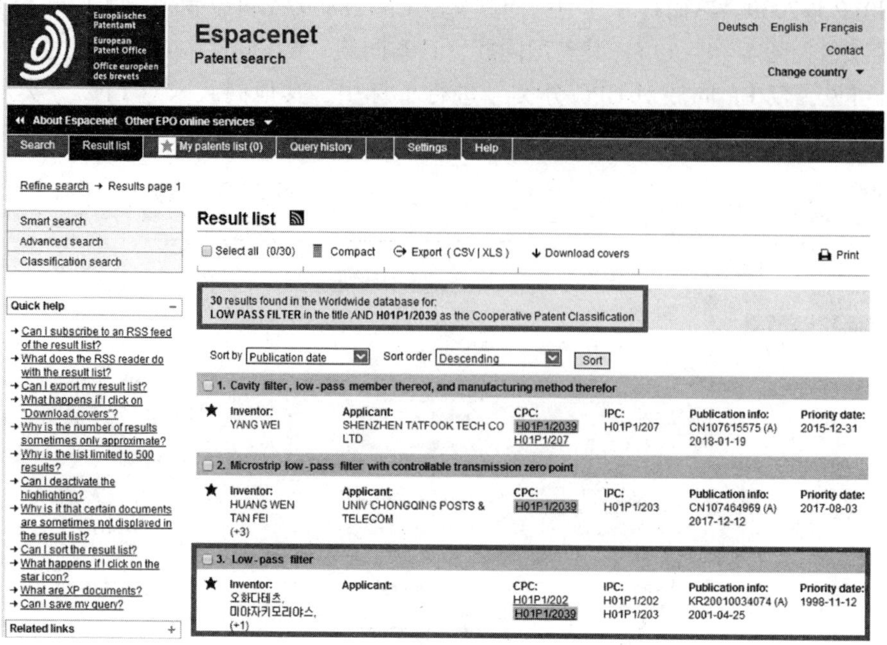

图 4-4-14 欧洲专利局检索结果页面

小提示

熟悉 CPC 分类定义表（Def）中的图片结构，直接追踪检索图片来源文献，往往能够事半功倍。

部分文献未标引 CPC 分类号，在采用 CPC 分类号进行检索时可能导致漏检，因此建议尝试采用多种检索手段进行检索。

【案例 4-4-2】

技术背景

随着科技的进步，可携式电子装置的功能日益增进，且体积和重量也越来越小。业界开发出一种新技术，可将天线设计为薄板结构，并使天线直接贴附于壳体上。虽然天线设置在壳体上的方式已经减去不少体积和重量，但仍需要设置一金属弹片，金属弹片的两端利用背胶贴合的方式连接主机板和壳体上的天线，使主机板和天线彼此电性连接，得以彼此传送信号。由于需要设置金属弹片以及背胶，仍然会占去一部分的重量和体积，而无法达到更为轻薄短小的效果。因此需要提供一种电子装置的天线模块，以实现小型化。

检索主题

一种电子装置的天线模块，包含：

一壳体，具有一表面；

一弹性体，设置于所述壳体的所述表面上；

一天线结构，设置于所述弹性体以及所述壳体上；以及

一基板，抵靠于所述弹性体上的所述天线结构以彼此电性连接。

该天线模块结构参见图4－4－15。

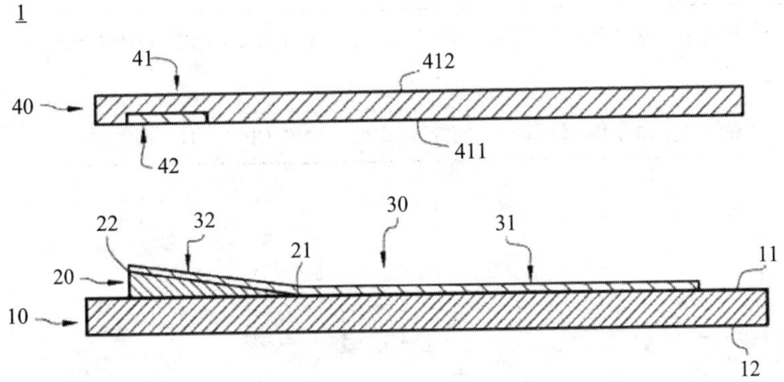

图4－4－15 案例附图

检索策略

从检索主题来看，可以确定两个检索要素：“内置天线”和“弹性体”。同理，对于这个案例，如果熟悉CPC分类表，那么可知该检索主题位于H01Q 1/00下，通过浏览该分类号下的配图，可以发现如图4－4－16所示的内置天线结构，从而获取其对应的CPC分类号H01Q 1/243。

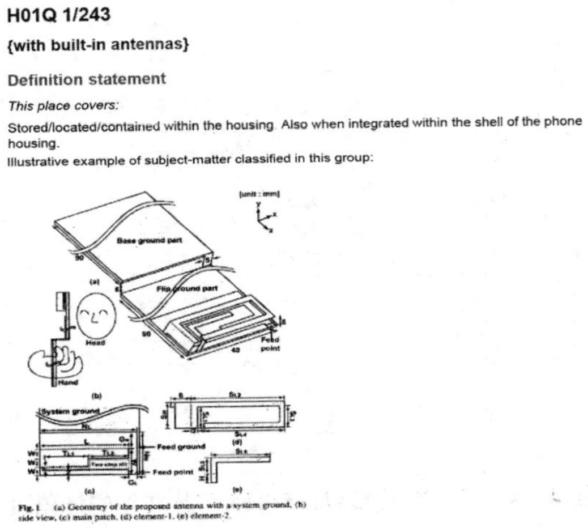

H01Q 1/243

{with built-in antennas}

Definition statement

This place covers:

Stored/located/contained within the housing. Also when integrated within the shell of the phone housing.

Illustrative example of subject-matter classified in this group:

图4－4－16 分类号H01Q 1/243相关页

与案例 4－4－1 不同的是，本案例中该 CPC 分类号对应的是技术领域，也即采用该 CPC 分类号对“内置天线”领域进行表达，并结合检索要素“弹性体”进行检索。同样，在 PSS 系统中构建如表 4－4－4 所示的检索式 1，并采用多图式方式进行浏览，得到相关文献 CN1255784A。需要注意的是，如图 4－4－17 和图 4－4－18 所示，该文献仅英文版本标引了 CPC 分类号，中文版本并未标引 CPC 分类号，因此采用检索式 2 进行检索无法获得该文献。

表 4－4－4　检索式及检索结果

检索系统	检索式	命中文献数/篇
PSS	检索式 1：命令编辑区输入“ZY_EN＝(elastic) AND CPC＝(H01P1/243)”	122
PSS	检索式 2：命令编辑区输入“ZY＝(弹性) AND CPC＝(H01P1/243)”	8

图 4－4－17　文献 CN1255784A［中文］的详览页

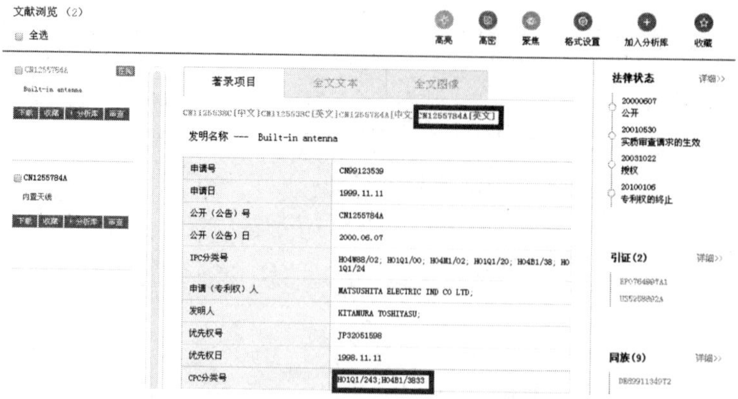

图 4－4－18　文献 CN1255784A［英文］的详览页

小提示

> 本案例中，CPC 分类定义表（Def）并未给出带有弹性体的类似结构的天线，然而如熟悉 CPC 分类定义表（Def）中的图片仍旧能够帮助准确定位所属技术领域，并结合其他检索要素的关键词表达快速命中相关文献。

4.4.2　图片检索

4.4.2.1　图片检索简介

对于射频/微波器件领域的检索来说，结构类检索的占比很大，因此图片检索尤为重要。

常用的图片检索途径包括 CNKI 图片检索、百度图片检索。其中，CNKI 中可以通过与图片内容相关的关键词进行检索；而百度不仅提供关键词检索图片的功能，还能够直接将图片上传进行检索。

CNKI 图片检索界面如图 4-4-19 所示。

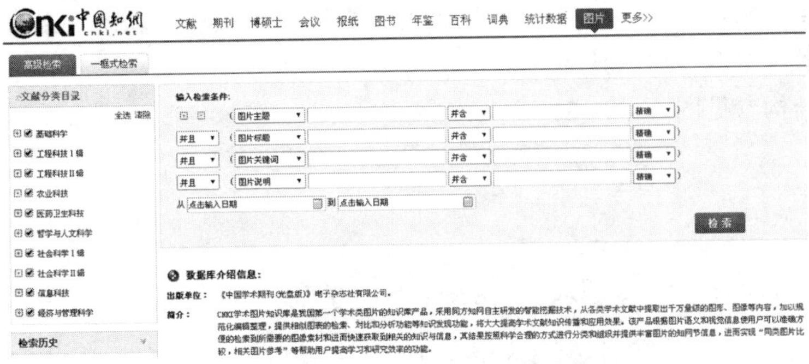

图 4-4-19　CNKI 图片检索界面

可以看出，CNKI 可以对图片主题、图片标题、图片关键词、图片说明进行检索，另外，还可以对日期范围进行限定。

百度图片检索中除了文字检索，还提供上传照片进行检索的方式。如图 4-4-20 所示，点击图中的照相机标识。即可上传图片。

图 4-4-20　百度图片检索界面

4.4.2.2 图片检索示例

下面主要以案例的形式说明CNKI图片检索以及百度图片检索的功能，以及二者的差异。

【案例4-4-3】

技术背景

在天线领域中，天线端口工作时受到其他端口影响越小越好，即端口之间隔离度越高越好。若端口之间的耦合很大，天线的能量可能辐射不出去，且会干扰其他端口发射的信号，同时会带来一系列的问题，严重时可能导致天线无法正常工作。因此，如何提高天线的隔离度成为业界持续研发的方向。

检索主题

一种可重构天线，包括设置在所述第二介质层之远离所述接地层一侧的激励单元、一对第一寄生单元；所述一对第一寄生单元沿着第一方向分布在所述激励单元的两侧且均与所述激励单元之间保持间隙。

该天线结构参见图4-4-21。

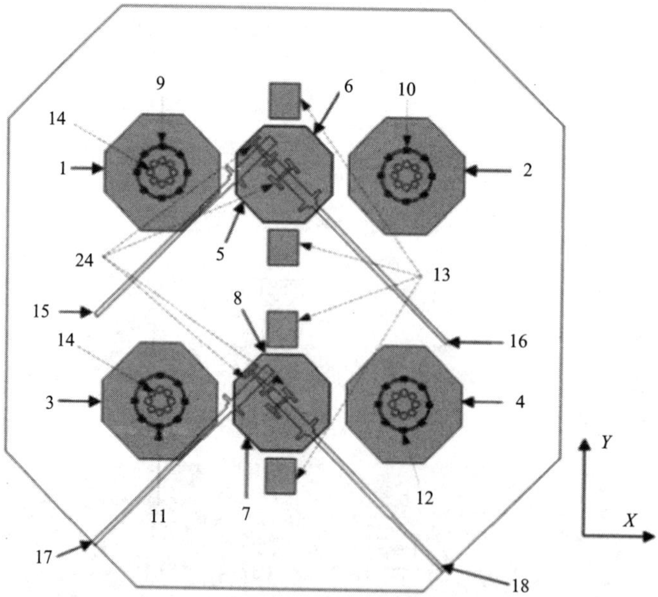

图4-4-21 案例附图

检索策略

该检索主题中，每个天线单元在激励单元6的上下设置一对第一寄生单元13，用于实现波束偏转，对可重构天线的辐射起到引向和反射的作用。第一寄生单元的设置，使得激励贴片的电流分布不均匀，增强了可重构天线的端口之间的隔离度。下面将针对这一结构进行检索。

针对上述检索主题，由于激励单元和寄生单元两者的位置关系不太容易表达，例如可以采用“靠近”“相邻”“两侧”“上下”等关键词，然而这些关键词并不准确，也无法穷尽列举，因此考虑舍弃该检索要素。又由于有寄生单元必然会存在激励单元，因此也可以舍弃检索要素“激励单元”。最终仅采用两个检索要素进行检索即可，即“可重构天线”和“寄生单元”。分别对两个检索要素进行关键词扩展，在PSS系统、CNKI、IEEE中进行检索（参见表4－4－5），然而并未获得相关文献。

表4－4－5　检索式及检索结果

检索系统	检索式	命中文献数/篇
PSS	命令编辑区输入“ZY＝(可重构 AND 天线 AND (寄生 OR 无源)”	91
CNKI	专业检索中输入“AB＝可重构*天线*(寄生＋无源)”	110
IEEE	Command search 中选中 Metadata Only，检索框中输入“(reconfig* AND antenna AND (parasit* OR passive))”	522

由于要检索的为激励单元和寄生单元之间的位置关系，在关键词扩展效果不佳的情况下，可以尝试采用CNKI图片检索。为了获得相关文献，构建图4－4－22所示检索式。

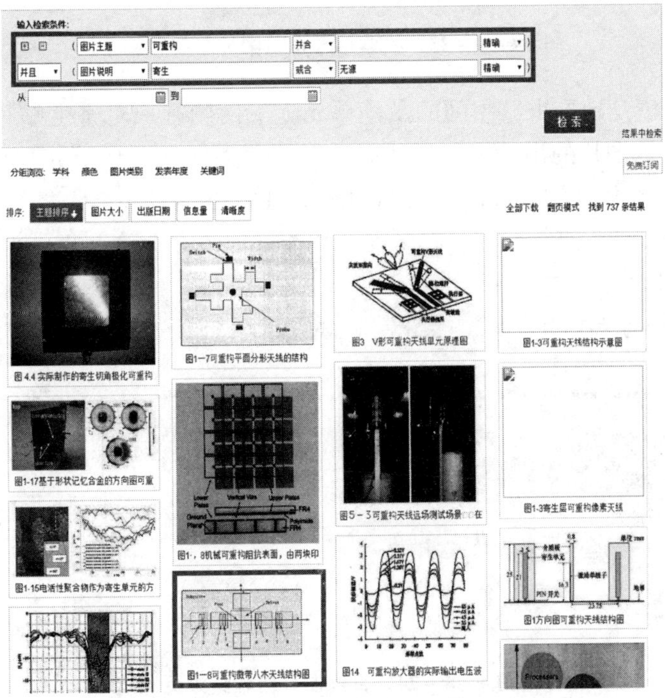

图4－4－22　CNKI图片检索结果页

在图 4 -4 -22 所示检索结果的第三行发现了与检索主题类似的结构，点击相应图片得到如图 4 -4 -23 页面。

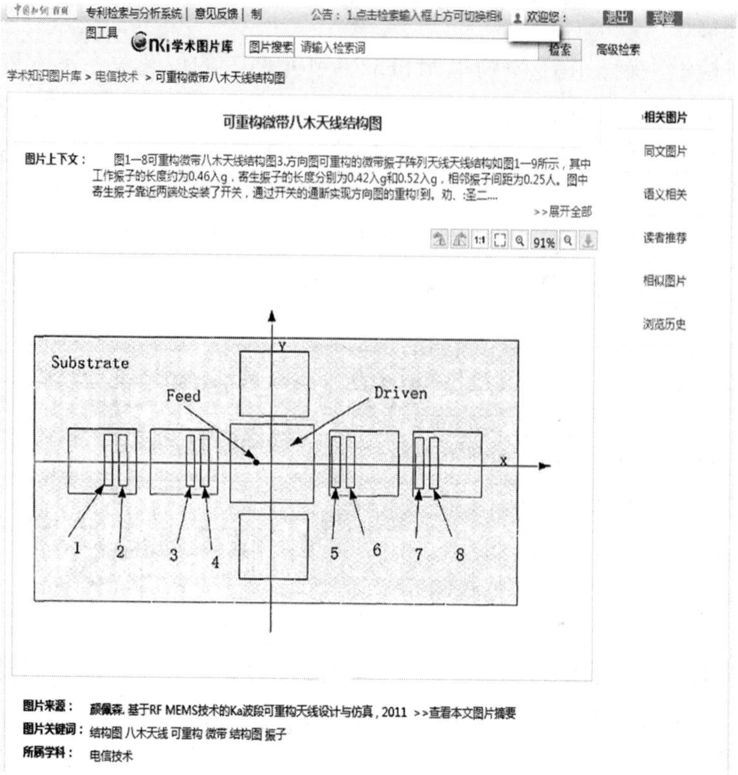

图 4 -4 -23　检索结果相关图片的信息页

由该图可以清楚地看出，中间的激励单元上下两侧有一对寄生贴片，下方的“图片来源”示明了该图片的出处。该图片出自文献“颜佩森. 基于 RF MEMS 技术的 Ka 波段可重构天线设计与仿真，2011”，与检索主题相关。

如果采用百度图片进行检索，在百度图片搜索框中尝试输入“可重构天线 寄生”，得到图 4 -4 -24 所示页面。

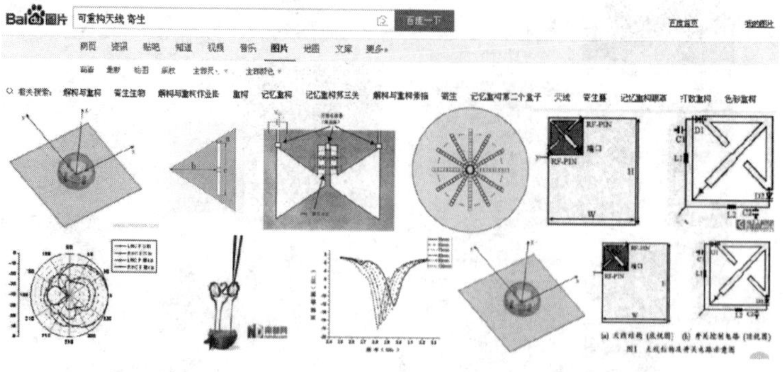

图 4 -4 -24　百度图片检索结果页

检索噪声较大，由于相关学术文献通常是黑白的，如图4－4－25所示，可以选中“全部颜色”中的第二个颜色“黑白”来减少噪声。

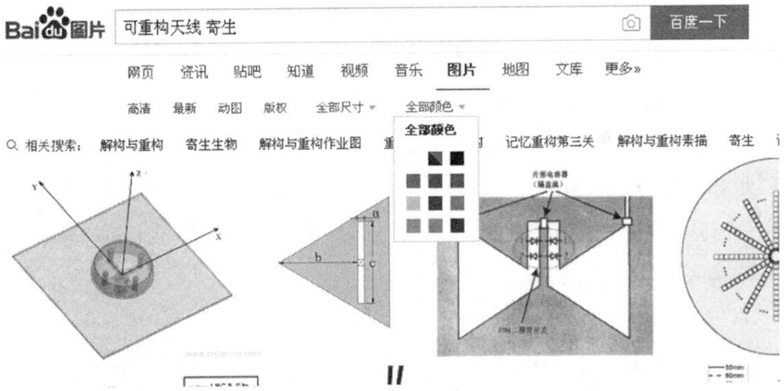

图4－4－25　黑白去噪后的百度图片检索结果页

通过百度图片检索获取的文献量较大，且通过对前几页进行浏览并未获得相关文献。

在百度图片检索中上传本案例附图图片，得到结果如图4－4－26所示，也未获得相关文献。

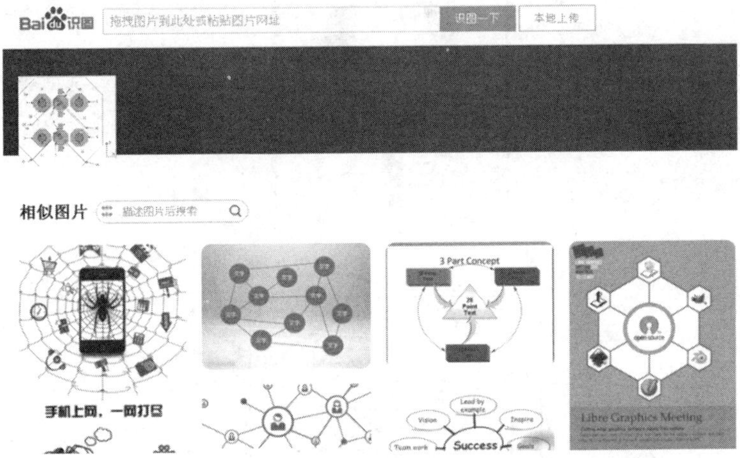

图4－4－26　上传图片方式得到的百度图片检索结果页

小提示

本案例检索主题属于天线结构，考虑到结构类检索主题的特殊性，通过CNKI图片检索能够快速命中相关文献。由于CNKI中均为学术类文献，且设有图片高级检索，因此CNKI图片检索中噪声在可控范围内。此外，百度图片检索也可以作为一种尝试性检索手段。

【案例4-4-4】

技术背景

现代的通信系统不但要求高带宽，同时还要求具有高的传输速度。超宽带通信系统的出现，实现了短距离内超宽带、高速的数据传输。超宽带无线通信相对传统的通信方式，具有传输速率高、通信距离短、发射功率低等多方面的优势。对于超宽带天线的要求也越来越高。

检索主题

基于椭圆的改进型环形贴片超宽带天线的设计，包括天线的辐射贴片部分、基片、接地板，特定的基片材料上，辐射贴片和接地板分别位于基片的两面。所述辐射贴片1是由椭圆3和椭圆4相交，并且选择在椭圆3的上半部分相交后的公共部分，再挖去椭圆5后，剩下的部分是一个不完全的椭圆环，作为辐射贴片结构。

该超宽带天线结构如图4-4-27所示。

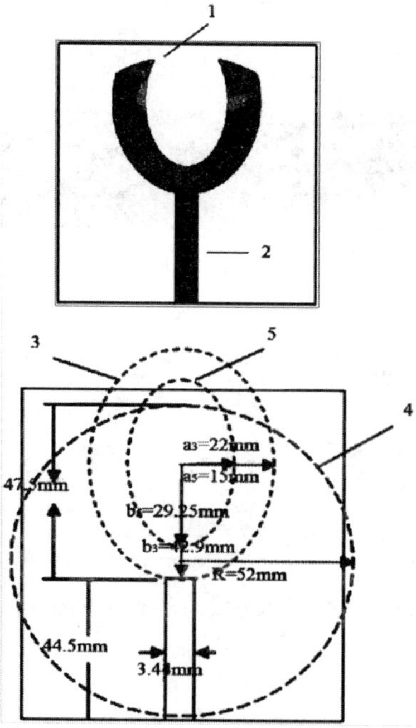

图4-4-27　案例附图

检索策略

检索主题主要涉及对辐射贴片结构的改进，其改进在于：椭圆3、椭圆5相交形成椭圆环结构，采用椭圆4裁剪该椭圆环，从而得到不完全椭圆环。通过上述改进减小超宽带天线的面积，同时在天线小型化设计过程中保证天线性能。由此确定检索要素有3个："超宽带天线""椭圆""环"。在天线领域，无论专利还是非专利数据库，涉及超宽带天线的文献都非常多，虽然限定了"椭圆""环"后，噪声得以降低，然而在CNKI、IEEE中进行常规检索时，如果限定在摘要中检索，则文献量过少，而在全文中检索时文献量又过大，不利于逐篇浏览。PSS系统中检索时文献量适于浏览，但未发现相关文献。

相关检索式构建及检索结果如表4-4-6所示。

表4-4-6　检索式及检索结果

检索系统	检索式	命中文献数/篇
PSS	命令编辑区输入 "ZY=(超宽带天线 AND 椭圆 AND 环)"	5
PSS	命令编辑区输入 "SMS=(超宽带天线 AND 椭圆 AND 环)"	232
CNKI	专业检索中输入 "AB=超宽带天线* 椭圆* 环"	13
CNKI	专业检索中输入 "FT=超宽带天线* 椭圆* 环"	933
IEEE	"Command search" 中选中 "Metadata Only"，检索框中输入 "((uwb antenna* AND (annular OR loop*) AND (ellipt* OR oval)))"	6
IEEE	"Command search" 中选中 "Full Text & Metadata"，检索框中输入 "(uwb antenna* AND (annular OR loop*) AND (ellipt* OR oval))"	530

由于检索主题主要在于对辐射贴片的改进，尝试进行CNKI图片检索，采用"超宽带天线""椭圆""环"3个检索要素进行检索，其检索界面如图4-4-28所示。

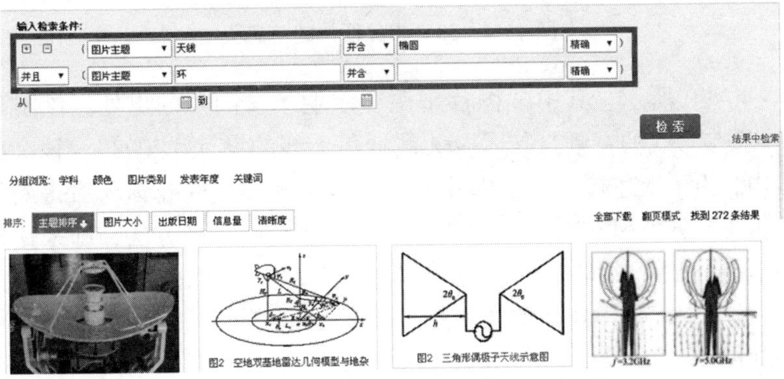

图4-4-28　CNKI图片检索结果页

通过浏览图 4 –4 –28 所示的检索结果，获得图 4 –4 –29 所示类似椭圆环的结构。

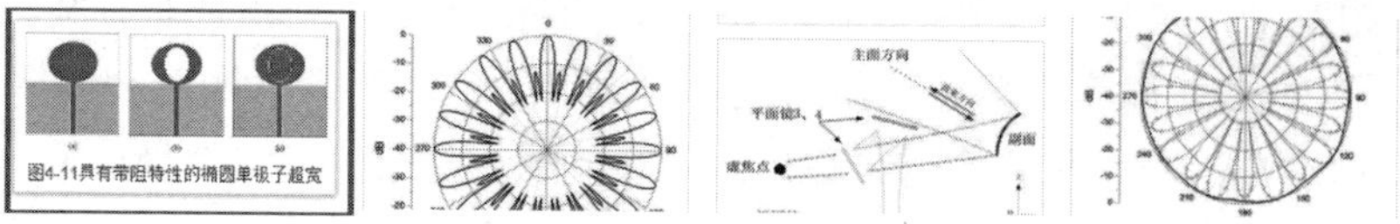

图 4 –4 –29　CNKI 图片检索获得的相关图片

点击图 4 –4 –29 中框内的图片，得到文献具体信息页面如图 4 –4 –30 所示。

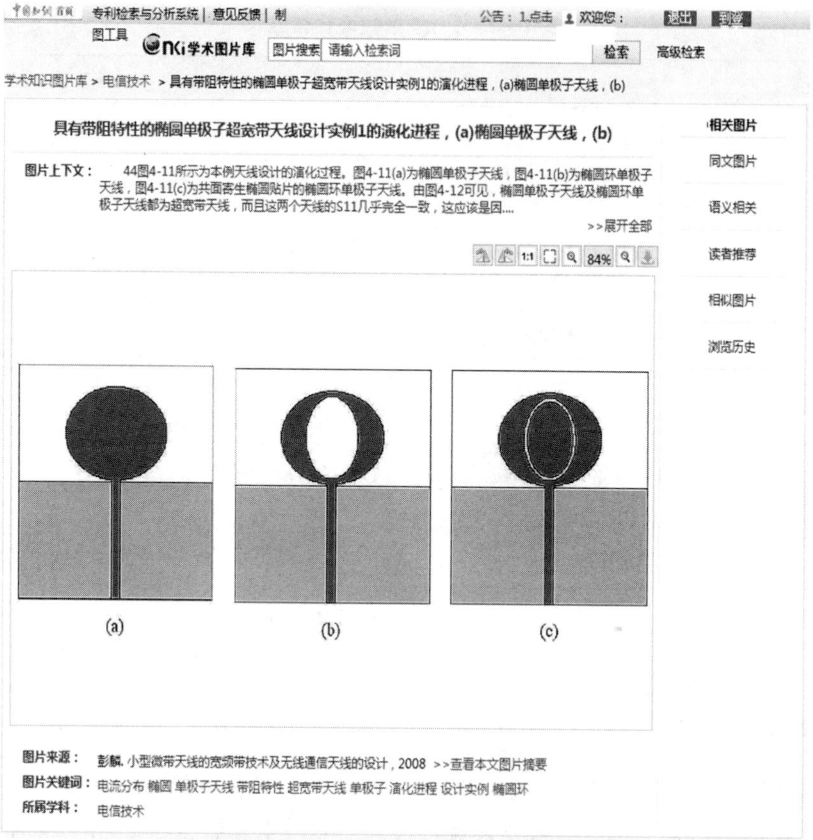

图 4 –4 –30　相关图片的信息页

如图 4 –4 –30 所示，其中“图片来源”示明了该图片的出处，该图片出自文献“彭麟．小型微带天线的宽频带技术及无线通信天线的设计，2008”。该文献公开了椭圆环贴片结构。由于上述检索过程中并未获得采用椭圆截取椭圆环后得到的不完全椭圆环结构的相关文献，因此在此基础上，需要检索获得一种方法，即采用椭圆截取辐射贴片得到不完全贴片结构的方法，故调整检索要素，采用检索要素“超宽带天线”“椭圆”进行检索，以期得到采用椭圆截取辐射贴片后的不完全贴片结构。检索界面如图 4 –4 –31 所示。

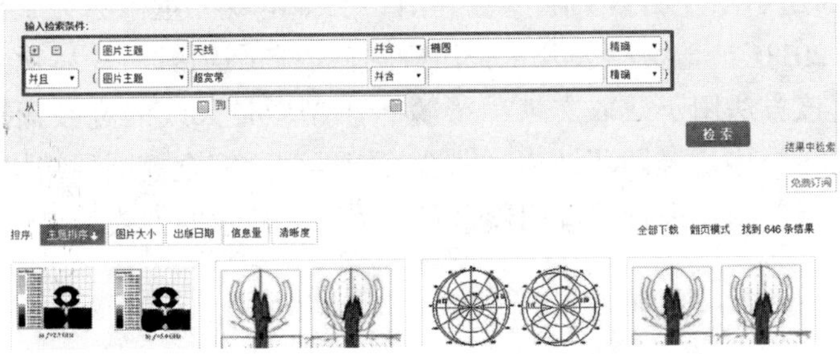

图4-4-31 CNKI图片检索结果

通过浏览图4-4-31所示的图片检索结果，获得图4-4-32所示采用椭圆截取辐射贴片后的不完全贴片结构。

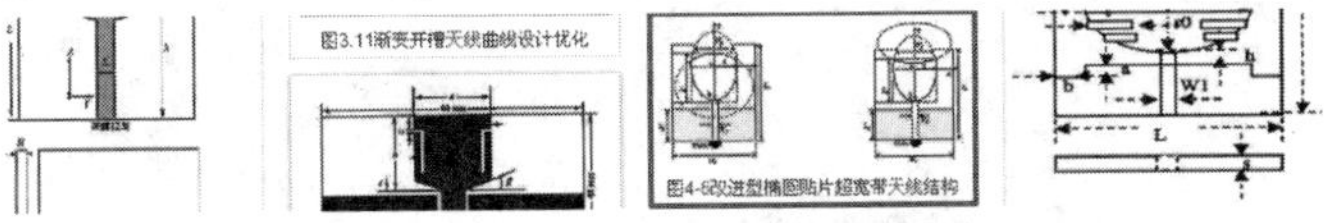

图4-4-32 CNKI图片检索获得的相关图片

点击框内图片，得到文献具体信息页面如图4-4-33所示。

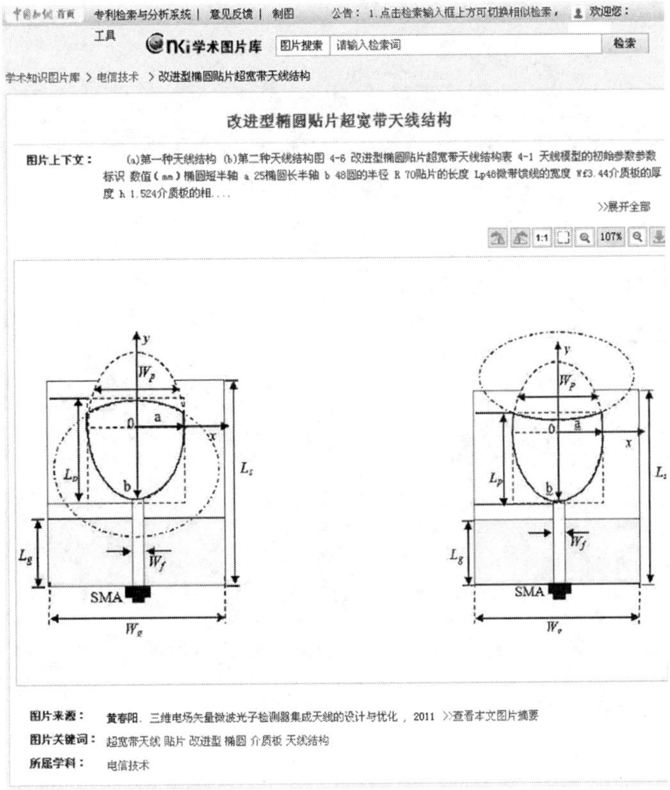

图4-4-33 相关图片的信息页

图4－4－33所示图片出自文献“黄春阳．三维电场矢量微波光子检测器集成天线的设计与优化，2011”。该文献公开了采用椭圆截取椭圆辐射贴片后得到部分椭圆结构的方法。如果将该方法用于截取文献“彭麟．小型微带天线的宽频带技术及无线通信天线的设计，2008”中的椭圆环结构，那么就能得到不完全椭圆环结构。

另外，采用百度图片进行关键词检索和上传图片检索的方式效果也不佳。

小提示

本案例的检索主题涉及贴片切割方法。由本案例可知，射频/微波器件领域中，不仅仅结构类技术内容可以采用CNKI图片检索，部分方法类技术内容采用图片检索也能事半功倍。